Über dieses Buch

Weil sie immer so traurig war und zu oft weinte, weil sie nicht mehr essen wollte, weil sie sich der Welt der Erwachsenen und der ›Normalität‹, die sie als ein Netz von Lügen und Heuchelei empfand, verweigerte – deshalb wurde Valérie Valère in eine psychiatrische Klinik eingeliefert. Denn für die Psychiater signalisiert dieser Zustand eine Krankheit: Magersucht.

Damals war sie 13 Jahre alt. Vier Monate verbrachte sie im ›Haus der verrückten Kinder‹, in fast völliger Isolation. Zwei Jahre später schrieb sie diesen bestürzenden und hellsichtigen Bericht über die grauenvolle Erfahrung ihres ›Heilungsprozesses‹, über die Bedrohungen und Demütigungen, denen sie ausgesetzt war.

Das Buch ist eine Anklage gegen die Welt der Erwachsenen, gegen eine gleichgültige und egoistische Gesellschaft, die vorgibt, alles nur zum Besten ihrer Kinder zu tun. Es ist aber auch, wie Christiane Rochefort in ›Le Monde‹ schrieb, der Durchbruch einer Schriftstellerin.

Die Autorin

Valérie Valère, geboren 1961, lebt in Paris. Sie studiert Literaturwissenschaft an der Sorbonne.

Valérie Valère

Das Haus
der verrückten Kinder

Ein Bericht

Aus dem Französischen von
Uli Aumüller

Fischer Taschenbuch Verlag

Die Originalausgabe erschien unter dem Titel
»Le pavillon des enfants fous« bei Editions Stock, Paris 1978

Fischer Taschenbuch Verlag
1.–12. Tausend   Juni 1982
13.–22. Tausend   Dezember 1982
Umschlaggestaltung: Max Bartholl
Umschlagfoto: Editions Stock
Fischer Taschenbuch Verlag GmbH, Frankfurt am Main
Lizenzausgabe mit freundlicher Genehmigung des
Rainer Wunderlich Verlages Hermann Leins GmbH & Co., Tübingen
© 1978 by Editions Stock, Paris
Erste deutsche Ausgabe 1980
Alle Rechte für die deutsche Sprache bei
Rainer Wunderlich Verlag Hermann Leins GmbH & Co., Tübingen
Gesamtherstellung: Hanseatische Druckanstalt GmbH, Hamburg
Printed in Germany
780-ISBN-3-596-23828-5

Vorwort

Valérie Valère ist im Alter von dreizehn Jahren wegen Anorexia mentalis (Pubertätsmagersucht) in eine Pariser Klinik eingeliefert worden. Mit fünfzehn hat sie sich dann entschlossen, diesen Bericht zu schreiben: »Diese vier Monate blieben so gegenwärtig in mir, daß ich begriffen habe: wenn ich mich über diese Zeit, die ich im Haus der verrückten Kinder verbracht habe, nicht äußerte, würde sie mich hemmen, würde sie sich zwischen mich und das Leben stellen. Ich mußte das überwinden!«

Sie hat sich an ihre Schreibmaschine gesetzt und hat sie erst wieder verlassen, als die letzte Zeile ihres Textes getippt war; sie weigerte sich sogar, ihn noch einmal durchzulesen. Es war, wie sie sagte, eine schmerzliche Erfahrung: sie hat ihren Klinikaufenthalt wieder wachrufen wollen und bemühte sich, die dazwischenliegende Zeit auszuklammern.

Sobald entschieden war, daß das, was sie als Zeugenbericht betrachtet, veröffentlicht würde, hat sie ihren Text noch einmal gelesen und dabei nur wenige, formale Verbesserungen vorgenommen: »Dies ist kein literarisches Werk. Ich habe mich nicht in aller Ruhe, in der Einsamkeit meines Zimmers ans Schreiben gemacht und mit klarem Kopf das treffendste Wort gesucht. Es gibt keine vernünftigen Wörter, um die Welt der Verrückten zu beschreiben. Ich weigere mich, diesem Text einen gepflegten, geschliffenen Stil zu geben. Es handelt sich nicht um etwas Abstraktes, um intellektuelle Hirngespinste, sondern um durchlebtes Leid. Ich gebe keine netten Gefühle wieder, und ich erzähle keine Geschichten mit logischen Verkettungen.«

Wörter, die sich zwanghaft wiederholen, wie ›dreckig‹ oder leitmotivische Sätze wie ›sie kriegen mich nicht‹ hat Valérie Valère absichtlich stehenlassen. Sie hält ihr Buch für den Erfahrungsbericht einer Verrückten: »Wenn man in der Haut einer Verrückten steckt, drückt man seine Wut nicht in vernünftigen, logischen Sätzen und manierlichen Wörtern aus.«

1

Meine Augen haben sich von den Milchglasscheiben abgewandt, mein Rücken richtet sich leicht auf, und meine Tränen fließen noch heftiger. Das Geräusch des Schlüssels, der sich im Schloß dreht... Die gelbe Tür, die aufgeht und diese weiße Silhouette einläßt – ich wünschte, es wäre nur eine Silhouette, ein Geist, der vorüberzieht und nicht haltmacht... Zusammengekauert neben dem Kopfkissen, an den Bettpfosten geklammert, eingekeilt zwischen dem weißgestrichenen eisernen Nachttisch und meinem Unglück, beobachte ich sie durch den Nebel meiner Tränen, mein Blick bleibt an dem Tablett hängen, das sie trägt, an dieser unübersehbaren Herausforderung. Energisch stellt sie es auf den Tisch und schaut mich an, auf den Stuhl weisend, dann fordert sie mich zum Essen auf – ein banaler Satz, der sich hier so grausam anhört.

Langsam, um die Bedrohung hinauszuschieben, stehe ich auf und überquere den lächerlichen Meter gesprenkelte Fliesen, der mich vom anderen Ende meines Gefängnisses trennt. Ich tue so, als würde ich nichts sehen auf diesem Tablett, dem lächerlichen Anlaß für alle diese Mauern. Ich senke die Augen auf meine mageren und abgezehrten Schenkel. In Wirklichkeit hat mein Blick alles registriert: die ungleichen Fächer, in die das Geschirr unterteilt ist, die schwärzlichen Fleischstücke, die glänzenden, riesigen grünen Bohnen, die Portion Reis, das hartgekochte Ei, garniert mit etwas, das sie wohl ›Mayonnaise‹ nennen, das altbackene Brot und den ekelhaften Nachtisch.

Glaubt sie wirklich, daß ich das esse? Ich entferne den Dreck, der sich unter dem Nagel meines rechten Zeigefingers angesammelt hat, ich warte, weinend und verstockt. Nein, sie werden mich nicht kriegen! Ich will, daß sie mich vergessen, daß sie mich in diesen Fesseln sterben lassen, daß sie mich ignorieren und mich nicht mehr mit diesen Tabletts und diesen Drohungen quälen, ich verlange nichts! Sie wird nichts erreichen, sie kann reden, sie kann jede beliebige blöde List ausprobieren: Sie kann versuchen, mich mit meinem eigenen, schrecklichen Schicksal zu rühren, sie kann nacheinander eine mitleidige, jähzornige, gleichgültige oder herrische Miene aufsetzen. »Möchtest du nicht lieber zu Hause sein? Das wäre doch schön, meinst du nicht?« Wenn Sie das sagen, warum helfen Sie mir dann nicht, hier rauszukommen? Wenn man bedenkt, daß die ein Diplom brauchen, um solche Fragen zu stellen!

Ich blicke mit gesenktem Kopf auf meine Beine. Sie hat meinen Stuhl näher gerückt, damit meine Stirn über dem klebrigen Reis ist, der mich zum Brechen reizt, und sie hat einen boshaften und dämlichen Vortrag über die Sonne angefangen, die auf die kleinen roten Herbstblätter scheint, und über diesen Jungen, der vier Jahre lang in einem Zimmer geblieben ist, den Kopf über das Tablett gesenkt.

»Es ist sehr schön draußen, weißt du, die Sonne ist warm.«

Ich pfeife auf die Sonne. Sie will mir sehr weh tun, das hat keinen Zweck, in mir ist nur noch eines: Schmerz. Sie hat sich eine Stunde den Kopf zerbrochen, um Geschichten zu erfinden, sie hat sogar versucht, mir zu zeigen, wie man eine Gabel hält und kaut, falls ich es vergessen haben sollte!

Was soll ich machen? Nehme ich sie nun, diese Gabel, um so zu tun, als strengte ich mich an, damit sie sagt, ich hätte mich ›bemüht‹? Nein, nachher will sie noch, daß ich sie benutze, sie könnte meine Hand nehmen, näher an mich heranrücken...

Und außerdem sollen sie wissen, daß ich ihre widerlichen Tabletts auf jeden Fall ablehne, egal, was sie auch anstellen. Ich will weder ihr Mitleid noch ihre Sprüche. Sie kriegen mich nicht. Wieso haben sie das Recht, mich einzusperren? Niemand sagt etwas. Niemand protestiert. Sie machen sich nichts draus, aber vielleicht sind sie bald selbst dran, wenn sie zu oft weinen, wenn sie immer traurig sind... wenn sie nach Ansicht der anderen nicht genug Hunger haben, dieser anderen, die einen einsperren und mit einem machen können, was ihnen beliebt.

Sie hat mich mit meinem Tablett allein gelassen, sie glaubt vielleicht, daß ihre Anwesenheit mich davon abhält, das herunterzuwürgen. Die Tränen wärmen mich mit ihrer Bitterkeit und ihrer Ohnmacht. Ich möchte darauf herumtrampeln, ich möchte dieses Ei zerquetschen, das so schlecht riecht und mir Übelkeit verursacht, ich möchte das, was sie mir in diesem Gefangenengeschirr anbieten, für immer ungenießbar machen... Was für ein Verbrechen habe ich denn begangen? Habe ich jemanden getötet und anschließend das Gedächtnis verloren? Habe ich getötet, gestohlen? Nein, ich habe eine

Wahl getroffen. Sie werden von dieser Wahl nicht betroffen, sie leiden nicht darunter, ich bin ›harmlos‹. Ich verabscheue diejenigen, die behaupten, ich täte ihnen weh, indem ich mich sterben lasse. Sie können es nicht verstehen, ich werde es ihnen nicht erklären, sie lieben mich ohnehin nicht, so liebt man nicht. »Es ist verboten, nach Ihrem Gutdünken über Ihre Person zu verfügen, mein Fräulein, Sie gehören sich nicht selbst. Ihr Körper gehört uns.«

Ich werde mich rächen, ich werde ihnen etwas antun, das schlimmer ist, als was sie mir je tun können. Mich rächen, ich, jämmerlich eingesperrt, ohnmächtig? Die Stärkeren sind sie, sie haben die Schlüssel. Selbst wenn ich eines Tages durch diese Tür gehe, was kann ich gegen sie vorbringen? Sie werden sagen: »Die Arme, wir haben sie vor dem sicheren Tod bewahrt, sie ist noch verstört,« aber bald wird sie uns dankbar sein . . .

Meine Wut vergeht und weicht einer schrecklichen Mutlosigkeit, durch die ich mir überflüssig, vergessen vorkomme. Die Wände um mich herum wanken wie diese Karussells, in die ich nie mehr werde steigen können. Doch was macht das schon, ich kann sie nicht ausstehen. Sie wird zurückkommen und das Tablett holen, das noch schwerer geworden ist, beladen mit meiner Verweigerung und meiner Verzweiflung. Ich hoffe, daß sie im dunklen Korridor damit hinfällt, daß das faule Ei als unauslöschlicher Makel auf ihrem Gesicht kleben bleibt, daß die Reiskörner ihr in die Augen dringen, sie blind machen, und wenn ich heute abend in den Waschraum gehen darf, werde ich an ihr vorbeigehen und sie verachten, diese mit Nahrung beschmierte, ekelhafte Person.

Das gräßliche Geräusch des Schlüssels, der sich im Schloß dreht, sie tritt ein, die Hände in den Taschen ihres scheußlichen Kerkermeisterkittels, der Gang wutgeladen, der Blick erbarmungslos:

»Du willst also nicht essen? *Mir* ist das egal, dann bleibst du eben hier, wenn es dir hier so gut gefällt.«

Während sie weg war, habe ich mich wieder auf das rauhe Laken zurückgezogen. Sie sieht mich an, als hätte ich ein Verbrechen begangen, ich verlange von niemand etwas, ich habe nichts getan, und Sie wissen das.

»Du hast dir nicht einmal die Mühe gemacht, am Tisch sitzen zu bleiben. Um so schlimmer für dich, ich laß dich allein, dann hast du genügend Zeit, nachzudenken.«

Nein, sie wird im Korridor nicht hinfallen, aber das ist mir egal, ich bin nicht einmal sicher, ob ich ihr böse bin, ich verachte sie nur.

Niemand wird jetzt mehr hereinkommen. Niemand wird in absehbarer Zeit mit einem Tablett kommen. Ich bin allein in der Stille eines ungerechten Gefängnisses, allein mit meinen Gedanken, die geschunden sind wie mein Körper. Ich sehe meine Hand an, die auf dem Frotteestoff des Schlafanzugs liegt, ich verabscheue Schlafanzüge, sie haben etwas Perverses an sich.

Nein, ich werde ihrer demütigenden Erpressung nicht nachgeben, ich habe nicht einmal daran gedacht. Sie kriegen mich nicht, nur das kann ich noch sagen. Sie haben mich an den Haaren in diese Festung geschleppt: »Du bist krank, hier wirst du geheilt, du wirst sehen, das bessert sich.« Nein! Ich bin nicht krank, ich fühle mich sehr wohl. Ich will eure Pflege nicht, ich will mit mir allein bleiben, ich gehe nicht mit euch! Ihr Blick war leer, ihre Hände bereit, mich zu packen: »Wir werden dir nicht weh tun und dich nicht zum Essen zwingen, wir werden herausfinden, was in deinem Köpfchen nicht in Ordnung ist, und dann geht's wie von selbst. Du wirst Leute finden, die dir helfen, du kannst weiter für die Schule lernen.« Lügner! Von was reden die überhaupt? Ich brauche niemand, ich pfeife auf alle Leute, ich lehne sie ab! Was spielt das schon für eine Rolle?

Ich kann nicht sehen, was hinter dem Fenster ist, das Glas ist angestrichen, sogar daran haben sie gedacht! Nur im letzten Karree, ganz oben, sehe ich, wenn es geöffnet ist, die Blätter eines Baumes, sie bewegen sich nicht, es geht kein Wind. Ich warte, was sonst kann ich tun? Ich kann nicht lesen, weil Bücher die Belohnung für tausend Gramm sind, ich kann nicht schreiben, weil Papier hier mit mindestens zweitausend Gramm bezahlt werden muß, der Schlüssel, der nicht mehr abschließt: dreitausend, das heiße Bad: viertausend ... Ich habe dann sogar das Recht, die Reihenfolge der Vergünstigungen auszusuchen.

Ich verabscheue sie, ich hasse sie. Ich habe nichts getan. Nur die weiße Wand antwortet mir, sie gehört auch zu denen. Das Bett ist sehr hoch, ich habe den Eindruck, daß der Fußboden sehr weit weg von mir ist, die Fliesen drehen sich, ich kann an nichts denken. Schreckliche Einsamkeit, schreckliche Stille. Ich bin verloren in einem Nirgendwo, an einem Ort, an dem niemand das Recht hat zu existieren, ich kann mir nicht die Hände waschen gehen, und ich will auch nicht.

Die Schreie der Kinder erschrecken mich. Empörte, heftige Schreie, Schreie eines wilden Tieres, dessen Pfote in der Falle des Wilddiebs gefangen ist. Sie weinen auch, sie hämmern gegen die Wand und wollen hinaus. Manchmal schlagen sie sich untereinander, bis die Krankenschwester kommt und sie trennt. Ich kenne sie nicht. Als ich in meine Zelle gebracht wurde, bin ich verwachsenen kleinen Zwillingsschwestern begegnet, sie haben sich an meine Kleider geklammert, als wollten sie um etwas bitten. Und einem dicken großen Mädchen mit buckligem Rücken, das mich ansah, hin und her schaukelnd, und sich die Brüste kratzte. Abends, wenn ich mich waschen gehe, sind die Korridore leer und still, die Nachtwärterin inspiziert den Raum, bevor ich hineingehe, und überwacht den Gang, den langen Gang, der zu meinem ›Zimmer‹ führt.

Das ist der einzige Moment, in dem ich mein Gesicht im Spiegel ansehen kann. Es ist ganz eingefallen, aber es gefällt mir so, und außerdem ist es geschminkt, die großen schwarzen Ringe unter den Augen ersetzen die Lidschatten, die Blässe den Puder. Ich ziehe das Make-up der Pantomimen und Clowns dem der Frauen in der Stadt vor. Meine Augen sind leicht eingesunken, und die Tränen haben sie so in die Länge gezogen, daß sie nur noch ein Strich im oberen Teil des Gesichts sind, fein und hübsch. Meine schwarzen Haare sind aggressiv, und ihre Farbe paßt zu der der Lippen: violett.

Das Wasser rinnt durch meine Hände wie ein stärkender ›Liebestrank‹. Mir ist zu heiß, ich kriege keine Luft mehr in dem winzigen Raum, den man mir bewilligt hat. In fünf Minuten wird sie mich holen. Ich könnte sie vielleicht niederschlagen und schnell, sehr schnell zum nächsten Haus laufen. Ja, aber wo befindet sich die Tür? Richtig, wo ist sie? Das möchte ich wissen. Ich höre sie näher kommen, in einer Sekunde wird sie da sein. Ich gehe mit meinem schleppenden Schritt neben ihr her, ich gehe langsam, um diesen Augenblick zu verlängern, ich will nicht wieder in diese stickige Luft, in diese Einsamkeit, in diese Stille... In einer Sekunde wird sie die Tür zuschlagen, die sie halboffen gelassen hatte... sie wird sie hinter mir abschließen. Hört ihr? Dann sagt doch etwas!

Absätze, die auf dem Boden klappern, Stimmengewirr, ein

kleiner Hoffnungsschimmer, der in meinen verschwollenen Augen aufglimmt.

Nein, das ist nicht für mich, von jetzt an ist überhaupt nichts mehr für mich, ich existiere nicht mehr, vergraben, verloren. Ich sehe zum Fenster hinauf, von dem nur die oberste Scheibe ein viereckiges Stück Himmel mit Blättern sehen läßt, die undurchsichtigen Scheiben verwehren den Ausblick, der mich so freuen würde, auf einen verlassenen, umzäunten Hof: Symbol für eine Macht, für ein bösartiges, unnötiges Einsperren.

Ich sitze auf dem Rand des Bettes, auf seinem winzigen Rand, als weigerte ich mich, dieses Privileg auszunutzen, das sie mir unverschämterweise eingeräumt haben, ich will es nicht, sollen sie ihre weißen Betten, ihre gelben Wände, ihre eisernen Nachttische doch behalten!

Der Fliesenbelag sieht mich von unten an, wie ich mich über ihn beuge, er beobachtet mich, als wäre ich verrückt, und die Bettücher schwenken das Banner ihrer aufreizenden Sauberkeit und klagen mich an. Diese vier Wände schreien Worte, die ich nicht verstehe, ich fühle, wie sie sich über mir schließen wie eine nicht aufsprengbare Zwangsjacke. Ja, ich wünschte, sie würden mich zermalmen, ich möchte fortgehen, alles verlassen, nicht mehr existieren. Ich wünsche das Nichts.

Nein, ich werde nicht einmal zum Tode verurteilt werden, meine Strafe wird viel qualvoller sein: ein langsamer Tod, der diese vergebliche, aber unvermeidliche Hoffnung hinter sich herschleppt, die einen das unaufhörliche Leiden ertragen läßt.

Ich habe den Eindruck, keinen Blick mehr zu haben, so viel haben meine Augen geweint, und ich mache mich über meine Traurigkeit lustig, weil ich Selbstmitleid ablehne, ich will nur meine Wut hinausschreien und alles zerstören. Alles ist ungerecht. Ich habe den Weg schon vergessen, den man mich entlanggeführt hat, um mich in diesem Zimmer einzusperren, das ist vielleicht schade, ich hätte fliehen können. Aber nein, Riegel, Schlüssel, Gitter, Schwestern, so viele Hindernisse. Ich erinnere mich bloß an unerschütterliche und gleichgültige Blicke, ich hasse diesen Blick, ich werde ihn töten ... In mir ist unermeßliche Gehässigkeit, vermischt mit unkontrollierbarer Wut und einer bodenlosen Traurigkeit, aber ich kann es nicht an ihnen auslassen, sie entziehen sich mir. Das darf nicht sein, ich zerplatze gleich, sie haben mich mit Aufruhr vollgepumpt

und haben mir zuwenig Beruhigungsmittel gegeben. Mit welchem Recht führen sie eine Klinik, sie, die nicht richtig dosieren, ihre Spritzen nicht richtig füllen können?
Plötzlich betäubt ein gewalttätiger Schrei meine Ohren, verstummt, bricht wieder los, haßerfüllt. Eine Schwester ruft nach einem Arzt mit einer Spritze. Noch heftigere Schreie, sie zerreißen das Trommelfell und lähmen vor Entsetzen. Ich stelle mir das Bett vor, die Anschnallgurte, die Armfesseln...
Plötzliches Toben, dann das Quietschen von über die Fliesen gezerrten Bettgestellen, übertriebener Kraftaufwand, verzweifeltes Aufbäumen... Stille.
Schreckliche, beängstigende Stille. Nichts, Vergessen. Mauer. Erster Tod.
Welches Verbrechen habe ich denn begangen? Die Welt ablehnen: Ein mit lebenslänglichem Gefängnis bestraftes Verbrechen. Sie springen mit mir um wie mit einem gemeinen Haufen Knochen, der ohne jeden Gedanken, jedes Gefühl ist.
Ich bin allein. Draußen ist die Welt dabei zu lachen, sich zu amüsieren, zu reden, ich bin allein, allein mit meinem Körper, der nichts will, der nichts verlangt, außer zu sterben. Aber er wird es überstehen. Sie lassen nicht zu, daß ich bewußtlos werde, weil ich leiden muß und einsehen muß, wie dumm meine Sturheit ist, diese Leute, diese Häuser, diese Gesellschaft der Zwänge auszuspeien. Aber was glauben die eigentlich? Daß ich ihrer niederträchtigen Erpressung nachgebe? Sie scheinen sich des Grauens, das sie auslösen, nicht bewußt zu sein. Das läßt sie völlig kalt. Außerhalb dieser Mauern, dieses Gefängnisses weiß niemand, was sie diesen gefangenen Seelen antun, die Leute haben so viel Angst davor, empfinden so viel Widerwillen dagegen, daß sie es vergessen, denn das ist einfacher und leichter.
Draußen ist es noch nicht dunkel, ich habe Angst vor der Stille, ich kann schlecht atmen, ich bin mitten im Zimmer stehengeblieben, alles dreht sich, ich habe den Eindruck, die Erde wird sich unter mir auftun, wo ist das Bett? Ich finde mich in dieser riesengroßen Wohnung nicht mehr zurecht, ich möchte sprechen, sogar schreien, um zu fragen... meine Stimme ist tief in meiner Kehle eingetrocknet. Das Wasser, wo ist es? Ich möchte schlafen, ich kriege keine Luft mehr, alles schwankt, wie kalt und hart die Fliesen sind!
Die Nachtschwester hat mich gefunden, schlafend und durch-

gefroren, schluchzend vor Angst und vor Haß. Über der Tür brennt das blaue Nachtlämpchen, das einzige Licht, an das meine verschwollenen und erschreckten Augen sich klammern können. Ich liebe das Dunkel. Es beschützt. Aber ich will ja gerade nicht beschützt werden. Ich weiß nicht, was ich eigentlich will. Sie gibt mir lauwarmes Krankenhauswasser zu trinken und ein Medikament, eine weiße Tablette. Sie läßt mich ein bißchen sprechen, um sich zu vergewissern, daß ich sie nicht unter der Zunge behalten habe. Ich verabscheue sie jetzt dafür, daß sie hereingekommen ist, sie ist übergelaufen und hat das gleiche Spiel gespielt wie die anderen, die ich die ›wirklichen Verrückten‹ nenne. An allen bisherigen Abenden war sie nur ein flüchtiger Geist, sie wußte, daß sie besser nicht hereinkommen würde. Aber ab heute ist es vorbei, morgen werde ich nicht vergessen haben, daß *sie* es war, die abgewartet hat, ob die Tablette nicht versehentlich unter der Zunge kleben bleibt. Sie hat mich verraten.

Wieder hat mich das Geräusch des Schlüssels im Schloß geweckt, von der Droge benebelt, der Kopf schwer wie ein Stein, die Glieder abgestorben, der Blick böse. Die Pflegerin zieht mein Bett ab, das ganz sauber ist, bezieht es frisch; sie spricht nicht: eine Aufwartefrau. Seltsam, daß alle Leute hier etwas Erschreckendes in den Augen haben. Ich beobachte ihre von Krampfadern durchzogenen Beine unter den grauen, häßlichen Strümpfen. Ja, sie ist vielleicht alt und häßlich, aber sie kann auf der Straße herumspazieren, kann nach Hause gehen und sich mit einem Buch zum Träumen hinsetzen, sie kann ins Kino gehen und sich drei Vorstellungen nacheinander anschauen; das erstemal, um die Schauspieler zu sehen, das zweitemal, um zuzuhören, das drittemal, um zu verstehen. Wie kann sie nur diesen Beruf ausüben? Macht ihr das denn nichts aus, diesen verrückten, verwachsenen Kindern zu begegnen, diesen ekelerregenden Geruch des Wahnsinns hinter sich her zu ziehen?

Warum haben sie mich hier hereingesteckt, ich bin nicht verrückt! Ich hämmere nicht wie eine Wahnsinnige gegen die Wände. Aber darin besteht der Wahnsinn natürlich nicht. Man hat es mir bloß nie erklärt, das sind Dinge, über die man nicht spricht, die Leute haben Angst davor. Ich selbst habe auch Angst davor, weil ich nicht will, daß man mich wie eine Verrückte behandelt. Sie sagen nichts, aber jede ihrer Gesten richten sie an ein Kind, das angeblich nicht mehr denken kann, an ein Kind, dem man die Vernunft genommen hat. Sie wollen also, daß ich mich verabscheue, daß ich am Ende so denke wie sie, daß es ein Verbrechen ist, keinen Hunger zu haben, während die anderen fressen, daß es ein Zeichen von Wahnsinn ist, sie verächtlich zu beobachten, wenn sie sich über ihren Teller hermachen, als sei das die einzig lohnende Sache der Welt? Die könnten nicht mehr leben, wenn man sie einsperren würde. Nein, ich will nicht, daß die mich so werden lassen wie sie selbst, ich will es nicht! Sie werden aufgeben und mich schließlich bestimmt hinauswerfen.

Die vom Frühdienst macht die Tür auf. Ich sehe sie zwischen den Butterbroten und der Kaffeetasse hereinkommen, ein beinahe ironisches Lächeln auf den Lippen.
»Na, hast du gut geschlafen?«
Nein aber die macht sich wohl über mich lustig, mich zu fragen, ob ich gut geschlafen habe!
»Du hast gestern abend nicht gegessen? Das steht im Krankenbericht. Warum hast du denn so geweint?«
Die schreiben jetzt alles auf, was ich mache. Wenn der Arzt vorbeikommt, liest er: »War um acht Uhr zehn pinkeln, hat zwei Reiskörner gegessen, ist um drei Uhr aufgestanden, um auf die Toilette zu gehen.« Das hat mich sehr erstaunt . . . Was habe ich denn erwartet? Lächerlich, sie sind lächerlich, ich kann mich über sie mokieren, wie ich will, sie werden nie erfahren, was ich denke.
Ich sehe ihre zusammengekniffenen blauen Augen an, sie sind häßlich, sie hat einen kleinen Kopf, aber einen dicken Körper, ich muß über sie lachen, aber *sie* hat die Schlüssel, ich muß über sie lachen, aber *ich* bin eingesperrt. Glaubt die etwa, ich würde ihr Spülwasser und ihre stinkigen Brote anrühren? Mein Blick ist starr auf meine Hände gerichtet, der Kopf gesenkt, und die Tränen sind bereit, hervorzuschießen. Ich spüre, daß sie die Nerven verliert, sie hat's satt, umsonst zu reden, ich höre ihr nicht einmal zu, und vor allem esse ich nie die Teller leer. Ihre Stimme wird schroff. Sie faßt mich am Kinn, bemuttert mich ein bißchen, dann sagt sie aufgebracht:
»Die Klinikchefin kommt heute nach dir sehen, und du kannst mir glauben, mit der ist nicht gut Kirschen essen, das wird nicht gutgehen: Du bist seit einem Monat hier und hast nicht ein

Gramm zugenommen, du hältst alle zum Narren! Na, willst du nicht ein Stück Brot essen? Wie du willst, stell dich stur, aber du weißt ja, daß du damit nichts erreichst, dann bleibst du eben länger hier, das ist alles.«

Sie ekelt mich an, sie ist abstoßend. Weiß der Mann, der in ihrem Bett liegt, was sie den im Flur herumirrenden Kindern antut? Vielleicht berührt ihn das gar nicht, wie kann er nur mit dieser derartig gräßlichen Frau schlafen? Der ist bestimmt ein Masochist. Vielleicht ist er bei dem Arzt, der morgens auf die Station der Erwachsenen kommt, in Behandlung ... bei dem, den sie ihm empfohlen, vorgestellt hat ...

Wieder bin ich allein, aber es ist eine Erleichterung. Ja, die Einsamkeit ist sehr schön. Ich will nicht mehr, daß sie den Schlüssel im Schloß herumdrehen und aufmachen, ich will, daß sie mich in diesem Kerker vergessen, daß sie mich nicht mehr mit ihren Tabletts, ihren Worten verhöhnen. Behaltet sie, eure Welt. Hört ihr mich, sie ist noch zu gut für euch, ich werde sie nie akzeptieren, das hier, das ist nicht die wahre Welt! Laßt mich! Laßt mich ...

Ich wußte noch nicht, daß es so niederträchtige Menschen gibt, ich ahnte es, aber ich hatte nie die Erlaubnis gehabt, sie mir anzusehen, meinen ganzen Haß auf diesen Abschaum zu richten. *Sie* sind es also, die das Recht haben, die Leute mit Leib und Seele zu besitzen? Da wundert es mich nicht, daß es so viele Verrückte gibt.

Ich hoffe, sie lassen mich wenigstens sterben, wie ich will. Ich weiß, daß die Folter darin besteht, einen gegen seinen Willen leben zu lassen. Ist das nicht viel schrecklicher, als einem das Leben zu nehmen, wenn man es behalten will?

Ich habe nicht verlangt zu leben, ich will es nicht mehr. Jetzt habe ich das Recht zu wählen. Ich kann nichts dafür, daß meine Mutter keine Verhütungsmittel benutzt hat. Es ist normal, daß ich zerstöre, was mein ›Vater‹ und meine ›Mutter‹ geschaffen haben. Sie behaupten, es für mich getan zu haben, warum also lassen sie mich jetzt nicht wählen? Denen ist es völlig egal, was ich denke, sie wollen ihre ›Sache‹ behalten, und außerdem wollen sie keine Trauer vortäuschen müssen, die sie nicht empfinden. Man würde es den Umständen anlasten, der Undankbarkeit der Jugendlichen, der Ahnungslosigkeit dieses Alters, aber kein Mensch würde glauben, daß Eltern nichts für ihr Kind empfinden könnten.

»Mach dir nichts draus, das geht vorbei!« Genau das sagen sie doch, nicht wahr? Eine Bewußtwerdung hört nie auf. Meine wird nicht aufhören, ich will nicht werden wie ihr: Passiv, blöd, stur. Ich bin zwar auch passiv, blöd, schrecklich stur, aber auf einer anderen Ebene als ihr. Ich habe keine Angst vor euren Phrasen, ich habe keine Angst vor diesem Tod, den ihr so fürchtet! Seht nur, wie ihr vor der Bedrohung durch diese Gewißheit zittert!

Ja, ich weiß, ihr verachtet mich auch:

»Seht sie euch an, eine richtige Furie, und wenn man bedenkt, daß sie erst dreizehn Jahre alt ist! Ich möchte so eine Tochter nicht haben! Ein richtiges Biest, sie macht allen Kummer und lehnt sich auch noch auf! Da sieht man, wie man von seinen Kindern belohnt wird!«

Totenstille. Nichts ist schrecklicher als diese Stille. Vor mir endlose Stunden, eine endlose Straße, die, wie ich ahne, bis zum Ende des Himmels und der Erde geht. Es ist gräßlich, nicht einmal mehr daran denken zu können, sich zu bewegen, zu sprechen, zu leben... Ich habe den Eindruck, daß sie es so weit gebracht haben, meine Gedanken in einen Schraubstock aus Stahl und Eisen zu zwingen. Diese Frage bricht in mir auf wie eine Herausforderung, verquickt mit tausend anderen Fragen. Sie prallen plötzlich auf wirkliche Worte: ›Freiheit‹, ›Gefängnis‹, ›Wahnsinn‹, ›Verbot‹.

Ich höre die hysterischen Schreie der gefangenen Kinder, ich sehe sie nicht, ich weigere mich, ich fühle mich auf dumme Weise abgestoßen, nein, ich habe nichts mit ihnen zu tun: den Verrückten. Aber ich selbst bin auch verrückt, und deshalb, nicht wahr...?

Sie hat den Schlüssel im Schloß gedreht. Ich habe sie schon einmal gesehen, ich verabscheue sie, und außerdem macht sie mir Angst. Eine große Frau mit einem Pferdeschwanz, die aussieht wie ein Feldwebel und die mich mit ihren riesigen Lederstiefeln und ihrer Nasensonde bedroht. Sie setzt sich auf den Stuhl, ich habe mich in meiner Ecke verkrochen. *Sie* ist es wohl, die die Kinder im Bett festschnallt, um sie besser ruhig stellen zu können, die in die Krankenberichte idiotische und exakte Vorschriften einträgt, über die genaue Anzahl der Minuten, die einem zum Waschen des Gesichts zur Verfügung stehen. Aber bei mir wird sie nie etwas erreichen. Aufgepaßt,

sie wird wütend werden . . . sieh an, sie versucht es mit Sanftheit.
Ihre Stimme ist honigsüß. Aber das klappt auch nicht.

»Nun, wie geht es dir?«

Was will sie von mir hören, daß es mir glänzend geht, daß
dieses tolle Zimmer mir sehr gut gefällt?

»Sehr gut, sieht man das nicht?«

»Was ist denn los?«

Nein, ich werde Ihnen nicht antworten, ich will nicht mit Ihnen
reden, ich werde nichts sagen, Sie machen sich mit diesen
Fragen über mich lustig, ich will Ihre ›Hilfe‹ nicht, behalten Sie
sie.

»Nun, willst du nicht antworten? Die Ärzte sagen, du hättest
kein Wort mit ihnen gesprochen. Gefällt dir der neue auch
nicht? Antworte!«

Es ist soweit, die Nerven gehen ihr allmählich durch. Da das
nicht wirkt, schlägt sie einen milderen Ton an. Sie hält mich
wirklich für eine Schwachsinnige.

»Nun, warum antwortest du mir nicht? Willst du, daß ein
anderer Arzt nach dir sieht? Wirst du dann reden?«

»Nein, ich habe kein Bedürfnis zu reden.«

»Sei nicht so dumm, sonst wärst du ja nicht hier.«

»Eben, ich sollte nicht hier sein.«

»Jetzt reicht's, ich werde gleich wütend. Ich bin zu freundlich
gewesen, du bist jetzt einen Monat hier und hast kein Gramm
zugenommen. Dann muß ich eben sehr unfreundlich werden.
Wenn du in einer Woche immer noch genausoviel wiegst,
bekommst du eine Nasensonde, ob du willst oder nicht, man
wird dich nicht nach deiner Meinung fragen.«

Ach nein, als hätten sie mich bisher danach gefragt!

»Wenn du nicht vernünftig sein willst, müssen wir es für dich
sein.«

Nennen sie das etwa vernünftig? Wahrhaftig, die haben keine
Ahnung von der Wirklichkeit!

»Wir können dich nicht sterben lassen, noch ist Selbstmord
verboten.«

»Wie schade.«

Ich habe gesehen, wie ihre Augen hinter ihrer riesigen Brille
und ihrem Make-up mir drohten. Da fragt man sich, wozu es
überhaupt gut sein soll, das Make-up. Nein, Sie kriegen mich
nicht, Sie sind nichts weiter als ein verbittertes altes Mädchen,
eine Schlampe.

»Du hast eine Woche, um aufzuholen. Ich komme wieder vorbei, und denk ja nicht, ich sage das nur so dahin. Das ist nicht meine Art!«

Das ist mir scheißegal, ich kümmere mich einen Dreck darum, sie soll weggehen, diese blöde Person, es lohnt sich nicht einmal, sie zu beschimpfen.

Um mich besser zum Nachdenken zu bringen, hat sie an der Wand, gegenüber dem Bett, ein Blatt Millimeterpapier aufgehängt, mit einer horizontalen Linie für die Tage und einer vertikalen für die Kilos, sie hat mein Gewicht durch einen riesigen, giftigen, schreiend schwarzen Punkt markiert, er attackiert meine verschwollenen Augen, die sogar das Licht reizt, ich habe nicht den Mut, zu schreien, ich habe keine Kraft mehr, ich denke nur daran zu sterben, und sie haben mich daran gehindert, als wäre ich nicht vernünftig genug, um meinen eigenen Wunsch zu erkennen. Ihnen ist das völlig egal, aber warum wollen sie eigentlich, daß ich lebe, wenn sie mich doch so sehr hassen? Ich weiß es nicht. Der schwarze Punkt trübt meinen Blick.

Ich bin ganz erschöpft vom vielen Weinen, alles ist jetzt trocken, trocken wie die Wüste, meine Gedanken ebenso wie meine Augen. Mein Blick ist starr, mein Gehirn leer, leergefegt von allem, außer von diesem eigensinnigen Satz: »Sie kriegen mich nicht.« Ich weiß, daß das nicht stimmt, sie werden mich am Ende dazu bringen, nachzugeben, weil sie die Schlüssel haben, weil sie die Verrückteren sind. Die Welt, die ich so verabscheue, ist nicht mehr bei mir, sondern dort, hinter der Tür. Sie erfüllt die Atmosphäre mit übelriechender und ekelerregender Luft, die mich ununterbrochen zum Übergeben reizt. Schon höre ich ihre sarkastische Stimme ausrufen: »Dir geht's doch gut hier, du tust nichts, um rauszukommen, außerdem bist du hier wenigstens vor den Aggressionen der Leute, die du so sehr haßt, sicher.« Was soll ich antworten? Ich habe keine Kraft mehr, etwas zu erwidern, ich spreche mit mir selbst, das ist alles, was mir bleibt.

Ich habe ihn nicht hereinkommen hören, er ist da, die winzigen Augen hinter viereckigen Brillengläsern verborgen. Der muß auch Komplexe haben. Sein Kopf stößt fast an die Decke, zweifellos setzt er sich deswegen immer gleich hin, sobald er hereinkommt, es sei denn, er ist einfach hundemüde von seiner Visite im Saal. Er hat sich auf einen Stuhl fallen lassen, die

Arme gekreuzt, eine Hand unters Kinn gestützt. Eine Fülle gekräuselter Haare, eine etwas zu fette Gestalt. Weil er die Leute immer zum Essen zwingt, ist er wohl selbst zum zwanghaften Esser geworden. Hinzu kommt eine ganz sanfte, zuckersüße Stimme und ein Gebaren, das mir ein bißchen weibisch erscheint. Zweifellos homosexuelle Neigungen, nicht wahr, Herr Assistenzarzt?

Er scheint einen Redeschwall, schüchternen Dank oder zaghafte Fragen oder irgend etwas anderes erwartet zu haben, aber nicht dieses verbohrte Schweigen. Doch er wappnet sich mit Geduld, sein kraftloses Gesicht besteht überhaupt nur aus aufreizender Geduld, aus seelenruhigem Warten...

»Nun, wie geht's uns heute?«

Er stellt mir diese Frage, als würde er mich sehr gut kennen, mit vollkommen sicherer Stimme, als hätte ich ihm immer geantwortet. Langes Schweigen. Ich weiß, daß der Kerkermeister mich hinter seiner schützenden Wand wie ein seltenes Tier oder ein verbotenes Buch beobachtet. Wenn er doch nur gehen würde! Bei dem sturen Gesicht eines Schwachsinnigen, das er hat, muß er verrückter sein als seine Patienten! Er weiß ganz genau, daß ich nicht reden werde, das wird nicht klappen, kapiert er denn nichts, dieser sogenannte Kenner der Seele und des Geistes? Ah, der sieht mir grad danach aus, als würde er etwas davon verstehen! Der hat sicher beim Examen den Prüfer bestochen. Da sitzt er, hinter seinen Brillengläsern und seinem grotesken Brillengestell, gedemütigt von meiner Gleichgültigkeit, aber ich werde ihn nicht ansehen. Ich halte meinen Kopf zwischen den Händen und beobachte die Myriaden von mikroskopisch kleinen Mustern, die auf den Fliesen spielen wie die grellen Glassteinchen in Kinderkaleidoskopen.

Er kann stundenlang, ja tagelang hier bleiben, er wird meine Stimme nicht vernehmen. Ich werde wenigstens etwas bei mir, für mich behalten. Sie werden mich nicht kriegen, sie werden weder meine Stimme kriegen noch meine Gedanken, nichts... immerhin besitzen sie schon meinen Körper, meine Freiheit, immerhin haben sie einen Teil meines Geistes an sich gerissen. Er wird nichts erfahren, nur ich allein weiß Bescheid. Die Leute sind alle Verräter. Sogar er mit seinem hippokratischen Eid, er wird schleunigst alles jener gräßlichen und häßlichen Frau weitersagen, die ich verabscheue. Jener Frau, die sich immer verstellt. Sie wird alles erfahren, weil es ihre ›Pflicht als

Mutter‹ ist, mir zu helfen. Schändliche, empörende Vorstellung! Ich will sie nie wiedersehen. Ich verabscheue sie alle. Ich möchte sie umbringen. Ihre Gesichter vermischen sich seltsam, sehr verschwommene und zugleich sehr scharfe Bilder: übelriechende Abfälle, weiße Kittel, die von Krampfadern durchzogene Beine entblößen, bescheidene und häßliche Kennzeichen der Krankenschwestern, Arzneischachteln, aufgebrachte Gesichter, in denen ständige Ablehnung wütet.

Er hat in zuversichtlichem und gönnerhaftem Ton eine neue Schweigevisite versprochen und ist gegangen. Ich hätte ihn mit kleinen Pfeilen, mit Fußtritten oder mit sarkastischen Worten durchlöchern sollen, aber meine Wut machte mich zu blind, ich hätte alles verpfuscht, ich hätte mich lächerlich gemacht, hätte mich gänzlich ausgeliefert, bloßgestellt...

Ich bin in diesem zugemauerten Korridor aufgelösten, entgeisterten, verschreckten Mädchengesichtern begegnet, ich habe banale und zugleich erschreckende Sätze gehört. Ein riesiges Mädchen mit kurzen Haaren, das unablässig seine Hände knetete und sich bucklig hielt, die Füße nach innen gekehrt, hat mich mit bösem Blick beobachtet, dann hat es prustend zu lachen angefangen und ausgerufen: »Ich will wissen, wer die da ist, Schwester, sag mir, wer die da ist.« Ich habe Angst gehabt, ich wagte mich nicht mehr zu rühren, ich fühlte harte und prasselnde Schläge auf meine Rippen sausen... Du bist dumm, sie tut dir nichts, du siehst doch, daß sie nicht bösartig ist. Alles in allem ist sie nicht verrückter als du selbst, nur empfindest du keinerlei Neugier für die Leute. Ja, ich weiß, aber ihre kleinen grünen Augen, ihre starken weißen Hände... wollen mich anfassen! Ich bin geflohen, sie ist hinter mir hergerannt und hat ihren Satz gerufen: »Ich will wissen, wer die da ist...«

Ich habe mich selbst eingesperrt, habe mich zwischen Bett und Wand verkrochen. Zeit zum Verschnaufen, ich war erschöpft, so schnell zu laufen...!

Wie lächerlich ich doch sein kann! Ich habe keine Kraft mehr, zu laufen, keine Kraft mehr, zu rufen, nein, ich kann nicht leben, habe ich denn nicht gelernt, daß die Leute, die nicht vom Leben ›profitieren‹, gerügt werden? Ich bin schon eine Leiche, ich verwese langsam. Sogar mein Geist beginnt mir zu entgleiten. Sie versucht, die Tür zu öffnen, ich sehe durch den Spalt ihr verzerrtes und grinsendes Gesicht... Die Stimme der

Schwester kommt herbeigelaufen, ich stelle mir ihre auf der Nase hüpfende Brille vor und ihre Brust, die sie zur Schau stellt unter ihrer Bluse. An irgend etwas muß ich ja denken. Dies eine Mal kommt sie im richtigen Moment. Mit autoritärer Stimme vertreibt sie dieses spaltbreit, wie eine Messerklinge, sichtbare Gesicht, indem sie ihm eine riesige Schnitte Brot hinhält. Die Wirkung ist durchschlagend. Mich erschreckt das ein bißchen, ich weiß, daß sie gleich, wie jeden Tag, ein für vier Personen zurechtgemachtes Tablett holen geht, daß sie mich anflehen, mich zu erweichen versuchen wird, zornig werden, es mit Drohungen und Freundschaft versuchen wird, am Ende die Tür zuschlagen wird und mich über meinen unberührten Broten und meinem von Tränen salzigen Kaffee sitzen lassen wird. Unerträgliches Dilemma ... Ohne Zweifel komme ich hier nicht heraus, solange ich nur dreißig Kilo wiege! Aber ich kann nicht. Allein dieser Geruch macht mich fertig, brennt mir in den Augen, hebt mir den Magen ... In mir ist alles zugeschnürt.

Sie haben mir gesagt, daß ein Monat vorbei ist. Wie hätte ich es wissen sollen, eingemauert wie ich bin, weiß ich die Zeit nicht mehr. Sie sind ärgerlich geworden, wenn sie die waagerechte schwarze Linie gesehen haben, wenn sie morgens den Bericht der Nachtschwester gelesen haben: »Hat geweint. Hat nichts gegessen. Hat nichts gesagt. Hat aus dem Fenster geschaut.« Wieso schämen die sich nicht? Ich schäme mich tausendmal für sie, ich werde von Scham und Auflehnung gequält. Sie treiben ihre possenhafte Satire bis zum Äußersten, sie haben drohende Augen und gefallen sich in ihrer höhnischen Erpressung: »Wenn du nicht ein Kilo zunimmst, kannst du deine Mutter nicht sehen.« Die sind verrückt, die glauben also, ich wollte sie sehen, diese Kerkermeisterin mit den Augen eines Sperbers, die so tut, als ›erfülle sie ihre Pflicht‹? Glauben die wirklich, ich hoffte sie in dieses Zimmer kommen zu sehen, mit ihrer Miene eines geprügelten Hundes, als wäre *sie* es, die eingesperrt worden ist?

Es wird dunkel, das blaue Nachtlämpchen über der Tür bleibt eingeschaltet, wie eine stumme Herausforderung. Ich würde gern die Luft aus dem Hof atmen, aber die Fenster gehen nicht auf, ich würde gern lesen, aber die Bücher sind verschwunden, ich würde so gern aufschreiben, was ich empfinde, aber in diesem Zimmer ist nichts als ein Tisch ohne Schublade, ein blitzsauberes Bett, eine ungeheure Leere und dieses Stückchen Himmel, das mich reizt.

Sie ist zurückgekommen, um das Tablett zu holen, mit einer Miene voller Verachtung, sie hat die Tür zugeknallt und den Schlüssel herumgedreht, wieder bin ich allein, allein mit dem, was von mir übrig ist. Ich habe nichts mehr zu denken, nichts mehr zu hoffen, ich muß sterben. Die Schlafmitteldosen sind für Erwachsene berechnet, sie hat zugeschaut, wie ich sie schluckte und hat zehn Minuten mit mir gesprochen, um sich zu vergewissern, daß ich sie nicht unter meiner Zunge versteckte. Das sind keine menschlichen Wesen, ich weiß nicht, wie sie heißen, ich müßte einen abstoßenden, lächerlichen Namen für sie finden. Sogar meine Wünsche verschwinden am Ende, sie haben mich mit Drogen vollgepumpt wie eine Verrückte, ich bin in einer Zwangsjacke gefangen, ich habe Glück, nicht in der Zeit geboren worden zu sein, als man die Irren zwischen zwei Matratzen erstickte, oder vielmehr, ich habe kein Glück. Plötzlich schwindet jeglicher Wille in mir. Plötzlich steigt unbezwingbarer Aufruhr in mir auf, ich möchte heulen, aber ich kann nicht, ich weiß nicht mehr, wo ich bin, alles vermischt sich, das Zimmer dreht sich um ein Krankenhausfenster. Ich höre die Nachtwache, die die Träume der verlorenen Kinder überwachen kommt, der Kinder, die den Wahnsinn der Welt wahrgenommen haben. Ich kann nicht mehr gegen ihr gemeines Gift ankämpfen, ich weiß nichts mehr... Ich...

2

Es war Ende August. Ich war mit Sophie, einer früheren Freundin, in die Ferien gefahren, ein schwerer Fehler, denn wir hatten uns seit Monaten nicht mehr gesehen, und sie hatte sich in der Zeit unserer Trennung verändert, zwischen einer Schwester, die sich prostituierte, und einer Mutter, die zu viele Jahre in China gelebt hatte, als daß die Umstellung sie nicht verrückt gemacht hätte: Mit verstörten Augen, mit manischen Bewegungen ging sie so weit, uns mit ihrem Besen zu verprügeln, oder sie schlief den ganzen Tag. Als ich mit Sophie losfuhr, war ich schon ›krank‹. Nach ein paar Tagen wurde sie sehr unfreundlich, wahrscheinlich weil sie mich nicht verstand und mein Verhalten beim Essen für eine Herausforderung hielt. Zwischen uns war eine Kluft entstanden, die wir trotz unserer Zugeständnisse nie würden überwinden können.

Die Atmosphäre wurde schnell unerträglich. Ihr Vater nahm mir gegenüber die beste Haltung ein: Er blieb indifferent. Das galt nicht für den Onkel und die Tante, zwei verbitterte und verknöcherte Alte, die vorgaben, sich um mich zu kümmern, und bei jeder Mahlzeit Anfälle bekamen. Wie soll man da nicht neurasthenisch werden? Ohne jede Energie, übertrieben reizbar, weinte ich bei jedem lauter vorgebrachten Satz, und der alte Onkel schrie bei jedem Satz. Abends schlief ich dann unter Tränen neben diesem Mädchen ein, das jetzt kein Wort mehr zu mir sagte und ebenfalls Gleichgültigkeit heuchelte. Beim Aufwachen hatte ich ein verquollenes Gesicht, Schwindelanfälle, farbig schillernd, und zwischen den Schläfen bohrenden Schmerz und Haß... Um ihre schöne Ferienruhe nicht zu zerstören, stellten sie sich blind. Das nahm ich ihnen übel, dabei hätte ich es abgelehnt, daß sie sich um mich kümmern. Ich wußte, daß ihre Hilfe nur darin bestanden hätte, mich mit Gewalt alle möglichen Speisen herunterwürgen zu lassen. Ich suchte etwas anderes, etwas, dessen ich mir nicht bewußt war, etwas Unbekanntes, das tief in mir vergraben war.

Nach acht Tagen fuhr der Vater geschäftlich nach Paris und überließ uns dem Onkel. Ich hatte unaufhaltsame Weinkrämpfe. Von der Bettdecke halb erstickt, schluchzte ich verängstigt, aufsässig, hilflos. Das konnte so nicht weitergehen. Am Ende der zweiten Woche bat ich ihren Vater, der übers Wochenende gekommen war, mich nach Paris zurückzubringen. Er wußte, daß meine Mutter nach Tunesien gefahren war, aber ich versicherte ihm, daß ich meine Großmutter anrufen würde. »Und außerdem bin ich alt genug, um eine Woche allein zu bleiben!«

Meine Großmutter war über meine Rückkehr ungehalten: »Was, ganz allein! Was sollen die Leute nur denken? Sie werden sagen, deine Mutter hätte dich im Stich gelassen.« Lächerlich, einmal, weil es niemand gab, der etwas hätte merken können, und dann, die Meinung der anderen...

Sie bestand darauf, daß ich zumindest einmal amTag zum

Essen zu ihr kommen sollte. Trotz all meiner listigen Schachzüge, um mich aus dem Staub zu machen, mußte ich hingehen, und die Essenszeit blieb weiterhin ein Schreckgespenst für mich, verstärkte nur meinen Groll gegen diese verständnislose Welt. Da mein gelähmter Großvater regelmäßig einen seiner Wutanfälle bekam, wenn er sah, daß mein Teller nicht leer wurde, gelang es mir, die alte Frau davon zu überzeugen, daß meine Anwesenheit einen schlechten Einfluß auf die Gesundheit ihres Mannes hätte. Daß es vernünftiger wäre ... Durch einen unglücklichen Zufall wohnten wir sehr nah beieinander, sie bestand darauf, mir das Essen zu bringen, Steaks, Gemüse, Kuchen, die sie mir mit ihren unerträglichen moralisierenden Bemerkungen schmackhaft machen wollte. Sie hatte Glück, daß ich nicht mehr im Vollbesitz meiner Kräfte war, daß das Bedürfnis nach Rache in mir selbstzerstörerisch war. Jeder ihrer Sätze stieß mich tiefer, trug zu meinem Verderben bei; sie überzeugten mich davon, daß ich tatsächlich richtig gehandelt hatte, daß die Intoleranz der Leute so groß ist, daß sie keinen Unterschied zwischen einem selbst und sich dulden. Sie lassen nichts gelten, man muß ihrer Herde folgen, man muß genauso handeln wie diese Roboter. Warum ertragen sie es eigentlich nicht, daß jemand sich weigert zu essen? Das nimmt ihnen doch nichts von ihrem Teller ... das geht sie doch nichts an ... Ich verabscheute sie.

Meine Mutter kam braungebrannt und verständnislos zurück; unmittelbar nach der Landung ging sie zu ihrem ›Mamachen‹, das sie über meinen Gesundheitszustand unterrichtete. Ich wehrte mich gegen ihre Besessenheit von der Waage, ich wollte nicht, daß sie triumphieren könnten, mich mit ihrem: »Ich hatte ja recht« überhäufen könnten, ich haßte diese gräßlichen Wiegedinger, finden Sie nicht, daß die häßlich sind? Schließlich lasen sie von diesem widerlichen Biest die anklagenden einunddreißig Kilo ab und hielten es für ihre ›Pflicht‹, mich zu unserem Hausarzt zu bringen. Ich kannte ihn, ein verkümmerter Alter, der nichts kapierte. Ich wollte nicht hingehen, ich kann Ärzte nicht ausstehen, ihre muffige, nach Äther und Alkohol riechende Praxis, ihre ›Auskultationen‹, ihre Fragen. Vergeblich weinte ich ›alle Tränen aus meinem Körper‹, sie hatten zuviel Angst vor dem Gerede der Portiersfrau, vor ihrem anklagenden Blick, sie schleppten mich hin.

Die Diagnose war beruhigend für mich, er fand nichts Ernstes und klagte lächelnd über die ›eingebildeten Krankheiten der Großmütter‹. Endlich jemand, der vernünftig war! Jetzt, wo sie ihre Pflicht erfüllt hatten, würden sie mich wohl in Frieden lassen. Sie zwangen mich nicht mehr zum Essen, aber ich wurde Dauergast in den Wartezimmern. Blutanalysen, nein, nichts unnormales. »Massagen, um dich zu entspannen ...« – »Ein anderer Arzt, dieser hier ist etwas rückständig ...« Ich wartete, erbittert und wütend, man hatte mich fast mit Gewalt hingeschleppt, und natürlich mußte meine Mutter mich auch noch begleiten, als wäre ich nicht verständig genug, mir die Verordnungen dieser Ärzte anzuhören. Alle verschrieben mir Stärkungsmittel, die ich in den Ausguß warf. Verstanden sie denn nicht, daß ich nichts wollte? Alle um mich herum wurden nacheinander zu Honigtöpfen, dann zu wutschnaubenden Nervenbündeln. Machen die das mit Ihnen auch, wenn Sie keinen Hunger haben?

Die Mahlzeiten waren besonders unerträglich. Jene Frau mit dem glanzlosen Teint, meine ›Mutter‹, weinte manchmal, schrie immerzu und machte mich wütend. Sie ertrug diese Herausforderung nicht, das war der Beweis dafür, daß ich sie gut gewählt hatte. Warum sollte ich bei diesen Leuten bleiben, die nichts verstanden? »Dir ist es schnuppe, daß du mir Kummer machst, du denkst nur an dich, dir ist es wohl egal, daß ich nachts deswegen nicht schlafen kann? Antworte wenigstens! Hörst du? Antworte!« – »Wie, du magst nicht mehr? Ich werde es dir mit Gewalt hinunterwürgen, ich habe deine Launen satt! Wo gehst du denn hin? Nein, du stehst nicht auf, bevor du nicht gegessen hast! Hörst du, bleib hier!« – »Ah, ich kann Ihnen sagen, da sieht man, wohin es führt, Kinder zu haben, man sorgt sich und bekommt nicht mal eine Antwort!« Ich werde diese Sätze nicht kommentieren, aber diejenigen, die sie nicht empörend finden, können, ja dürfen nicht weiterlesen, sie würden es nicht verstehen ...

Meine Mutter sprach mit niemand darüber, aus Angst, beschuldigt zu werden. In dem Betrieb, in dem sie arbeitete, vertraute sie sich jedoch der Sozialarbeiterin an, die sich rühmte, Ordnung in das Leben aller Sekretärinnen mit Schwierigkeiten zu bringen. Diese schickte sie unweigerlich zum Psychiater.

Sie geben sich alle feierlich und herablassend: »Mein Kleines, das ist ganz einfach, es gibt nur eine Lösung: zu essen.« Ich finde sie lächerlich, wie sie sich hinter ihrem Schreibtisch und ihren Nippsachen verschanzen. Mit falscher Ernsthaftigkeit stellen sie dumme Fragen: »Es ist doch nicht etwa Liebeskummer, weißt du, du wirst noch anderen begegnen...« – »Verstehst du dich gut mit deiner Mutter?« – »Bedrückt es dich nicht, daß dein Vater weg ist?« – »Fandest du dich zu dick?« – »Wärst du lieber ein Junge?« Ich hätte nicht gedacht, daß sie so plump sein könnten!

Ich hatte beschlossen, auf gleichgültig zu machen. Während sie ihre Moralpredigten abspulten, bereitete ich komplizierte Sätze vor, um zu erklären, daß ich mich vollkommen normal fühlte und daß es meine Mutter war, die mich hierhergezerrt hatte, »natürlich esse ich nicht viel, aber Sie wissen ja, die Mütter haben immer solche Angst, daß...«, das klappte weder vorn noch hinten, ich lehnte es ab, mich auszusprechen, sie verrannten sich in ihrer Strafpredigt. Ich konnte ihnen die Dinge, die sie unbedingt wissen wollten, nicht sagen. Damit hätte ich zugegeben, daß ich das Bedürfnis hatte, mich anzuvertrauen, mit anderen Worten, in ihre widerwärtige Praxis zurückzukommen. Das wollte ich auf gar keinen Fall. Nach unendlich vielen aufreizenden und nutzlosen Unterredungen, die mich immer mehr in meinem Zerstörungstrieb und meinem Schweigen bestärkten, erklärte einer dieser bedeutenden Herren, daß die Klinik die einzige Lösung sei. Natürlich änderte meine Mutter ihre Meinung nicht: Was sie nicht in mich hineinstopfen konnte, würde auch niemand anderer können. Allerdings begann mein Skelett sie zu erschrecken, und sie suchte den Namen und die Adresse des großen Psychiaters, der in Mode war, und erkundigte sich nach dem Preis für eine Konsultation. Ich lehnte mich nicht einmal mehr dagegen auf, allerdings war ich jetzt auch unfähig dazu, ich nahm ihn nur halbwegs durch einen Schleier wahr, ich war weit weg, von Schwindeln und Wirbeln erfaßt, ich wußte nichts mehr, ich wollte nichts mehr, außer daß man mir vor allem nicht vom Essen sprach, was natürlich andauernd gemacht wurde.

Die Unterredung verlief genauso wie die anderen, nur sein abschließendes Urteil war unversöhnlich. Angesichts der zögernden Haltung meiner Mutter verfügte der Professor, daß es auf jeden Fall keine andere Wahl gäbe, daß, falls ich am nächsten Tag nicht von selbst in die Klinik ginge, man mich abholen würde, daß meine Mutter sich eines Mordes schuldig mache, falls sie mich mir selbst überließe.

»Du bekommst ein Zimmer ganz allein für dich, man wird dich nicht zum Essen zwingen, sondern wird versuchen herauszufinden, was dich dazu gebracht hat, dich so zu verhalten, und du wirst sehen, in dem Moment kommt der Appetit ganz von allein wieder. Mach dir keine Sorgen wegen der Schule, es gibt dort Lehrer. Und vor allem denk nicht zuviel daran, sei zuversichtlich, das kommt von ganz allein.«

Das alles wird mit einem unschuldigen Lächeln vorgebracht. Jedenfalls hatte ich wirklich keine Wahl, nicht einmal die Kraft, zu fliehen. Und außerdem, wenn er die Wahrheit sagte, würde es das Paradies sein. Die Psychiater, sie zumindest, würden die moralische Unmöglichkeit, die mich am Essen hinderte, berücksichtigen, man würde mich in Ruhe lassen, man würde nie über dieses Tabu sprechen. Herrlich! Selbstverständlich hatte ich nie etwas von psychiatrischen Kliniken gehört, und ich glaubte natürlich, ich käme in eine Klinik mit nur körperlich Kranken. »Eine Ortsveränderung«, hatte er gesagt, da werden sie mich doch nicht zu den Verrückten stecken, ich bin nicht verrückt! So dachte ich, weil das besser war, als mir zu sagen, daß sie mich ›kriegen‹ würden. Und außerdem ließ man mir keine andere Wahl.

Am selben Abend nahm mich meine Mutter mit ins Restaurant zum Essen mit einem ihrer guten Freunde, den ich entschieden nicht ausstehen konnte. Es ist unerträglich, alle diese liebevoll zubereiteten Speisen zu sehen, von einem Koch, der seit Jahren seine ganze Seele da hineinlegt, während einen beim Anblick von so viel Liebe nur ein unüberwindlicher Ekel packt. Zum Glück sind die Toiletten eine erholsame Zuflucht, aber schließlich kann man trotzdem nicht länger als eine Viertelstunde dort bleiben, sonst wird man noch als Sexbesessene angesehen.

Ich hatte den Eindruck, daß meine Mutter sich nicht zu reden traute, aus Angst, ihre Gleichgültigkeit angesichts dieser irreparablen Katastrophe zu zeigen. »Mir mein Kind zu stehlen!« sagte sie zu ihm. »Du wirst vernünftig sein«, empfahl sie mir, »damit du schnell wieder rauskommst und mir nicht zuviel Kummer machst, ja? Das wird für *mich* noch härter als für dich . . . das weißt du doch.« Natürlich, sie dachte nur an sich selbst, ein richtiger Wettstreit, wer am meisten leiden würde!

Das ist doch immerhin merkwürdig: *Ich* verlor meine Freiheit und *sie* fühlte sich eingesperrt!

Als ich an jenem Abend einschlief, dachte ich an einen Fluchtversuch, aber davon zu träumen, war schon so anstrengend. Nicht einmal mehr die Ausdauer, sie zu hassen, die Energie, mich aufzulehnen, nichts mehr als Knochen und ein Kadaver, nun, ich war vor dem Ziel, wenn sie es mich nur erreichen ließen! Jedenfalls konnten sie nichts gegen meinen Willen tun, aber wozu darüber nachdenken, ich würde es morgen erfahren...

Das Parkett springt einem an den Kopf, wenn man aufsteht. Hübsche Farben im Blickfeld, die sich verspielt nachlaufen. Im Flur habe ich meinen Bruder getroffen und habe ihm mit verächtlicher Miene bestätigt: »Sie bringen mich ins Krankenhaus!« Da hat sie sich beeilt, autoritär und erbarmungslos zu sagen: »Los komm, trödel nicht, ich werde nicht nachgeben!«

Ich verabscheue dich.

Durch die Scheiben des Autos sah ich alle diese Leute, die noch lange ihre Freiheit behalten würden, und *ich* würde in einer Viertelstunde nicht einmal mehr wissen, was das Wort bedeutete. Ich könnte noch aus der Tür springen, während sie ihren Blinker setzt... Mir tun die Augen weh, ich habe Lust zu weinen, dann könnte sie mal echte Tränen sehen.

KLINIK. HAUS DER VERRÜCKTEN KINDER.

3

Ein scheußliches Gebäude. Voller Korridore in alle Himmelsrichtungen. Ein Aufnahmebüro, das aussieht wie beim Zoll. »Ihre Papiere!« Auf dem Boden ein Fliesenbelag, die Absätze knallen darauf wie Ohrfeigen ins Gesicht. Nach dem zweiten Büro habe ich endlich kapiert. Das ist die Jungenabteilung. Verwachsene Glieder, verstörte Gesichter, erschreckende Schreie. Die Schwester, die uns begleitet, sieht sie nicht einmal an, ich dagegen kann meine Augen nicht mehr von ihnen abwenden, ich ahne jetzt, sehr ungenau, was mich erwartet. Drittes Büro, das ist das Haus der Mädchen. Die Schwester erscheint mir vulgär, häßlich und kalt wie Stein. Das ist eine jener Frauen, die nicht älter als vierzig sind, die aber in ihrem

Gehabe auf mindestens fünfzig schließen lassen. Sie trägt undurchsichtige Strümpfe und Großmutterschuhe, die die Füße nicht drücken. Die Psychoanalytikerin holt meine Mutter und verschwindet mit ihr in einem kleinen Büro, während die Schwester mich in einen Gemeinschaftsraum setzt, in dem kleine und größere Mädchen Perlen aufziehen und malen.

Ich bin in Tränen aufgelöst und völlig verschreckt. Da, sehen Sie es nicht, dieses Mädchen, das neben der Tür sitzt? Was hat sie denn nur, daß sie so hin- und herschaukelt? Wird ihr davon nicht übel? Warum dieser aggressive Blick? Und diese Zwillingsschwestern... nein! Ich will nicht, daß sie mir nahe kommen. Nein! Hindern Sie sie daran, mich einfach so anzufassen! Sie sagen nichts? Ich kann hier nicht bleiben. Ich bin nicht verrückt! Lassen Sie mich raus.

Ich sitze zwischen meiner Wärterin und einem sehr stillen kleinen Mädchen, ich versuche, mir gut zuzureden: Aber sie tun mir doch gar nichts. Das dicke Mädchen steht auf, kommt und sieht mich an. Wie, hast du noch nie jemand gesehen, der normal ist? Das macht dich wohl neugierig? Sie scheint sich einen besonderen Weg vorgezeichnet zu haben, sie geht um den Tisch, beschreibt eine Schleife und kommt unweigerlich zu mir zurück. Sie trägt ein sehr kurzes geblümtes Kleid. Blut rinnt an ihren Beinen hinunter. Das erschreckt mich, das ekelt mich an, ich würde am liebsten unterm Tisch verschwinden. Die Schwester macht sich lustig:

»Seht sie euch an, als wenn *sie* was fühlte! Weißt du, hier klappt das nämlich nicht mit den Gefühlen! Wart's nur ab, du wirst schnell merken, daß das Leben draußen ein Traum war! Und du, du kannst wohl nicht um eine Binde bitten, wenn du deine Tage hast dabei hab ich's dir schon so oft gesagt! Los komm, ich kann dich nicht so rumlaufen lassen!«

Sie ist weggegangen, ich könnte vielleicht versuchen, den Korridor in die entgegengesetzte Richtung runterzulaufen... Zu spät! Die Psychoanalytikerin kommt mich holen. Ich mag ihre zuckersüße Miene nicht. Sie kriegen mich nicht. Nein, Sie kriegen mich nicht!

Sie läßt mich in ihr winziges Büro eintreten, dreimal drei Meter, neun Quadratmeter, stellen Sie sich vor, soviel vergeudeter Raum! Ich entdecke das Kabel des Tonbands, sie braucht ein Gedächtnis, ihr eigenes genügt ihr nicht. Ich habe Lust zu sagen: Ihre Stimme aufzunehmen, lohnt sich nicht, es sei denn, Sie kennen sie nicht. Meine nämlich, die werden Sie nicht zu hören kriegen! Wenn Sie glauben, ich würde mit dem Kopf gegen die Wände rennen, weil Sie mich hier eingesperrt haben, so machen Sie es sich wirklich zu leicht, mich für eine Verrückte zu halten! Ihre ruhige, heitere Miene muß die Leute dermaßen aufreizen, daß sie nicht eine Sekunde länger warten, um Ihnen ihre Wut ins Gesicht und in Ihr Mikrophon zu schleudern! Aber ich werde nichts sagen, es hat keinen Zweck, mir Fragen zu stellen, die sind mir zu dumm.

»Nun, weißt du, warum du das getan hast?«

»Was getan? Ich habe nichts getan.«

»Warum du die Nahrung verweigerst?«

»Nein.«

»Hast du nicht wenigstens eine Ahnung?«

»Nein.«

»Das denke ich aber doch, nicht wahr?«

Das wird schnell zu einem Monolog werden, Ihrem Monolog. Und passen Sie ja auf, daß Ihr Band nicht abläuft. Ich will nicht reden. Ich will nicht, daß Sie irgend etwas über mich erfahren. Ich lehne Ihre Hilfe ab. Ich bin nicht krank, und Sie wissen es, deshalb brauche ich nicht mit Ihnen zu reden.

. . .

»Hat es dir nichts ausgemacht, als dein Vater weggegangen ist?«

. . .

»Und deine Mutter, was hat sie gemacht? Wie hat sie reagiert?«

. . .

»Bist du oft allein weggegangen?«

. . .

»Warum warst du so verschlossen? Deine Mutter hat mir erzählt, du hättest nie mit ihr gesprochen und hättest dich immer allein mit deinen Büchern im Zimmer eingeschlossen.«

. . .

»Warum hast du dir keine Freunde gesucht, Kameraden?«

. . .

»Hattest du keinen Freund?«

Langes Schweigen zwischen uns. Sie hat's satt, einer Wand Fragen zu stellen, das sieht man. Ich starre weinend auf den Fliesenbelag. Ihre Ruhe bringt mich aus der Fassung, ich

31

könnte sie verprügeln, und sie würde weiterlächeln. Sie werden mich nicht kriegen, Sie werden mich nicht heilen, ich will niemandem etwas schulden, Sie werden mich nicht kriegen, niemand wird mich kriegen!

»Willst du nicht reden? Das ist nicht schlimm, am ersten Tag ist das normal.«

Ich werde Ihnen nichts sagen, weder heute noch morgen, noch irgendwann! Gefängnistür, widerliche Kerkermeisterin, ich finde Sie erbärmlich, ich verabscheue Sie, Sie ähneln einer gemeinen Viper, ich werde Sie zertreten. Auch ich werde mich rächen!

»Ich besuche dich in ein paar Tagen wieder. Bis dahin hast du Zeit, nachzudenken. Du wirst also im Schlafanzug in deinem Zimmer bleiben, du darfst weder lesen noch sonst irgend etwas machen, bloß dich ausruhen. Wenn du etwas zugenommen hast, werden wir weitersehen, aber im Augenblick machen wir es so, einverstanden?«

Natürlich nicht, was erwarten Sie denn für eine Antwort, daß ich Ihr Zuchthaus herrlich finde? Von Ihren Kilos will ich nichts wissen, ich werde nicht zunehmen. Ich finde mich gut, so wie ich bin, und mit Ihrem Fraß habe ich nichts zu schaffen, den können Sie behalten!

Die Schwester hat mir mein Zimmer gezeigt und hat den Schlüssel im Schloß herumgedreht. Das ist doch unmöglich! Sie haben kein Recht, das zu tun, sie haben kein Recht. Warum lassen sie mich nicht in Ruhe sterben? Ich störe sie nicht, ich habe ihnen nichts getan, und sie haben mich eingeschlossen, als hätte ich getötet. Hier ist niemand, der mich hört, ich bin allein. Für Jahrhunderte allein. Sie werden mich zwingen, jahrhundertelang in diesem Gefängnis zu leben, hört ihr? Jahrhundertelang!

Ich bin zusammengebrochen: eine Ruine von Tränen, ich werde vor Schluchzen ersticken, ich wünschte es! Dann würden sie mich nicht kriegen!

Ich habe in der Tasche, die ich mitgebracht hatte, nach meinen sorgfältig ausgewählten Büchern gesucht, sie müßten doch zu finden sein. Sie haben sie herausgenommen! Aber warum? Was kann ihnen das ausmachen, daß ich lese? Sie hatten kein Recht, sie mir wegzunehmen. Sie haben meine Sachen durchwühlt! Sie haben mir nur meinen Schlafanzug gelassen! Ich habe Lust, dieses Fenster mit den undurchsichtigen Scheiben zu zerbrechen, ich kann nicht einmal sehen, was draußen ist, sie sind entsetzlich, unmenschlich . . . nie werde ich das genaue Wort finden! Es existiert nicht!

Ich habe mich an das Kopfende des Bettes verzogen, auf ein winziges Fleckchen, so klein wie möglich, ich will mit ihrem dreckigen Bett nichts zu tun haben! Meine Augen tun mir weh, sie gehen kaum auf, ganz eingesunken unter meinen geschwollenen Lidern. Das macht nichts, ich habe nichts zum Ansehen außer den Wänden, und die hasse ich.

Wenn die glauben, sie kriegen mich mit ihrem Gefängnis! Was können die überhaupt machen, diese Arschlöcher, wenn ich nicht mitmachen will. Diese Gesellschaft, diese Scheißwelt, diese Scheißvernunft, dieses Scheißleben! Sie können nichts machen, irgendwann werden sie schon kapieren, daß es nutzlos ist, mich einzusperren! Sie werden einsehen, daß ich in meiner Dummheit noch hartnäckiger bin als sie! Die Dummen sind *sie*. Ist Ihnen klar, wie sehr die ihr beschissenes Leben lieben? Die sind bereit, alles und jedes zu geben, um weiterzuleben! Und um für was zu leben? Für ihre widerliche Fresserei, für ihre widerliche Vögelei. Um ihre widerliche Macht aufzubauen, die ihrer Doktoren, ihrer Direktoren. Sie spielen mit ihren kleinen Autos, es macht Spaß, damit zu fahren, man biegt nach links ab, bumms! ein Unfall: »Das macht hunderttausend Francs, mein Herr!« Der wird eingesperrt, weil er nicht bezahlt. »Sie werden freigelassen, wenn Sie Geld verdient haben.« Aber wie kann er etwas verdienen, wo ihr ihn ins Gefängnis gesteckt habt? »Er braucht nur seine Zigaretten zu verkaufen.«

Wie soll ich eurer Meinung nach wieder Geschmack am Leben finden, wie ihr sagt, wenn ihr mich in einen Kerker einsperrt? Ich habe nur noch einen Wunsch: so schnell wie möglich zu sterben! »Aber nein, Sie können ja hinaus, wenn Sie es wünschen, es genügt, daß Sie sich ein bißchen zusammennehmen, es ist doch wirklich nicht so schwer, zu essen!« Die werden nie etwas kapieren! Die wollen mir ihre Lebensregeln aufzwingen! Die wollen mir keine Wahl lassen!

Wartet's nur ab, bis ich die Würfel in der Hand habe, dann wird man euch wegen Erpressung ins Gefängnis sperren! Wartet's nur ab, paßt gut auf, seid ihr sicher, daß ihr auf diesem Feld stehenbleiben wollt, werdet ihr euch nachher nicht beklagen, werdet ihr mich nicht beschuldigen, gemogelt zu haben?

Übrigens, schon in einer Minute wird es zu spät sein, das Spiel ist aus!

Nein, ich werde nie an die Reihe kommen, zu spielen. Die werden sich hüten, mir eine Fluchtchance zu geben, sie wollen ihren Ruf und ihren Dünkel nicht gefährden. Ich will sie auch nicht gefährden, aber sie sind es ja, die mich provozieren, sie greifen mich an, als hätte ich ihre ganze Familie umgebracht! Ich verlange nur, daß man mich in Ruhe läßt, sie hatten kein Recht, mich so zu belügen: »Man wird dich in Frieden lassen, man wird dich nicht zwingen.« Das haben sie zu behaupten gewagt!

Drei Jahre Zuchthaus. Das würde ich ihnen geben, wenn ich Richter wäre! Alle diese Leute draußen, wissen die, daß man jeden Beliebigen einfach so einsperren kann? Ohne ihn um seine Meinung zu fragen, bloß weil er ein bißchen depressiv, ein bißchen neurotisch ist. »Sie, Sie essen zuviel, das muß von einer Frustration herrühren, die sehr weit zurückliegt. Hat Ihre Mutter Sie vielleicht einmal daran gehindert, etwas zu essen, worauf Sie große Lust hatten? Sie, Sie sind zu einsam: Unfähigkeit, sich in die Gesellschaft einzugliedern. Machen Sie sich keine Gedanken, wir werden Sie ein Jährchen einsperren, und dann klappt's wieder, Sie werden sich dann leichter mitteilen ... den Wänden! Sie dagegen, Sie sind zu offenherzig. Wenn man Sie in diesem Zustand läßt, werden Sie Probleme bekommen und sind verloren!«

Im Mittelalter hätte man mich der Hexerei beschuldigt und auf einem Scheiterhaufen verbrannt. Was für ein Glück, ich hätte gehabt, was ich suche, und hätte nur kurze Zeit gelitten, verglichen mit dem, was mich erwartet!

Na, na, nehmen Sie sich nicht ein bißchen zu ernst, mein Fräulein? Es gibt Tausende von Leuten, die länger als Sie eingekerkert sind! Außerdem hatte man Sie gewarnt. Es lag bei Ihnen, zu verhindern, daß Sie hierhergebracht wurden. Nein, das ist nicht wahr! Sei still, du gemeine Stimme! Du zeigst dich nicht einmal, du bist zu scheinheilig, dreckige Hure! Was kann es dich interessieren, was ich esse, das ist nicht deine Angelegenheit! Haben wir etwa alle ein kleines Meßgerät mit einer Enthaltsamkeitsschwelle in uns, die nicht unterschritten werden darf, andernfalls ist man unnormal? Und macht das einen schlechten Eindruck auf die Bewohner des anderen Planeten? Ist es das? Ah, du willst mir nicht antworten? Antworte! Der gleiche Schrei! Der gleiche wie der von allen diesen Psy-Typen. Nein, ich bin nicht wie die, nein, ich will nicht dieselben Worte sagen! Ich werde schweigen, ich werde nie sprechen, ich will nicht dieselbe Sprache benutzen, ich gehöre nicht zu ihrer Welt, lieber bringe ich mich um. Ja, das werde ich tun, weil sie mich in die Liste eingetragen haben!

»Oh, es hat doch keinen Zweck zu weinen, das nützt dir gar nichts. Komm, iß, das ist nützlicher, danach hast du keinen Grund mehr zu weinen.«

Ich habe sie nicht einmal aufschließen hören, diese Aufseherin! Dabei war ich ganz leise. Vielleicht haben sie Kameras. Die haben mir mein Geld geklaut, um welche zu kaufen! Sie haben mir alle meine Bücher weggenommen, als sie mich ins Gefängnis gesteckt haben! Wenn die glaubt, ich werde essen! Für wen hält sie mich? Ich will Ihren widerlichen Fraß nicht, ich setze mich nicht einmal auf Ihren widerlichen Stuhl. Sie haben vergessen, die Zwangsjacke mitzubringen, Vorsicht, dafür könnte man Sie einsperren! Werden Sie mich zwingen zu kommen? Das werden wir ja sehen . . . Klar, Sie sind feige. Sie schlagen sich nur mit Schwächeren. Jedenfalls werde ich nicht essen, nur weil ich mich hingesetzt habe. Das ekelt mich an. Das ist verfault. Hören Sie, das stinkt! Geben Sie das den anderen Kindern? Dann wundert's mich nicht, daß sie verrückt sind! Liegt Ihnen daran, sie zu behalten? Wollen Sie mich verrückt machen, um mich neben sie zu stellen, neben Ihre Sammelobjekte?

»Na komm, schmoll nicht, sieh mal, dieses Stück Melone, ich bin sicher, daß du Lust darauf hast.«

»Sie raten falsch. Ich will es nicht.«

»Ich rede nicht weiter auf dich ein, weil heute der erste Tag ist, aber wenn du so weitermachst, werde ich böse. Und weißt du, du gewinnst nichts dabei, je schneller du ißt, um so schneller kommst du raus. Aber wenn du dir keine Mühe gibst, heißt das, daß du hierbleiben willst!«

Ihre Bestechung macht es mir unmöglich zu reden. Das ist auch besser so, ich würde mich lächerlich machen. O nein, ich werde nicht auf der Erde herumrutschen, um Sie anzuflehen, mich hinauszulassen, ich sehe Ihr ironisches und befriedigtes Lächeln, es zeichnet sich schon auf Ihren Lippen ab! Und außerdem wäre es leicht, mir ein anderes Verbrechen des Wahnsinns vorzuwerfen! Fressen *Sie* ihn doch leer, Ihren

Teller, wenn Sie mir seine Vorzüge so preisen, dann werden Sie noch dicker, das stört Sie wohl nicht, bei dem Umfang, den Sie schon haben!

»Ich laß dich einen Moment allein. Versuch wenigstens, dir Mühe zu geben.«

Nein, ich will mir keine Mühe geben, ich will bleiben, wie ich es gewollt habe. Nie mehr werde ich Ihren dreckigen Fraß anrühren! Sie arbeiten in diesem Beruf, weil Sie häßlich sind, Sie rächen sich für Ihr Aussehen an denen, die schwächer sind als Sie. Das ist nicht schwer. Warum ist Ihr Kopf kahlgeschoren? Waren Sie im Gefängnis, bevor Sie anfingen, die Verrückten zu pflegen, oder vielmehr zu quälen? Ich verabscheue Ihre bösen kleinen blauen Augen, Ihr winziges Gesicht.

Ich kann ihren Teller nicht einmal in den Abfalleimer werfen, wie schade! Ich schmiege mich wieder an das Eisengestell des Bettes. Sie hat vorsichtshalber abgeschlossen, in zwei Minuten, da könnte einer versuchen, sich davonzumachen. Bei diesen Kindern weiß man ja nie, wissen Sie. Ich will nicht mehr weinen, um Sie lohnt es sich nicht. Trotzdem, dieses Fenster ... dahinter ist vielleicht die Straße. Nein, sie schirmen es ab, das ... Haus der verrückten Kinder.

Ich habe zwei dicke, kitzelnde Beulen über den Augen, eine schreckliche Mattheit. Auf ›ihrem‹ Bett werde ich nicht einschlafen. Heute abend werde ich wohl oder übel dazu gezwungen sein, nun, der Schlaf ist ja eine Art Leere ... Warum glauben die immer, daß eine ganz bestimmte Sache daran schuld ist? Etwa so, als wäre ›diese Krankheit‹ ein Weinkrampf. »Warum weinst du, Kleines? Weil dein Papa weggegangen ist? Weil deine Mama ohne dich in die Ferien gefahren ist? Weil du keinen Freund findest? Weil ... du dir nicht gefällst? Komm, hilf mir, es herauszufinden, wenn du mir nicht hilfst, finde ich es nie heraus, außerdem bin ich sicher, daß es etwas ganz Dummes ist, etwas, wofür es sich nicht lohnt! Weißt du, du wirst in deinem Leben noch ganz anderes mitmachen, wenn man bei jeder Unannehmlichkeit krank werden wollte, wäre niemand mehr übrig!« Weder diese Puppendoktorin noch diese Puppenkrankenschwester riskieren, etwas zu begreifen, ich spiele seit langem nicht mehr mit Puppen, ihr kommt zu spät!

»Ist es, weil dein Papa und deine Mama sich nicht verstanden haben?«

»Bla, bla, bla, bla?«
»Bla, bla, bla, bla, bla, bla?«
Ich habe keine Ahnung, dummes Arschloch, jedenfalls werde
ich nie versuchen, es Ihnen zu erklären. Nur für mich selbst
kann ich es versuchen. Eigentlich schert es mich nicht, trotzdem würde es mir Spaß machen, es zu wissen, ich selbst werde
es herausfinden; Sie werden es nicht in Ihren Krankenbericht
schreiben, nein, das geht nur mich an! Ich werde es wissen!
Aber euch werde ich es nie sagen! Ihr werdet so tun, als hättet
ihr gewonnen, aber das stimmt nicht. Das hattet ihr auch
vorausgesehen, nicht wahr: Wir brauchen sie nicht einmal zu
heilen, sie wird die Arbeit ganz allein machen, und bei *uns* wird
man sich bedanken! Ihr haltet mich ja für eine Idiotin, das habe
ich immer gewußt, und je besser ich es weiß, desto mehr finde
ich, daß ich recht habe, auf eure dreckige Welt nicht hereinzu-
fallen!
Vor einer Minute noch wollte ich das verbergen. Vor all diesen
Dummköpfen zwang ich mich, so zu tun, als ob . . . Es ist doch
alles bestens, Herr Doktor, ich habe mich nie so wohl gefühlt,
ja, ich bin ein bißchen traurig, aber sind Sie das denn nie?
Ich habe es immer gewußt, und Sie auch: »Es wird sie
erleichtern, sich auszusprechen«, sagten Sie. Gewiß doch, ich
werde mit mir selbst sprechen. Ich mag ihre Stadt nicht, ich
mag sie nicht. Alle diese Leute, die vorbeigehen und nie
stehenbleiben, diese Leute, die die Macht haben und die mein
Dasein gewollt haben. Sie haben es gewollt, und deshalb bin ich
da! »Sie gehören uns«, ja, und ich prostituiere meine Gedanken, meine Schritte, meine Willensanstrengungen! Jede Bewegung, jedes Wort, jede Haltung schreit mir zu: »Du gehörst
uns, du kannst nichts machen!« – »Seht sie euch an! Traurig,
verschlossen, schweigsam . . . Nimm's nicht so schwer, das
haben wir alle durchgemacht . . .« Blödes Arschloch, ich verabscheue dich! »Na komm, gib diese melancholische Miene auf,
komm, ich nehme dich mit, einen Tee trinken und Kuchen
essen!« Wie mit den kleinen Kindern, was? »Du weinst? Da,
magst du einen Lutscher?« Da sieht man, wie leicht das geht.
Ich sage ihnen, ich scheiße auf euren Kuchen, hört ihr? Das
gefällt euch nicht, daß ich traurig bin? Wenn's *mir* aber gefällt?
Da seht ihr, daß ich entwischen kann, daß ich euch nicht
gehöre! Ihr könnt mich nicht zum Lachen zwingen, das werdet
ihr nicht können. Ich will euch zeigen, daß ich gegen meinen

Willen hier bin und daß ich eure Welt der Nichtigkeiten verachte! Übrigens, wenn ich nicht essen will, könnt ihr nichts machen. Und das reizt euch wahnsinnig, zu sehen, daß ich ohne das leben kann, was? Ohne ›das‹, woran ihr die ganze Zeit denkt. »Sie ist nicht wie wir, sie ist immer traurig, sie will nicht essen. Sie hat sich in der Tür geirrt, sie hätte in eine andere Welt gehen sollen...« Jetzt, wo sie es gemerkt haben, erlauben sie es nicht, sie wollen, daß ich wie sie werde, daß ich zumindest so tue... »Ihr werdet sehen, wir werden sie rumkriegen, also von so einer Göre lassen wir uns doch nicht fertigmachen.« Ich mache euch nicht fertig, ich tue euch nichts! Wartet nur, bis ich älter bin, und ihr werdet sehen, ich werde mich für alles rächen, was ihr mir antut. Meine Rache wird nicht wie eure sein: Feige, heuchlerisch, gewalttätig! In euren Cowboyfilmen im Fernsehen gewinnt immer der Mutige, der Verwegene, davon seid ihr weit entfernt. Ihr könnt nicht einmal den Vergleich aushalten. Wirklich, um euch lohnt es sich nicht. Nein danke. Ich will nichts davon wissen.

Sehen Sie bloß, sie regen sich über meine Gleichgültigkeit auf: »Wirst du wohl essen, wirst du es wohl essen? Iß, oder ich gebe dir eine Ohrfeige... Willst du eine, sag, willst du eine, antworte, dreckige Göre, wirst du es wohl essen?«

Friß es doch selbst, alte Sadistin, ich zwinge dich nicht, dich aufzuregen, das macht dir wohl Spaß. Du kannst dich abreagieren. Du kannst mich ohrfeigen. Das ist mir völlig egal. Ich habe keine Angst vor deinen Drohungen. *Du* wirst mich nicht kriegen! Ich weiß nicht. Das ist vielleicht nicht der wirkliche Grund, das ist nur eben hier vorbeigezogen zwischen dem silbrigen Nachttisch und den weißen Bettpfosten.

Niemand kommt gegen mich an, ich will ihnen nichts schulden, nicht einmal meine Streifzüge durch eine unwirkliche Stadt, nicht einmal meine vorübergehende Befriedigung, ihr Grauen wiegt sie nicht auf!

Ich berühre das Eisen, es ist kalt und glatt. Ich mag Eisen nicht. Ja, sie sind aus Eisen. Ich mag lieber Stein, und ihre Mauern sind aus Beton.

Kennen Sie England? Es ist kalt, dieses England. Die Leute dort sind spießig; die Leute dort sind eisig. Dorthin bin ich vor nicht allzu langer Zeit gefahren. Sie schicken einen einfach so zu Leuten, die man nicht einmal kennt, man kann bei Verrückten landen oder bei bedingungslosen Anhängern des freien Meinungsaustauschs oder auch bei sadistischen Kindern, das alles unter dem Vorwand, einem Englisch beizubringen! Aber ihre Kälte macht es einem unmöglich, ein Wort auszusprechen, und außerdem finden diese Leute alles unhöflich. Zum Beispiel wenn man zu jemand auf der Straße sagt, man hätte Lust, mit ihm zu reden, oder wenn man lieber im Bett bleibt, als mit dieser dummen Gans in die Schule zu gehen. Wie soll ich denn sprechen lernen, sie halten meine Grammatikfehler für Unhöflichkeit und verbessern sie nicht einmal! Oh, ich könnte Ihnen die Geheimnisse der Schule auswendig hersagen. Aber das ist nicht sehr interessant. Warum denke ich an diese blöden ›Angelsachsen‹? Das ist an mir vorbeigezogen, da, in den Fugen des Fliesenbelags.

Sie lassen die verrückten Kinder Mittagsschlaf halten. Ich höre nichts. Das ist wie bei einem Jahrmarktspiel. Sie haben die Tür geschlossen, haben die Kugel in Bewegung gesetzt, und jetzt lassen sie mich dann gleich hinaus. Wie hat das auf Sie gewirkt? Amüsant, nicht wahr? Das macht drei Francs. Auch der Heizkörper ist mit einem grauen Gitter verkleidet. Wahrscheinlich, um einen vor den scharfen Kanten der Röhren zu schützen, Sie wissen ja, bei diesen Kindern ... Nein, es ist zu schmerzhaft, sich damit umzubringen. Ich müßte mindestens einen Monat die Schlaftabletten horten, die sie mir abends bestimmt geben werden. Nein, sie würden es entdecken, bevor ich tot wäre, sie würden das Gift aus dem Magen entfernen und mich dann zweifach behandeln, als Magersüchtige und als Selbstmörderin ... da hätte ich viel gewonnen ... vielleicht lohnt sich der Versuch, in meiner jetzigen Lage.

Ich habe das Geräusch von Schritten im Korridor gehört und eine unbekannte Stimme:

»Psst! In dem Zimmer ist jetzt ein Mädchen, das sich ausruht. Du darfst also keinen Krach machen, wenn du hier vorbeigehst, sie ist sehr müde, sie darf nichts hören. Sei still, sonst sperr ich dich in deinem Zimmer ein, hast du verstanden?«

»Nein, ich will nicht, daß Sie Isabelle einsperren, bitte, Schwester, ich will nicht, daß Sie Isabelle einsperren.«

»Jetzt sei still. Los, geh weiter!«

Wie fürsorglich! Ich soll mich ausruhen ... aber ich will mich nicht ausruhen. Hier kann ich es nicht, und sie wissen das! Es ist mir egal, sie kriegen mich nicht. Sie können mir nichts mehr tun, sie haben mich schon eingesperrt.

Mich werdet ihr nicht betteln hören: bitte, Schwester ... das erregt euch wohl, was? Ihr selbst müßtet behandelt werden, ihr unheilbar Geisteskranken! Ich werde doch nicht meine letzten Kräfte verschleißen, um die zu beschimpfen! Die sind der Mühe nicht wert! Ich habe gehört, wie der Schlüssel sich im Schloß gedreht hat. Dieses diskrete, allerliebste Geräusch ist die Alarmglocke, der Auslöser für den Groll, für die Beschimpfungen und auch für die Mutlosigkeit. Aber werde ich am Ende nicht drauf warten, darauf hoffen, auf dieses leise Geräusch, das ein Gegenüber ankündigt, und was für ein Gegenüber! Ich ziehe die Wand dieser neuen, bedrohlichen Schwester vor, die Wand hat wenigstens den Anstand zu schweigen! Sie kommt mir guten Tag sagen, wie reizend!

»Ich bin die Nachtschwester. Ich werde mich um dich kümmern. Ich wollte dir guten Tag sagen, weil ich mir vorstellen kann, daß du dich langweilst. Es ist nicht amüsant, ganz allein eingesperrt zu sein. Aber das liegt ganz bei dir, du siehst intelligent aus, du bringst das schnell hinter dich. Ich laß dich jetzt allein, denn eigentlich dürfte ich nicht kommen, die Ärzte haben es verboten. Ich bring dir gleich was zu essen.«

Ich bin die Nachtgefängniswärterin, ich bringe den Kriminellen das Essen, wenn du brav bist, bekommst du Bewährung, das liegt ganz bei dir. Meine List, euch herumzukriegen, ist Freundlichkeit, das klappt, weil die Gefangenen im allgemeinen von der Aufnahme, die man ihnen hier bereitet, dermaßen traumatisiert sind, daß sie mich sofort gern haben. Es gibt sogar welche, die lieber mit mir sprechen als mit dem Arzt. Und das alles warum, na? Weil ich freundlich bin. Die Freundlichkeit, die sollte man viel öfter als Waffe benutzen, sie ist sehr wirksam.

Auch du kriegst mich nicht. Wenn du meinst, daß deine Verführungsmasche bei mir zieht, irrst du dich. Ich bin nicht so blöd wie alle deine Verrückten, wie alle deine verrückten kleinen Mädchen, ich komme nicht in Versuchung, zu dir ein Wort zu sagen!

Sie hat mich allein gelassen mit meiner Wut und dem Versprechen grenzenloser Freundlichkeit. Da hab ich was davon, von diesen schönen Worten. Die kann sie für diese übergeschnappten Zwillinge aufheben, dann sehen wir ja, ob das klappt, wie sie sagt. Ich glaube, mit Gewalt bestehen mehr Aussichten auf

Erfolg. Da sie völlig ratlos sind, versuchen sie's mit Freundlichkeit in der Gewalt, Ergebnis: Ein Gefängnis und ein Zuchthaus, eine Besserungsanstalt und eine psychiatrische Klinik.

4

In einem hellsichtigen Moment muß ich einen Elternteil von mir getötet haben. Hier nennen sie das einen unbewußten Moment. Sie wissen schon, das ist das tiefe persönliche Unbewußte, eine der Formen des normalen Unbewußten, die den Teil der Vergangenheit umfaßt, der dem Bewußtsein entgeht. Wie, das wußten Sie nicht? Sind Sie aber ungebildet! (Ich habe das aus einem Buch abgeschrieben, wenn Sie sich also damit auskennen, seien Sie nicht zu streng, vielleicht ist diese Handlung Teil des Vorbewußten, Unterbewußten, des familiären, kollektiven oder pathologischen Unbewußten, ich habe keine Ahnung, ich fange gerade an, mich mit dieser Philosophie vertraut zu machen, verstehen Sie, das wirkt seriös, von diesen Dingen zu sprechen, für die alle sich zu interessieren vorgeben, dabei verstehen sie nichts davon.) Übrigens haben sie sich noch nicht entschieden: die existentielle Analyse oder die psychoanalytische Methode Freuds? Sie sind noch am Nachdenken. Drängen Sie nicht, dazu braucht man Zeit, was denken Sie denn? Das ist nicht so einfach.
Aber wen von beiden habe ich eigentlich getötet? Mein Vater kann es nicht sein, weil ich ihn seit vier Monaten nicht gesehen habe. Allerdings hat es die Justiz nie eilig, einen anzuklagen oder einem ihr Urteil zu verkünden, und daß ich ihn nicht gesehen habe, liegt das nicht gerade daran, daß ich ihn getötet habe? . . . Das ist nicht möglich, er hat mir Briefe geschickt . . . Nein, es muß meine Mutter sein . . . ja an dem Tag, als sie diese Fotos, diese Flugtickets entdeckt hat. Beim Hausputz hat sie aus Versehen in den Sachen ihres getreuen Ehemannes herumgestöbert und hat die unwiderlegbaren Beweise einer schändlichen Liaison entdeckt.
»Stellen Sie sich vor, mit einem dreckigen Dienstmädchen, dazu noch einer Analphabetin! Ein Mädchen, das fünfzehn Jahre jünger ist! Sie war vor sieben Jahren als Dienstmädchen bei uns! Das geht seit sieben Jahren, diese Gemeinheit! Der

kriegt was zu hören! Wenn man bedenkt, daß ich mit ihm nach Kanada hätte gehen können, seine Firma hatte ihm ja ein Ticket für mich gegeben! Aber nein, er nimmt lieber seine Geliebte mit als seine Frau!«

Ich finde das normal. Fahren Sie lieber mit Ihrem ›Muttchen‹ in die Ferien oder mit Ihrer kleinen Freundin? Ist doch selbstverständlich!

Ihre Wut war mir unverständlich, sie wußte genau, daß die Geschäftsreisen... ohne Abrechnungsbelege... die Nächte, die er wegen eines Päckchens Zigaretten abwesend war: »Ich mußte in ganz Paris rumfahren, Liebling, die Tabakgeschäfte sind um diese Zeit alle geschlossen, ja, ja, ich hab einen oder zwei getrunken«... die geschäftlichen Termine am Samstagnachmittag... und die Geldknappheit am Monatsende. Wer läßt sich davon täuschen? Nicht einmal unsterblich verliebte Frauen, und davon war sie weit entfernt, sogar sehr weit...

»Du Scheißkerl, du gehst in die Nachtbars, während ich fünf Francs für die Einkäufe habe!«

Vielleicht hätte sie es lieber gesehen, wenn es Nutten gewesen wären...

»Ach, weißt du, es ist immer eine andere, das hat nichts zu bedeuten, du weißt doch, daß du die einzige bist, auf die es mir ankommt, das sind lauter liederliche Mädchen, zwischen ihnen und mir kann es nichts geben als, na ja, als Sex...«

Vielleicht hätte sie es lieber gesehen, wenn es ein Mann gewesen wäre, eine von diesen alten Tunten, die mit fünfzig noch bei ihrer Mutter wohnen... Wie dieser eine, der manchmal seelenruhig bei uns zu Abend ißt. Das würde ihren weiblichen Stolz nicht so kränken. Schließlich wäre es nur eine Homosexuellengeschichte, darauf war sie ja vorbereitet. Aber eine Liaison mit einer Frau! Eine richtige Liaison! Und die schon sieben Jahre dauert!

»Nein, das ist zuviel! Und wenn man bedenkt, daß er es gewagt hat, seinen Sohn mitzunehmen mit dieser kleinen Hure. Ein Glück, daß er seine Tochter nicht mitgenommen hat! Sie ist jünger, verletzbarer! Wenn er noch zwei Tickets mehr gehabt hätte, man weiß ja nie, vielleicht hätte er dann die Frechheit besessen, mich *und* sie mitzunehmen! Seine ganze große Familie!«

Ich: jünger, verletzbarer, daß ich nicht lache. Ich kannte dieses Mädchen, ich war mit ihr und meinem Vater nach Belgien, auf

eine dieser ›Geschäftsreisen‹, gefahren: »Nein, mach dir keine
Sorgen, Valérie ist nicht so, sie verrät nichts . . .«
Sie ist scheinheilig, blind, neurotisch und kraftlos. Er ist treulos,
verlogen, schizophren, sexbesessen, frustriert . . . ich sage Ihnen
lieber nicht alles, es ist zuviel, das macht mir Angst.
Meine Mutter hat die Phase einer Enttäuschung in ihrer
Jugend nicht überwunden. Eine unerfüllte Liebe. Außerdem
hat ihre Mama sie traumatisiert, indem sie ihr wiederholte, sie
sei ein Nichtsnutz, sie sei häßlich, faul und würde die Männer
nie verführen können. Sie machte meine Mutter dafür verantwortlich, daß sie seit deren Geburt ein gelähmtes Bein hatte.
»Du wirst immer eine absolute Null bleiben.« Ergebnis: Sie hat
sich in die ›männlichen‹ (einfach eine Verwechslung des
Attributs!) Arme des ersten verfügbaren Liebhabers geworfen
und hat zwei gräßliche kleine Babys gekriegt. Darunter mich.
Selbstverständlich nach der Heirat: Ihre Mutter hatte ihr
ausdrücklich verboten, sich einem Herrn an die ›Brust‹ zu
werfen, ohne daß dieser ihr vorher dieses grauenhafte Ketten-
glied übergestreift hat, das sie ehrfürchtig ›Ehering‹ nennen.
Sie können sich vorstellen, was passierte nach »all diesen
kindlichen Traumatisierungen, die ihr In-der-Welt-sein und
-leben, ihre Persönlichkeit, oder genauer ihr Bewußtsein,
bestimmt haben, da sie auf ihre Art und Weise wahrzunehmen,
zu urteilen oder zu imaginieren Einfluß genommen haben«
(uff!), wie das Sartre in *Das Sein und das Nichts* ausdrückt.
Wenden wir uns nun dem Vater zu: Er wurde bei den Jesuiten
erzogen, er war von vornherein verloren, und gelegentlich von
einer verwitweten Mutter, die eine Vorliebe für Knaben
hatte.
»Deinen armen Vater hat die Gestapo abgeholt; sie haben ihn
in einem eiskalten Wasserbad sterben lassen . . . Was für eine
weiche Haut du hast, mein kleiner Liebling, wie Seide, du hast
Glück, jung zu sein, laß dich anfassen. Nein, das nicht, du weißt
genau, daß ich dir verboten habe, das anzufassen, auch wenn es
dich kitzelt. Zeig mal, wie er aussieht . . . nicht schlecht, du
mußt noch wachsen, bis es richtig Spaß macht . . .«
»Ich hatte dich gewarnt, ich will nicht, daß du nach zehn nach
Hause kommst, ich habe die Haustür verriegelt, damit du
gehorchen lernst. Was hast du gemacht? Erzähl! Warst du bei
einem Mädchen? Wie war sie? War sie wenigstens schön? Ich
warne dich, ich will nicht, daß mein Sohn sich häßliche

Frauenzimmer aussucht, ich könnte es nicht ertragen, hast du mich verstanden? Jetzt erzähl schon! Was habt ihr beide gemacht, ganz allein?«

Was würden Sie antworten, wenn Sie gerade von einem Jungen kämen? Daß er schöne Brüste hat? Ganz flache, ganz entzückende Brüste? »Hör mal, Mama, ich könnte ihn dir vorstellen, er würde dir vielleicht gefallen. Weißt du, er würde das der Mutter seines Geliebten nicht verweigern! Das ist alles schön und gut, aber ich müßte trotzdem heiraten. Die Leute arbeiten nicht gern mit ›homosexuell Veranlagten‹. Obwohl, in dem Beruf, den ich gern ausüben würde... Ich möchte Maler werden... (Er hat kein Talent, aber bei solchen Wunschvorstellungen braucht man kein Talent, bloß einen Magen, der Hunger verträgt). Natürlich hat meine Mutter mich gezwungen, auf die Handelsschule zu gehen, da habe ich nicht richtig Zeichnen gelernt... Jetzt ist alles korrekt, ich habe eine perfekte Hausfrau gefunden, und sie wird nie etwas merken. Wenn wir hübsche kleine Babys zustandebringen, wird in den Augen der Leute alles in Ordnung sein. So einfach ist das...«

Es ist nicht besonders komisch, eine Lobrede auf seine Eltern zu halten. Im übrigen wollte ich mich nur über die Wut meiner Mutter lustig machen, die ihren Höhepunkt erreichte, als sie die Flugtickets nach Griechenland fand. »Was! Diese Montage im Mai, das war also eine Reise nach Griechenland! Wenn man bedenkt, daß ich nicht einmal in Urlaub fahren kann. Eine Reise nach Griechenland mit so einem Flittchen, findest du das richtig?«

Ach, ich! Ich finde das komisch, lächerlich, schäbig, blöd, leichtfertig, von ihm wie von ihr. Sie könnten wenigstens so viel Schamgefühl haben, ihren Streit unter sich auszutragen. Ihr Gewäsch ist mir schnuppe. Genau in dem Moment habe ich sie wohl erstochen... hätte ich sie erstechen sollen... Aber ich erinnere mich nicht. Ich hatte mich vielleicht hypnotisiert, um sicherzugehen, daß ich im letzten Moment nicht schwach werde... Auch noch vorsätzlich, seit mindestens fünfzehn Jahren geplant... Ich werde entlassen werden, wenn ich dreißig bin...

Sie hat den Schlüssel im Schloß herumgedreht. Sie ist mit ihrem Teller voll kleiner Kuchen hereingekommen. Nein, voll großer Kuchen. Als ich mich weigerte, hat sie leicht das Gesicht

verzogen und hat den Schlüssel in die andere Richtung herumgedreht. Sie ist alt. Mindestens fünfzig, eine zu sanfte Stimme.
Ja, wirklich zu sanft! Kurze Haare (der Staub ist nicht gerade
sauber), ein robuster Männerkörper. Aber bei den Kitteln
erlebt man manchmal Überraschungen. Glauben Sie etwa, ich
würde alles essen, was diese verrückten Kinder essen? Hör doch
auf zu sagen: Diese verrückten Kinder, du gehörst dazu, du bist
ja auch verrückt, sonst wärst du nicht hier. Hörst du, du bist
verrückt, hörst du, verrückt, v-e-r-r-ü-c-k-t.
Nein, das stimmt nicht. Sie sind auch ein Lügner, ich glaube
Ihnen nicht! Und außerdem, was hat das in Wirklichkeit zu
bedeuten, mein Stolz hat sich umgestellt, sie können mich
beschimpfen, als was sie wollen, ihre Meinung läßt mich kalt.
Das stimmt auch wieder nicht, aber ich tue so, als glaubte ich es.
Das ist unmöglich, ich werde nicht weiterkommen, wenn ich
bei jedem Anlaß alles immer wieder in Frage stelle. Ich kann
nichts mehr beurteilen, alles ist verfälscht. Sie lassen mich
keineswegs kalt. Ich verabscheue sie. Ich hasse sie. Ich kann sie
nicht ignorieren. Sonst würde ich gewinnen. Aber das ist zu
schwer, ich würde es nicht einmal schaffen, diese Gleichgültigkeit zu simulieren, ihnen zu verstehen zu geben, daß sie für
mich nur weiße, häßliche, abstoßende und heimtückische
Krankenhausbetten darstellen ...
Sehen Sie dieses hier, meines. Sehen Sie sich sein krankhaftes
Aussehen an, es weiß, daß Sie zu ihm kommen werden, es wird
Sie kriegen, und Sie können nichts machen, es ist gräßlich, das
zu denken: nichts! Diese hohen Beine, diese Stäbe überall,
dieses grelle Weiß. Heute nacht werde auch ich wohl oder übel
gezwungen sein, darin zu schlafen.
Nein, ich habe sie nicht getötet. *Sie* war's, die mich hierhergebracht hat. Dabei hatte ich ihr nichts getan.
Ich erinnere mich nicht, warum sie mich in diesem grauenhaften Loch eingesperrt haben. Machen sie das mit allen? Das ist
vielleicht eine ihrer blöden gesellschaftlichen Regeln: Wenn
man dreizehn ist, wird man hierhergebracht, damit man ein
bißchen leben lernt, damit man die Freiheit nicht mehr ver-
leugnen kann, die man genossen hat und die man erst zurück-
bekommt, wenn man vernünftig geworden ist und sich ihrem
Willen gebeugt hat. Die Leute, die aufbegehren, bleiben endlos
lange hier, die, die sich eigensinnig sträuben, gehen langsam
zugrunde.

Das kann ja nicht so schlimm sein, wenn alle das durchgemacht haben. Es ist also dieser Zustand, den sie geheimnisvoll das ›schwierige Alter‹ nennen. Man fühlt sich schlecht. Aber das vergeht rasch.
Die draußen haben sich das alle gefallen lassen, sie haben der niederträchtigen Erpressung nachgegeben! Aber ich kenne sie nicht mehr, ich werde sie jetzt nicht mehr sehen.
Das ist mir egal, alles ist mir egal, ich will bloß in Frieden sterben, sie sollen mich meiner Beschränktheit, der Engstirnigkeit des ›verbohrten Kindes‹ überlassen, sie sind nicht einmal imstande, es zu verstehen. Sie sollen mich in Frieden lassen!

Ich hätte gern einen Haufen Freunde gehabt und dabei gleichzeitig meine Einsamkeit bewahrt, aber das hat sich als Unmöglichkeit herausgestellt. Also habe ich die Einsamkeit gewählt. Ich würde allem widerstehen können, sie dagegen würden immer jemanden brauchen, ich nicht, ich hätte meine eigenen Gedanken. Die Einsamkeit schmeckt oft nach Unglück und Verlassenheit, sie hinterläßt einen bitteren Nachgeschmack im Mund. Aber jeder Vorteil hat seine Nachteile, nicht wahr? Die Einsamkeit zwingt einen nie, irgend etwas zu tun, bei ihr gibt es keinen Zwang, kein Mißverständnis. Und außerdem ist sie schön, haben Sie sie nie gesehen? Meine ist sehr groß, hat schwarze Haare, man sagt, sie seien traurig, tiefe grüne Augen, zu tief, um nicht geheimnisvoll zu sein, ein Gesicht, das einem überallhin folgt. Wir sind nicht in jenem Haus geblieben, die Wände dort hatten ein Gedächtnis, die Anwesenheit jener Frau behinderte unsere Gespräche, sie wollte sich immer zwischen uns drängen: »Dies ist mein Revier, ich habe das Recht zu wissen, was vor sich geht.« Wir gingen zusammen spazieren. Die Straßen bleiben anonym, zurückhaltend, sie graben nichts in ihr Gedächtnis ein, sie werfen einem keine heimtückischen und krankhaften Bemerkungen an den Kopf, die sie tagelang angesammelt haben.
Kennen Sie das Gymnasium, auf das Ihr Kind geht? Nein? Ach, das ist Ihnen egal? Das wundert mich nicht bei Ihnen. Die Gymnasien sind die scheußlichsten Gebäude, die man je gebaut hat, und die unerfreulichsten Dinge spielen sich darin ab. Nein, das steht natürlich nicht an den Mauern angeschlagen, zusammen mit den Lehrplänen, das sollte es aber, denn die Eltern gestatten keinerlei Kritik an diesem angesehenen und allmäch-

tigen ›Hort der Erziehung‹. »Was willst du denn ohne Abi machen? Sag! Ach, diese Kinder, sie haben von nichts eine Ahnung, ist das nicht zum Weinen, man bietet ihnen eine Erziehung, ›Bildung‹, und das kriegt man dann zu hören! Sie verstehen, wenn man sie gewähren ließe, würden sie irgend etwas aus ihrem Leben machen! Man muß sie schon ein bißchen führen ...«

Da ist immer ein alter Lehrer, der die Kurse abspult, die er in seinem ersten Jahr als Lehrer vorbereitet hat. »Es gibt nichts Besseres als die alten Methoden, wissen Sie. Wie, das gefällt Ihnen nicht? Mein Fräulein, man sollte etwas respektvoller sein, wenn man nicht einmal weiß, wovon man redet, ich bin seit fünfzehn Jahren im Schulbetrieb, Sie wollen mich doch wohl nicht über meinen Beruf belehren? Ich frage Sie jetzt ab, da Sie so hochmütig sind, nehmen Sie ein Blatt heraus!«

Auf die Dauer macht sich das an einer bedenklich sinkenden Durchschnittsnote bemerkbar. Also muß man sie schonen. Immer sagen, daß alles prima ist, oder noch besser, gar nichts sagen. Dann wird man schließlich in die nächste Klasse versetzt, und alle Welt ist zufrieden. Außer einem selbst. Aber Sie selbst sind nicht wichtig, es geht hier ja nur um Ihre Zukunft.

Wagen Sie sich nur ein einziges Mal auf die Toilette. Nur um zu sehen, was da los ist. Aber gehen Sie nicht wieder hin. Die Lehrer bleiben übrigens verschont, sie haben Extra-Klos, was ihnen erlaubt, von nichts zu wissen. Aber dieses blonde Mädchen kann niemanden täuschen. Sie verliert nach und nach ihre Stimme, ihr Gedächtnis wird bruchstückhaft, ihr Rücken krümmt sich, ihre Knochen treten hervor, ihre Schrift ist zittrig, und sie kommt heiter und ausgeglichen von der Toilette zurück. Ihre Augen starren zu oft ins Leere und blicken einen komisch an, ohne einen wirklich zu sehen. Sie hat immer eine Tüte bei sich, von der sie sich nie trennt. Niemand merkt etwas. Sie tun so, als wüßten sie nichts. Was sollten sie anderes machen? Sie können nichts anderes tun, als die Fehlenden zu registrieren.

Dort bietet man Ihnen beim ersten Mal eine einfache Zigarette an:

»Hast du ein bißchen Geld?«

»Ach, weißt du, meine Eltern geben mir nur einen Franc in der Woche.«

»Komm, ich geb dir gern eine Zigarette. Zieh mal.«

Wenn Sie zum zweiten Mal kommen, meint man, Sie brauchten

ein bißchen mehr Zuneigung, dann bietet man Ihnen kleine weiße Tabletten an, die wie Pfefferminzpastillen aussehen. »Das kostet zehn Wochen Taschengeld, und ich hau dich nicht mal übers Ohr.«
Mit dem Versprechen auf einen Traum gehen Sie wieder weg...
Ich wäre trotzdem lieber dort als in diesem dreckigen Loch. Und wenn man bedenkt, daß ich kaum einen Tag hier bin. Ich habe noch fünfzehn Jahre minus einen Tag vor mir, in denen ich nur diese Wände sehe. Ach nein, stimmt ja, ich habe niemand getötet. Ich habe lediglich ihren Fraß, ihre Droge, ihre Lebensdroge zurückgewiesen, das ist alles. Bloß wird das als Verbrechen angesehen.
Ich hätte ein bißchen weitergehen sollen, vielleicht hätten sie mich dann zum Tode verurteilt, Sie wissen ja, das ist die Strafe, die in England auf mißglücktem Selbstmord steht. Eine gute Lösung, es kann nichts schiefgehen, und es ist schmerzlos.

Hören Sie auf, mit diesem Schloß herumzuspielen. Sie machen das absichtlich. Sie drehen gleichzeitig ein kleines Stück meines Herzens um, und das macht Ihnen Spaß, wie? Geben Sie es zu. Geben Sie es doch zu, dreckige Heuchlerin! Ich werde mich hüten, Sie darum zu bitten, das würde Ihnen zu gut gefallen, und dann würden Sie gar nicht mehr aufhören, das würde Ihre Lust vergrößern.
Ach so, Sie bringen mir netterweise ein Tablett.
»Weißt du, ich könnte dich vor Hunger sterben lassen.«
Das ist schon passiert, aber leider bin nicht ich gestorben, sondern bloß der Hunger. Was wird sie mir diesmal erzählen? Achtung, es ist soweit. Sie setzt sich auf den Stuhl, lächelt mich an:
»Na, ich hoffe, du ißt jetzt schön brav. Du willst doch gesund werden, nicht wahr? – Oh, ich fresse dich nicht, du kannst mich ruhig ansehen. Nein, nicht so einen finsteren Blick. O je, wenn ich könnte, würde ich mich unter dem Tisch verstecken!«
...
»Guck mal, es gibt einen feinen Nachtisch. Hm, so kurz vor dem Abendessen kriege ich richtig Lust drauf.«
»Nehmen Sie ihn doch, ich gebe ihn Ihnen, ich hoffe, daß Sie dran ersticken!«
»Du bist nicht sehr nett. Haben wir dir denn was getan?«

Es lohnt sich nicht zu antworten.

»Sie sollten besser essen gehen, wenn Sie solchen Hunger haben.«

»Ich habe es nicht nötig wie du. Komm, streng dich ein bißchen an. Du bist doch nicht dumm. Du solltest begreifen, daß man nicht leben kann, ohne zu essen, und du willst doch leben, oder?«

»Natürlich, merkt man das nicht?«

»Na also, dann nimm einen Anlauf. Weißt du, nur der erste Happen ist schwer, danach geht's ganz von selbst. Du wirst sehen, wie schnell das geht, wenn du dich am Anfang ein bißchen anstrengst. Weißt du, ich habe Mädchen hier gesehen, die waren noch magerer als du. Ich erinnere mich an eine, die wog fünfundzwanzig Kilo bei einer Größe von ein Meter sechzig.«

Also ein Wettstreit, na gut, dann kann ich ja noch fünf Kilo abnehmen!

»Als sie sich in diesem Zimmer mit allem drumherum wiedergefunden hat, hättest du sehen sollen, wie sie vom ersten Tag an alles gegessen hat, alles, was man ihr vorgesetzt hat. Nach fünfzehn Tagen ist sie rausgekommen.«

Ich muß nur fünfzehn Jahre absitzen, fünfzehn Jahre minus einen Tag.

»Warst du gut in der Schule? Bist du gern hingegangen? Antworte wenigstens. *Ich* habe dir nichts getan. Weißt du, ich bin lieb zu dir, sofern du offen zu mir bist.«

Sie reimen schlecht, man sollte es lieber lassen, wenn man es nicht kann. Warum geht sie nicht? Sie weiß, daß ich nicht essen werde. Sie kann in ihren Bericht schreiben, daß ich nichts gegessen habe, und sogar das, was ich ihr geantwortet habe, das ist mir scheißegal!

Ich bin müde, Schwester, ich möchte schlafen, lassen Sie mich schlafen! Verdammte... Die Nacht ist noch fern. Es ist Sommer, und man muß die Kranken früh essen lassen, damit sie sich ausruhen. Und dann muß man sich nach dem Abendessen vor allem um die Medikamente kümmern. Diese Kuren sind schwierig, wissen Sie. Ich habe keine Uhr, ich weiß nicht, wieviel Uhr es ist, bestimmt würde sie in deren Vorstellung meine Heilung behindern... Alles behindert meine Heilung...

An den Tagen, Abenden, wenn er von seinen sogenannten Geschäftsreisen zurückkam, durfte man unter keinen Umständen ein Wort sagen, wenn man Wert darauf legte, am nächsten Tag einigermaßen korrekt auszusehen. Vor den fliegenden Töpfen und den Beschimpfungen, die in der Luft hängen, vor den Steuerbescheiden und den Gasrechnungen sowie dem Klatsch der Portiersfrau ist man nie sicher.

Es gab Zeiten, in denen sie so taten, als verstünden sie sich. Dann besuchten sie Freunde, über die sie anschließend ›reden‹ konnten, ich meine, über deren sexuelle Vorzüge reden, *das* bedeutet das Wort für sie. Sie stellten ihre Begutachtung in der Küche an, wenn die Kleine schlief und der Kleine nicht da war. »Oh, sie würde nichts verstehen, wenn sie was hörte, mach dir keine Gedanken!« Nach ihren ekstatischen Bemerkungen entschieden sie, daß letzten Endes natürlich nichts an ihre eigene Beziehung heranreichte. »Sie wollte die Strümpfe nicht ausziehen, verstehst du das?« – »Er sagte, es wäre nicht korrekt, es so zu machen, wenn man auch noch korrekt sein muß, kommt man ja nie zu was!« – »Sie hatte einen hübschen Busen, aber deiner gefällt mir besser, er ist weniger aufdringlich.« – »Er hatte schöne Augen, aber das allein bringt's ja auch nicht.« – »Sollen wir in ihr Zimmer gehen, sie liegt in unserem Bett. Willst du, daß ich nachsehe, ob sie richtig schläft? Weißt du, sie wird nie wach, sie hat einen ruhigen Schlaf! (Ich frage mich, woher sie das wissen wollen!) Los, komm!«

O nein, ich bin nicht sexbesessen, ich gehe nicht nachsehen, was sie treiben. Ich habe schon alles verstanden, als ich mir die Pornojournale angesehen habe, die in der Bibliothek herumliegen. Ich frage mich, wie sie es fertigbringen, nicht angewidert zu sein, es ist ›abstoßend‹. Ich gebrauche nicht das andere Wort, weil es nicht korrekt ist. Ich versuche einzuschlafen, indem ich das Gedicht aufsage, das ich für morgen lernen muß. Sie können in meinem Zimmer machen, was sie wollen, ich werde nie so verdorben sein wie sie. Ihnen werde ich mein Gedicht nicht aufsagen, mit den schönen Betonungen, die ich gelernt habe. Sie sehen sich lieber auf der Toilette die ›splitternackten Mädchen‹ an, man muß zugeben, daß sie schöne Busen haben, aber trotzdem! Auch schöne Hintern...

Jeden Donnerstag- und Samstagabend schicken sie uns zur Großmutter. »Dann haben wir mehr Ruhe, und außerdem darf man sie nicht traumatisieren, diese armen Kinder. Übrigens ist

sie nett, sie bitten von sich aus darum, zu ihr gehen zu dürfen.«
(Und mit gutem Grund, sie kauft uns wenigstens Karamel- und
sogar Zitronenbonbons.)
Alle sind zufrieden, und die Kinder schlafen mit den alten,
abgegriffenen Worten eines friedlichen Heims ein. Das ist
immer noch besser als die Zeiten der fliegenden Töpfe. Die
Eltern, wissen Sie, machen sich gern den Spaß, sich zu prügeln.
Muß man gar nicht beachten.
An den Abenden, wenn er nicht da war, kamen die Klagemono-
loge. Ich konnte nicht einmal böse werden oder eine ›scheuß-
liche Migräne‹ vorschützen:
»Wo hast du denn das Wort gelernt? *Ich* hätte allen Grund,
eine Migräne zu haben. Der Gerichtsvollzieher kommt mor-
gen. Kann sein, daß hier übermorgen nur noch die Betten übrig
sind!«
»Das ist doch nicht schlimm, Mama, dann gehen wir zu
Oma.«
Na, das hast du wohl nicht erwartet!
»Wenn man bedenkt, daß er Farben für zwanzig Francs die
Tube kauft, und wir, wir essen seit einem Monat Nudeln und
Reis! Denk dir, vor zwei Wochen hat er mal wieder fünfzigtau-
send alte Francs an einem Abend ausgegeben! Mit einer Nutte!
Er ist durch alle Nachtklubs gezogen! Jemand hat's mir gesagt,
er hat ihn gesehen!«
Wer denn? Dein kleiner Liebhaber? Weißt du, mir ist das
schnuppe, solange sie hier nicht aufmarschieren ... zwei Eltern-
teile sind schon schwer genug zu ertragen, wenn man sich auch
noch *ihre* Liebhaber auf der einen Seite und *seine* Geliebten auf
der anderen Seite aufhalsen müßte! Zum Glück ziehen sie die
Sicherheit und Ruhe der Hotelzimmer vor. Mit den Alpträumen
der Kinder ist nicht zu spaßen, anschließend muß man sich den
Kopf zerbrechen, um ihnen Geschichten zu erzählen.

Jetzt brauche ich wenigstens nur noch die Wände zu beschreiben. Es sind gelblich-weiße Wände. Sie sind glatt, sie sagen, das
sei einfacher sauberzuhalten, und außerdem ist es Ölfarbe,
daran bleibt nichts hängen ...
»Isabelle, laß das los! Wirst du es mir wohl geben! Gib's mir,
sonst sperr ich dich ein! Ich sag's den Ärzten! Und Samstag
kriegst du dann keinen Urlaub! Los, gib's mir, dann sag ich
nichts.«

»Nein, Schwester, bitte, ich will Urlaub haben, bitte, ich will Urlaub haben, bitte, lassen Sie mir meinen Urlaub!«

»Na siehst du, du kannst ja vernünftig sein, so ist es gut, gib's mir.«

Konntest du es nicht behalten, du blöde Verrückte! Du kannst nicht hart bleiben. Du hättest sie ein bißchen in Wut bringen müssen, nur ein bißchen. Du gibst zu leicht nach, du wirst es nie zu was bringen!

Stille. Sie hat die verrückten Kinder ins Bett gebracht. Die Nervenzusammenbrüche sind anstrengend, sie müssen sich ausruhen. Die Stille ist mir verhaßt. Ich hätte ein Radio mitbringen sollen. Man kann der Musik lauschen, sich ein bißchen an ihr freuen... Sie hätten es mir geklaut. Sie haben nur meinen Schlafanzug in der Tasche gelassen. Es ist schrecklich, wenn man nur seinen Gedanken zuhören kann, das ist das Quälende an der Stille.

Die Kritik, das Urteil über das eigene Leben, das sich ganz von selbst verpfuscht hat, einfach so, ohne daß es einem überhaupt bewußt wird... und das keine Aussicht hat, besser zu werden... Wenn ich bedenke, daß ich ihr schmutziges Spiel mitmache; genau das haben sie von mir erwartet: daß ich nachdenke, daß ich meine grauen Zellen abnutze. Was könnte ich hier anderes tun? Aber das ist mir egal, sie werden nie erfahren, was ich denke! Nie! Nein! Aussichtslos. Es nützt nichts, daß ich mich aufrege. Nichts nützt mehr zu nichts hier. Und jetzt ist es soweit, der Satz läuft, entfernt sich, kommt zurück, du kannst nichts dazu, du kannst nichts dazu, zu, zu, zu, zu, du, kannst, nichts, dazu, n-i-c-h-t-s!!!

Du bleibst hier drin, bis du frißt, bis du es vor Übelkeit ausspeist! Das wird amüsant, nicht? Wirklich, findest du nicht? Du bist nicht besonders witzig, weißt du. Ich würde ganz schön lachen, wenn ich dir zusähe!

Das reicht, du blöder, zurückgebliebener, reaktionärer Gedanke! Du wirst mich nicht sehen, was denkst du denn? – Was ist eigentlich das Ziel Ihres Hungerstreiks? – Das ist kein Streik, ich esse mal eine Nudel, mal ein Körnchen Reis... Sie lachen, ja, das ist komisch. Und lächerlich. Ich verliere ganz sachte meinen Körper, aber das ist nicht schlimm, weil es mir nicht bewußt ist. Schließlich werde ich auch meinen Geist verlieren, das ist unangenehmer. Ich schleppe mich von einem Krümelchen zum anderen, ich vegetiere von einem Tag zum anderen durch das Universum der Energielosigkeit, der Appetitlosigkeit, der Was-Sie-wollen-Losigkeit. Ich kann nicht laufen, das ist zu anstrengend für meine Jugend, ich brauchte ein und eine halbe Stunde, um mich davon zu erholen, ich kann gehen, ja, aber bitte verlangen Sie nicht zuviel von mir.

Vor meinen Augen flackern immer die Farben eines Kaleidoskops. Ich bin nur eine Schwachsinnige, das ist doch keine Lösung, sich verhungern zu lassen. Ja, ich weiß, wohin führt mich das? Ich kann nicht einmal drei Schritte machen, ohne daß sich mein Kopf dreht wie ein Kreisel. Ah, ich bin schön so, weiß, das ins Grünliche übergeht, wirklich hübsch! Bald werde ich auf dem Boden zusammenbrechen, und sie werden kommen und mich lachend aufsammeln! Das ist mir ganz egal! Ich würde es gern genau wissen, ganz genau. Das Ärgerliche ist, daß ich nicht glaube, daß es etwas Eindeutiges, Klares ist. Es ist ein ganzer Komplex: Das jammervolle Ergebnis eines dreizehnjährigen Lebens in ihrer kaputten Welt. Was hatten sie anderes erwartet? Dankbarkeit?

Sex? Das beeindruckt mich nicht, und ich finde sogar, daß es auf die Dauer langweilig wird, darüber zu reden. Aber ich kann nichts daran ändern, die andern machen das, die Besessenen, die Frustrierten, die Lasterhaften, die ... Ich auch, aber auf eine andere Weise. Sie müssen das eben verstehen: Wenn die Frau Ihres Liebhabers krank ist, Ihr Mann verreist ist, und Sie auch noch finanziell auf dem trockenen sitzen, bleibt nur ein Ausweg, das ist Ihr eigenes Haus. Ich darf mich dann mit meinen Malstiften und meinen Büchern in mein Zimmer verziehen. Bloß hatte ich nicht gleich kapiert, was los war, am Anfang wollte ich nicht weggehen, weil da die Lichter und das Radio waren und ich den großen Teppich ganz für mich hatte, und in meinem Zimmer mußte ich erst alles wegräumen, bevor ich mich auf den Boden legen konnte. Da verloren sie die Nerven: »Geh sofort ins Bett und schlaf gefälligst schnell ein, hörst du? Los, geh in dein Zimmer!« Sie hielten mich für beschränkt, aber diese Plötzlichkeit, diese Überstürztheit konnte niemanden täuschen, nicht einmal mich. Die Kinder verstehen diese Dinge nicht! Wirklich nicht?

Es geht mir auf die Nerven, über meine Kindheit zu sprechen, ich bin sicher, daß es nicht unbedingt diese Lebensphase sein muß, die einen anschließend dazu treibt, dies oder jenes zu tun, es wäre mir ein leichtes, den Einfluß und die Konsequenzen, die sie haben soll, zu widerlegen. Nein, ich akzeptiere, ohne wirklich daran zu glauben, daß sie wichtiger gewesen sein kann als, sagen wir, die ›Jugend‹. Und trotzdem, wie kraß die Dinge einem in ihrer Lächerlichkeit vorkommen, wie demütigend in ihrer Schamlosigkeit, wie ekelerregend in ihrer Überflüssigkeit... und man hat den Eindruck, nur eine ›dreckige Göre‹ zu sein, die ihre Zeit damit verbringt, durch die Straßen zu spazieren, ohne überhaupt zu wissen, wohin sie geht. Alles erscheint nachträglich intensiver, alles gewinnt eine zweite Bedeutung, die sich über die kindliche Interpretation legt, eine dermaßen enttäuschende, dermaßen überflüssige Bedeutung... Im Grunde genommen ist es ein Glück, daß man nicht zu all diesen Leuten gehört und daß man ihnen entwischen wird. Was? Nein! Sehen Sie sie an, sehen Sie sie doch besser an! Merken Sie nicht, daß das Automaten sind? Sie brüllen ihre Kinder ein bißchen an, um den Ärger mit dem Chef abzureagieren, sie schicken sie um halb neun ins Bett, damit sie mit ihrem Liebhaber machen können, was sie wollen, sie beschimpfen sie, weil die Kinder ein bißchen Taschengeld verlangt haben... Natürlich sind nicht alle so. Aber das bedenkt man nicht, wenn um einen herum Tausende von Leuten leben, die denen ähnlich sind, die ich gerade zu beschreiben versucht habe, wenn die ›guten‹ Leute einem unerreichbar vorkommen, in unendlicher Entfernung von dieser Gemeinheit, von dieser Dummheit. Man selbst wird nie eine Chance haben, sie kennenzulernen, sie werden einen eines Tages zufällig in seinem Zimmer besuchen kommen, und was sehen sie im Flur? Daraufhin werden sie sehr weit weggehen, denn solche Dinge wie diese erwecken in einem die Lust, Tausende von Kilometern zu fliehen, nie mehr zurückzukommen.

Wahrhaftig, können diese Kindheitserinnerungen bedeutsamer sein als die gewaltigen Ohrfeigen, die man anschließend bekommt? Wenn ich Menschen entdeckt hätte, Menschen, wie ich sie mir vorzustellen versuchte, oh, ich stellte sie mir nicht vollkommen vor, aber fast... hätte ich nicht die Tore... zu einem sicheren Tod aufgestoßen. Es war nicht meine Rolle, die Welt, so wie sie war, zu akzeptieren, so wollte ich nichts von ihr wissen, so will ich nichts von ihr wissen! Ich wollte nicht weiter versuchen, mich all diesen Honigtöpfen anzupassen, weil ich wußte, daß *ich* recht hatte. Natürlich hatte ich selbst viele Fehler, die ich diesen Leuten vorwarf: Intoleranz, Sturheit, Feigheit, Heuchelei. Aber schließlich waren *sie* es, die mich gezwungen hatten zu existieren, ich schuldete ihnen nichts, es war an ihnen, mir alles zu geben. Sie taten so, als verstünden sie das nicht, also ...

Die Wand sieht mich an wie eine Herausforderung, weiß, rein, unschuldig. Nein, von vier Stellwänden des Hasses umgeben, will ich nicht schlafen. Ich wünschte, sie fänden mich tot in meinem Bett auf.
Ich darf nichts denken. Der morgige Tag ist ganz nah, und dann geht's besser. Ich werde aus meinem Alptraum erwachen und werde im Jardin du Luxembourg spazierengehen, sehr früh ... Selbst wenn es nicht wahr ist, ich muß daran glauben, wenigstens bis morgen. Danach werde ich etwas anderes erfinden. Tu so, als hätte dieses Bett besticktes Bettzeug ... als hätte das Zimmer eine rosa Decke, ein sehr warmes, sehr freundliches Rosa ... eine Lampe, die man anmachen kann ... nein, ich darf nicht lesen, die Augen tun mir schon weh, ich werde das Licht ausmachen und ein bißchen träumen. Jetzt habe ich mich hingelegt, auf die Seite, weil ich so den Eindruck habe, weniger Platz einzunehmen. Ich halte meinen Bauch zwischen meinem Daumen und meinem Zeigefinger, wie ein Blatt Papier, um mich ein bißchen über mich lustig zu machen. Du bist wirklich schlau, sie können dich wie eine Fliege zwischen den Fingern zerquetschen, da, ein Daumendruck, und nichts ist von dir übrig! Sollen sie es doch machen, ich warte nur darauf! Die Matratze ist hart, niemand hat sie gepolstert, das wäre ja noch schöner, dies ist das Zimmer für die ›Magersüchtigen‹, für die ganz starken Kaliber, zwischen zwanzig und dreißig Kilo.
Ich darf an nichts denken, morgen werden sie ihren Irrtum bemerken und werden mich hinauslassen ...
Morgen. Der erste Schritt, dahin zu kommen, besteht darin, die Augen zu schließen. Dunkel, Finsternis, ich bin zwischen ihren Mißverständnissen eingeschlafen, in einer Welt von Haß und Rache. Ich habe keine Angst, weil mich alles, ohne jeden Zweifel, in den Tod führen wird. Ich habe es eilig, ihn kennenzulernen. Manche behaupten, er sei eine runzlige alte Frau, ich aber weiß, daß er schön ist, die schönste Frau, die man je gesehen hat, allein ihre Gegenwart wird die Macht haben,

mich diese Wände, diese Finsternis, dieses Grauen vergessen
zu lassen.

Ich darf im Schlaf an nichts denken, ich muß sie ignorieren, so
tun, als hätte man mir diese Welt nicht aufgedrängt, ich bin fest
entschlossen, meine geliebte Herrin wiederzufinden, die
schönste von allen.

Ja, es ist euch gelungen, mich einzusperren, aber kriegen
werdet ihr mich nicht, es ist mir gleichgültig, ob ich hier drin
oder draußen sterbe, nichts kann mich abhalten, mich mit dem
Tod zu vereinen, er erwartet mich, und ich gehe ihm entgegen,
ihr könnt nichts dagegen tun.

5

Die Räder eines Karrens knarren . . . ich schlage die Augen auf.
Alles ist weiß, erstarrt, träge.

Ich bin aufgewacht in dem Glauben, ›normal‹ zu sein, lediglich
erschöpft und gerädert von unerheblichen Schlägen, ich glaubte, die Zimmerdecke sei orangefarben gestrichen und draußen
vor dem Fenster prügelten sich die Jungen des Viertels.

Ich werde aufstehen, um ihnen zu beweisen, daß ich allem
widerstehe. Sieh an, sie haben nicht abgeschlossen. Eine
Schwester kommt herein. Nein, die Aufwartefrau. Sie kommt
die schmutzige Bettwäsche holen. Das ist nicht der Mühe wert,
gute Frau, ich habe mich nicht in ihr schönes Bettzeug
erleichtert, wovon überhaupt?

Ich begreife jetzt, warum sie die Betten nicht gegen die Wand
schieben. Ich sehe ihr zu, wie sie das Bettuch einschlägt, das
beschäftigt mich, damit vergehen zwei Minuten.

Aufgepaßt, meine Herren Ärzte, daran hatten Sie nicht gedacht, nicht wahr? Das ist sehr schlecht für die Heilung, sie
sollte niemanden sehen, außer wenn ihr das Essen gebracht
wird . . . »Ißt du, wird jemand bei dir sein, ißt du nicht, wird
niemand da sein.« Ja, du wirst schließlich auf die Essenszeit
warten, weil sie bedeutet, daß jemand bei dir ist. Alles wird
besser sein als diese unerträgliche Einsamkeit. Wir werden dich
schon kriegen! Nein!

»Du kannst dich waschen gehen, wenn du willst, die anderen
sind fertig.«

Stell dir vor, was für ein Glück, das Bad ganz für dich allein. Was für eine plötzliche Freundlichkeit! Sie könnten die Erniedrigung so weit treiben, mich dreckig zu lassen, klebrig von ihrer Verderbtheit. Warum tun sie es nicht? Los, tut's doch, tut euch keinen Zwang an nach allem, was ihr mir schon angetan habt! Nein, ihr laßt mir lieber eine kleine Vergünstigung, um mir Mut zu machen. Ich muß sehen, wer die anderen sind, vielleicht hat man sie auch zufällig aufgegriffen? Wir könnten zusammen einen Ausbruch organisieren.

Indem ich mich wacklig auf meinen Beinen im Gleichgewicht hielt, habe ich meinen kleinen Ausflug unternommen. Zunächst heißt es, größtmögliche Schwäche zu simulieren, den langsamsten Schritt vorzulegen. Anschließend die Anatomie ihrer Baracke auszukundschaften, so zu tun, als bekäme ich mitten auf der Kreuzung zweier Korridore einen Schwindelanfall oder irgend etwas. Danach mich von den Haarwurzeln bis zu den Zehennägeln zu waschen... aber sie müssen das alles vorhergesehen haben. Der Flur bis zum Waschraum ist kurz. Auf der anderen Seite geht er in einen Schlafsaal über, der hell ist, denn seine Fenster sind nicht zugemauert. Ich bin in der dunklen Hälfte, der Hälfte der Eingemauerten, der Zimmer für die Fälle, die Isolation brauchen. Der in der Mitte dunkle Fliesenbelag wird von zwei helleren Streifen umrandet. Achtung, jetzt kommt gleich die Kreuzung. Ein anderer Korridor läuft senkrecht auf diesen zu, er hat auf der einen Seite vergitterte Heizkörper und durchsichtige Fensterscheiben, auf der anderen Seite große Räume.

Zwei Meter von mir entfernt sitzt die Schwester mit den blauen Augen auf einem Stuhl vor der Bürotür. Ich öffne die gelbe Tür. Eine Reihe Waschbecken von zweifelhafter Sauberkeit, instinktiv wähle ich das am weitesten entfernte. Ein Spiegel... Ist das mein Gesicht? Wer ist nur dieser weiße Fetzen, wo sind die Augen geblieben? Eingesunken, verschwunden, zu sehr in die Länge gezogen, als daß man sie entdecken könnte. Ich habe fast Lust, über mich zu lachen, ja, das ist wirklich zu komisch, im übrigen kann ich nicht mehr weinen, meine Lider würden platzen.

Das Wasser läuft zwischen meinen Fingern hindurch und stärkt mich, ich vergnüge mich damit, es auf meiner Haut aufspritzen zu lassen... ich hätte nie die Kraft, meine Zehen zu inspizieren, und außerdem ist es hier noch bedrückender als in meinem Zimmer. Es lohnt sich nicht einmal, in den Flur zu sehen, nichts lohnt sich mehr.

»Mittagessen, los!«

Das ist der richtige Moment, hinauszugehen, ich werde alle sehen, wie sie in den Speisesaal rennen. Aber wo ist er?

»Schwester, was ist das für eine? Schwester, ich will wissen, was das für eine ist!«

Ein riesiges Mädchen mit kurzen und feuchten Haaren, das ein gräßliches Schottenkleid, weiße Söckchen, Lackschuhe anhat. Ihre Füße sind nach innen gestellt, und sie knetet nervös, krankhaft ihre über dem Bauch verschränkten Hände. Ihr Kopf, auf die Schulter geneigt, wackelt immer bedrohlicher.

»Was ist das für eine, Schwester, sag mir, was das für eine ist.«

Eine milchige Haut, böse, gehässige Augen, kleine, erschreckende grüne Augen.

»Isabelle, komm essen! Laß dieses Mädchen in Ruhe, sie ist es nicht gewohnt.«

»Du sagst mir dann, was das für eine ist, Schwester, du sagst es mir dann. Wenn ich gegessen habe, sagst du es mir, Schwester!«

Kurzes aggressives und spöttisches Lachen. Sie folgt den anderen, auf die ich nicht einmal einen Blick werfen konnte, ich bin zu entgeistert, erschreckt, wütend und verängstigt. Zum Glück bin ich allein in einem Zimmer, ich will sie nicht sehen, ich würde sie nicht ertragen. Ich ertrage *mich* nicht mehr!

Teller- und Tassengeklapper, etwas anderes höre ich nicht. Auch einige Schreie, von Schwestern und von Kindern, autoritäre und wütende Schreie.

Aber die Schwester gewinnt immer ... Sie könnten alle zusammen einen Aufstand machen.

Das Bild dieses Mädchens tritt mir wieder vor Augen, und ich sehe die Wand, das Fenster, den Boden an. Du hast nichts zu hoffen, das ist nicht der Mühe wert. Du hast lange gebraucht, um das zu kapieren. Keinerlei Hoffnung, weißt du, was das bedeutet? Du warst komisch vorhin, mit deinen Fluchtplänen, deinen dämlichen Schlichen, wart's ab, bis du die Spielregeln wirklich kennst. Was bildest du dir ein? Sie sind schlauer als du, sie haben an alles gedacht! Hast du dieses Mädchen gesehen? So sind sie alle hier, du bist allein. Allein, und dir bleibt nichts übrig, als ihrer Erpressung nachzugeben, als dich ihren Regeln zu fügen! Nein!

Eine Tasse Kaffee erscheint und altbackene Brotschnitten mit ranziger Butter. Ich bleibe entkräftet in einer Ecke meines Bettes sitzen. Ich werde keine gierigen Blicke auf ihre verpesteten Brote werfen. Ich werde mich nicht einmal neben sie setzen. Ich will nicht so weit kommen, ihre Anwesenheit zu erhoffen. Lieber hänge ich mich an der Kette der Wasserspülung auf!

»Los, komm essen, ich opfere eine halbe Stunde, um dich zum Essen zu bringen, da kannst du dir doch ein bißchen Mühe geben, nicht? Komm, setz dich dahin. Wie, nein? Weißt du, das nützt nichts, dich so stur zu stellen. Komm, setz dich wenigstens hin!«

Sie können nur ihre banalen und abgedroschenen Sätze wiederholen. Wissen Sie, was *ich* zu so einer Idiotin sagen würde? Blöde Kuh, schau dich an, wie mies du aussiehst, die lachen sich kaputt, wenn sie dich sehen! Das ist schlau, anstatt ihnen eins draufzugeben, putzt du dich selbst herunter. Nein, so wirst du es nicht schaffen. Du kannst ihnen nicht einmal mit deiner Jugend oder deiner Energie die Stirn bieten. Du kennst sie nicht, was sie am meisten stört, ist, die anderen unbekümmert leben zu sehen, so wie sie es selbst gern wollten. Du hast dich geirrt, total geirrt, du bringst mich zum Lachen! Und du stellst dich weiterhin stur. Sie muß dich lächerlich finden, diese Krankenschwester. Nein, du lügst. Das ist dir ganz und gar nicht egal! Du lachst bloß unter Tränen!

Ich weiß. Aber ich werde nicht essen. Ich will nicht alles verpfuschen. Ich war zu weit fort, ich werde nicht mehr auf ihren dreckigen, wohlvorgezeichneten, vernünftigen Weg zurückkehren, auf dem alles vorherbestimmt ist! Hörst du, ich gehe nicht! Und schau sie dir an, glaubst du nicht, daß sie noch lächerlicher ist? Oh, es reicht, das hier ist kein Witzwettbewerb, ich will dieses Spülwasser nicht, ich will ihre Brote nicht. Ich will nichts!

»Heute wirst du gewogen, trink deinen Kaffee, dann wiegst du wenigstens ein Kilo mehr. Stell dir vor, du wärst dann schon bei zweiunddreißig! Du mußt mehr als acht Kilo zunehmen!«

Also nein, halten Sie mich für eine Freßmaschine? Acht! Das ist ja Wahnsinn. Stellen Sie sich vor, acht Kilo! Ich wäre dick und häßlich, und sie könnten sich weiter über mich lustig machen. Ich will nichts, ich habe überhaupt keinen Hunger, ich weiß nicht, wie das ist, Hunger zu haben, und ich will es nicht wissen!

Aber sie werden dich nie gehen lassen, es stört sie nicht, dich endlos hierzubehalten! Nun komm, wenn du ein Brot ißt, sagen sie vielleicht, du seist geheilt, und du kannst dich zu Hause weiterbemühen, ganz allein. ...

Nein! Acht haben sie gesagt! Nein und nochmals nein!

»Der Doktor wird nicht zufrieden sein, weißt du, so erreichst du nichts.«

Auf ihrer Uhr habe ich gesehen, daß es halb neun ist. Ich bin nicht mehr wütend, bloß völlig entmutigt, ausgehöhlt, ohne Hoffnung.

Ich mache unglaubliche Anstrengungen, diese Geschichte objektiv, klar, mit vielen Einzelheiten und Dialogen zu schreiben. Nicht, daß mich mein Gedächtnis im Stich ließe – im Gegenteil, es hat alles nur zu gut behalten, aber ich hatte mir einen subtileren Bericht vorgestellt, in dem ich nur mein Spiel dargestellt hätte und nicht das Spiel jener, die versuchen, jemanden aus einem Traum, aus einem Wahn zu retten. Ich hätte diese Wut und diese Raserei verschärfen müssen, jeden Satz beißender machen, das Entsetzliche und Verzweifelte hervorheben müssen. Und ich hätte nur so tun sollen, als wollte ich mich rächen. Ich will alles sagen, und ich stelle fest, daß ich nie wirklich objektiv sein kann, obwohl ich zugebe, daß sie es waren, die mich vor einem sicheren Tod ›gerettet‹ haben.

Sie haben mich angeblich geheilt, aber ich bin immer noch empört. Jene Frau, meine Mutter, ist nicht aus meinem Denken verschwunden. Was meine Ausgeglichenheit angeht...

In Wirklichkeit haben alle verloren, da bin ich nun, traurig und mürrisch, mißtrauisch und feige. Ich tue so, als lebte ich, und verstecke mich, um zu weinen. Sie würden mich wegen nervöser Depressionen zurückholen, das würde ihnen Spaß machen, mich wiederzusehen. Sie haben mich in ihren Klauen behalten, die Angst vor dem Eingesperrtsein, die verdrängte Wut auf die Ungerechtigkeit, der Zorn der Ohnmacht sind mir geblieben. Meine Erinnerungen sind zu präzise, Rückfälle sind immer möglich: Ich fahre im Bus, und wenn ich an diesen Klinikmauern vorbeikomme, scheuern sie mir die Haut auf, ich gehe in einen Park, und der Gitterzaun springt mir ins Gesicht. Ich schreibe verbissen und finde die Einsamkeit wieder. Dieser Wille, trotz der Müdigkeit, trotz meiner Zweifel und der Bedrohung durch sie weiterzumachen, schließt an das andere Gefängnis an. Ich bin dort geblieben, im Zimmer 27, mit meiner Verweigerung, mit diesem Leiden am Leben. Und ich glaube, daß es mir nie gelingen wird herauszukommen.

Sie hat die Tür hinter sich abgeschlossen und hat ihre Wut auf dem roten Stuhl sitzen lassen. Ich empfinde leise Freude, die ich sofort voll Scham ersticke. Ich will mich nicht für die anderen zerstören, ich will nichts ihretwegen tun. Ich darf nicht mehr denken, das tut weh, am Ende werde ich nachgeben, und das will ich nicht. Ich werde träumen, mir vorstellen, ich sei frei. Frei, um durch die Straßen zu irren und mich von der Häßlichkeit der Welt zu überzeugen. Wie leicht es ist, sich in die Verweigerung zu stürzen, aber das ist wenigstens nicht schlimm, nur ein Traum, nichts als ein Traum. Sie dagegen, sie stürzen sich in die Verderbtheit, die Erpressung, die Gleichgültigkeit.

Einige verrückte Mädchen schreien in die Stille hinein. Ich habe sie nicht gesehen, ich kenne sie nicht, ich stelle sie mir wie Monster vor, verstört, bereit, einem an die Gurgel zu springen, die Zähne bleckend. Diese grünen Augen, diese dicken, unförmigen Leiber... So möchten sie, daß ich werde! Nein! Diese dünnen, glänzenden Lippen, dieses hinterhältige, spöttische Lachen...

»Ich werde euch anschnallen, wenn ihr so weitermacht, ihr dreckigen Gören. Du wirst sehen, ich bin stärker als du.«
O nein, ich habe kein Mitleid! Richtig so, ja, sie soll sie nur anschnallen. Ich will diese heiseren und wütenden Schreie nicht mehr hören, dieses Schleifen umhergezerrter Stühle, geschändeter Körper. Ich will böse, egoistisch, verbohrt sein. Ich habe nur ein Ziel: durchzuhalten und in dieser Anstalt zu sterben. Sie werden ihre ›Sache‹ nicht mehr haben, sie werden schuldig sein. Ich allein werde es wissen, sie kann ja nichts rühren. Ich werde mich mit meiner geliebten Herrin vereinen, und sie, sie werden in ihrer jämmerlichen Welt bleiben! – Haben Sie ›meine geliebte Herrin‹ gesagt? – Mit Ihnen habe ich nicht gesprochen, Sie widerliche Ärztin, Sie Irrenärztin, Sie sind doch auch irre, nicht wahr? Oh, ich höre Sie schon sagen:

»Du wärst also lieber ein Junge, hättest gern eine Geliebte wie sie, was?« Und in Ihren Krankenbericht hätten Sie geschrieben: »Die Symptome der Magersucht sind deutlich erkennbar: Ablehnung der Weiblichkeit, Ablehnung der Mädchenrolle.« Nein, diesen Gefallen werde ich Ihnen nicht tun, ich werde es Ihnen nicht sagen.

Das Geräusch des Schlüssels, der sich im Schloß dreht. In der ausgestreckten Hand trägt sie eine Waage. Das Folterinstrument, das Instrument der künftigen Entscheidungen. Puh! Ich bin wohl oder übel gezwungen draufzusteigen! Der Zeiger meldet die Katastrophe: einunddreißig Kilo. Oh, so furchtbar schlimm ist das nicht, sie hat selbst gesagt, es gibt welche, die wiegen fünfundzwanzig. Ihre scharfe und schrille Stimme verkündet die Zahl, als könnte ich nicht lesen oder als hätte sie Angst, von ihrem Gedächtnis im Stich gelassen zu werden, und riskierte womöglich, vierzig Kilo in ihren Bericht zu schreiben.

Der Schlüssel dreht sich in meinem Herzen um und um und verspritzt ein bißchen Haß auf die allzu weißen Wände. Gleich kann ich in Ruhe träumen und meinen Wunsch, meinen Willen festigen! Du bist nur eine dumme Gans, du bist nur eine dreckige Göre, du wirst sterben, du kannst das ganze Grauen, das in diesem Wort liegt, gar nicht ermessen! Nur Kinder können solche entsetzlichen Dinge sagen! Ach wissen Sie, wenn Sie es lieber hören, kann ich ›leben‹ sagen, aber das wäre derselbe Schrei, derselbe Wunsch, dasselbe Bedürfnis. Ich habe alles organisiert, wie bei einem Verbrechen, und das ist nicht grauenhaft, das erleichtert. Sie haben ja keine Ahnung. Ich habe ein Stück Faden, das ich aus meinem Schlafanzug gezogen habe, in den Nachttisch gelegt, damit ich nicht vergesse, wie viele Tage vergangen sind. Jetzt sind es drei, und die dreifache Menge an Tabletts ist an meinen Augen vorbeigezogen, an meinem Magen, der sich jedesmal umgedreht hat. Jede Verweigerung ist ein Sieg über ihre Macht. Ich habe keine Ahnung davon, wie sehr ich mich täusche.

Im Korridor sind mir Mädchen über den Weg gelaufen. Eins war dabei, ein kleines, vielleicht fünf Jahre alt, sehr schön, mit sehr großen schwarzen Augen, deren Weiß blau war, mit einer kleinen griechischen Nase, einem sinnlichen Mund. Es hat mich scheu angesehen und ist mir überallhin gefolgt, bis die Krankenschwester es einsperrte.

»Es ist doch allen verboten worden, sich diesem Mädchen zu nähern, es muß sich ausruhen!«

Eins war dabei, das hat mich mehr geschockt als die anderen. Eine Algerierin, dick, groß, häßlich. Mit ihrer überlauten Stimme hatte sie mich zu oft aus meinen Träumen gerissen, als daß ich sie nicht verabscheute. Sie hielt einen Kamm in der Hand und lief hinter ›Isabelle‹ her (siehst du wohl, daß du dich daran gewöhnst, jetzt nennst du sie sogar bei ihrem Vornamen, so leicht geht das!), offensichtlich, um zu versuchen, sie zu kämmen.

»Bitte, ich will nicht, daß du mich kämmst, ich will nicht, bitte ...«

Drohend, den Kamm in der ausgestreckten Hand ... ein bißchen wie die Schwester mit ihrer Waage ...

Sie kam herein, heiter und sorgfältig geschminkt, die ›Psychoanalytikerin‹, sie wagte es hereinzukommen, bestimmt wieder, um mich zu provozieren, um mich zum Sprechen zu bringen. Ich werde Ihnen kein einziges Wort sagen, hören Sie, kein einziges!

»Nun, wie geht's dir?«

Sie wagt es, mich das zu fragen! Frage ich sie etwa, ob ihr Liebhaber ›gut‹ ist, Sie verstehen mich doch? Sie wäre imstande, mir zu antworten oder mich lächelnd anzusehen.

»Du hast ein Kilo abgenommen. War dir schlecht? Hast du dich übergeben?«

Sie hält mich für blöd, ich weiß doch genau, daß die Schwestern jeden einzelnen Bissen eintragen. Das dürfte doch für ihr Spatzenhirn nicht allzu schwierig sein, es war kein einziger.

»Hast du Durchfall gehabt?«

Denkst du! Sie wären mit Pillen, Spritzen und Drohungen angekommen.

»Du machst das absichtlich, uns brauchst du gar nicht beizubringen, daß man sich allein mit dem Willen eines kleinen, idiotischen Gehirns wie deinem krank machen kann! Du tust das, weil du glaubst, wir würden die Hoffnung verlieren und dich gehen lassen, nicht wahr?«

Genau. Unter uns gesagt, das war nicht schwer zu erraten. Aber ich werde es Ihnen nicht bestätigen, außerdem brauchen Sie meine Antwort nicht. Sie haben richtig geraten, es gab nur diese Möglichkeit.

»Hast du in diesen drei Tagen nachgedacht?«
Nein, ich habe nur geträumt. Falsch. Glauben Sie etwa, man könne sich diesen Mädchen, diesen Schreien, diesen Tabletts entziehen, die einen quälen und anekeln? Man könne die Mädchen übersehen, die im Flur herumlaufen? Warum haben Sie mich hier hereingesteckt, ich bin nicht verrückt, ich bin nicht wie alle diese Mädchen, das stimmt nicht!
»Ja?«
Nein, sie wird nicht einmal von meinem Schweigen, das mich selbst aufregt, nervös. Beim erstenmal hat sie mich belogen wie alle andern. Sie hat mir gesagt, das Gewicht habe keine Bedeutung, es gehe nur darum, die Ursachen dieser Verweigerung zu entdecken, den Mechanismus, der mich dahin gebracht hatte. Man würde mich entlassen, sobald ich es herausgefunden, sobald ich ein bißchen zugenommen hätte. Sie hat mir nicht gesagt, daß dieses ›bißchen Gewicht‹ neun Kilo wären, und jetzt zehn, weil ich ein Kilo abgenommen habe, ihretwegen habe ich es abgenommen, sie vergnügen sich mit meinen Kilos wie mit Bällen! Das war eine List, um mich zum Sprechen zu bringen, nicht wahr? Weil man glaubt, danach entlassen zu werden, gesteht man das Warum, und dann wird einem mitgeteilt, daß jetzt nur noch das Einfachste zu tun übrigbleibe: die neun Kilo. Nur diese neun Kilo interessieren euch, wenn ich nur zunähme, auch ohne etwas über mich preiszugeben, würdet ihr mich gehen lassen, ihr seid nichts als Heuchler, nichts als Scharlatane. Ich werde euch nichts sagen!
»Ja?«
Wissen Sie, Ihre Fragerei kann mich in meiner Verbohrtheit nicht erschüttern.
»Ja?«
Es wäre genau dasselbe, wenn Sie nicht existieren.
»Würdest du bei einem anderen Arzt mehr reden?«
Die werden nie etwas kapieren! Außerdem sehen sie bestimmt alle so besessen, zerrüttet, frustriert aus. Ich brauche niemand, ich will nichts.
»Hat man dir gesagt, daß du bei fünfunddreißig Kilo Besuch bekommen darfst?«
Sie weiß sehr wohl, daß man mir das nicht gesagt hat ... aber das ist auch kein Grund, darauf zu antworten. Im übrigen hatte ich beschlossen zu schweigen. Ich bin verbohrt und beschränkt wie eine alte Kuh von Krankenschwester: »Du wirst es essen,

glaub mir, am Ende wirst du es schlucken.«

»Ich komme dich in zwei Tagen wieder besuchen, wenn du nicht zugenommen hast, werden wir die Methode ändern. Auf Wiedersehen.«

Sie müssen doch zugeben, daß man wirklich kein Psychologe zu sein braucht, um so etwas zu sagen! Nichts könnte schlimmer sein als die jetzige Methode, ich darf nicht zunehmen, ich muß zwei Tage warten. So schlau, wie ich dachte, sind die gar nicht. Aber diese andere Methode, von der sie spricht: Vielleicht stecken sie mir Rasierklingen in den Mund oder lassen mich Vitaminmilch voll ekligem Zeug schlucken... Nein! Das können sie nicht machen! Ich werde abwarten.

Gestern abend, als ich zur Toilette ging, ist mir ein großes blondes, leichenhaft aussehendes Mädchen begegnet, das wie durch einen Nebel ging, mit hängenden Armen, die Augen ins Leere gerichtet. Warum ist sie so, was haben sie ihr angetan? Die Schwester begleitete mich, die vom Nachtdienst ist mißtrauischer als die vom Frühdienst, ich habe sie nach dem Mädchen gefragt. Sie hat die Achseln gezuckt! Also, Sie könnten wenigstens höflich sein und mir antworten, ich habe Ihnen nichts getan, ich springe Sie nicht an wie diese schwachsinnigen Zwillinge, ich mache nicht ins Bett, ich stehle Ihnen nicht Ihren Nachttisch, ich biete Ihnen sogar freundlich meinen an. Oder ist es ein Berufsgeheimnis? Haben Sie Angst, daß das meine Heilung beeinträchtigt? Ach, wissen Sie, da sie sowieso aussichtslos ist, riskieren Sie nicht viel. Wollen Sie nicht einmal, daß ich mich bilde? Von intellektueller Arbeit magert man zweifellos ab? Wenn ich an diesen Lügner von Psychiater denke, der sagte: »Mach dir keine Gedanken wegen der Schule, es gibt dort Lehrer!«

»Ich geh mich um die Zwillinge kümmern, ich laß dich allein, ich vertraue dir, ja?«

Ist das wieder eine List? Zwischen zwei trübe aussehenden Waschbecken bin ich dem kleinen Mädchen begegnet, das mich, hinter einem Wandschirm verborgen, ansieht. Drei Spiegel weiter wäscht sich die Algerierin, wobei sie den neuesten Schlager der Hitparade trällert. Wie kann sie nur singen, ist es ihr egal, hier eingesperrt zu sein? Gefällt es ihr?

»Bist *du* die, die nicht ißt? Das ist ein Fehler, weißt du!«

Das Waschbecken ist schmutzig. An der Wand erblicke ich eine

Spinne. Zum Gefängnis fehlen nur noch die Doppeltüren und die Riegel. Sie kriegen mich nicht, ich lasse mich nicht einwickeln. Sie wartet darauf, daß ich meinen Schlafanzug ausziehe. Hast du nicht gesehen, wie ich aussehe? Ich schaffe es gerade, mich hierher zu schleppen, du glaubst doch nicht, daß ich mich von Kopf bis Fuß wasche? Du bist verrückt, ich würde zusammenbrechen ... auf die kalten Fliesen.

Man kann die Toiletten nicht abschließen. Es gibt Schaben und eine Menge anderer niedlicher Tierchen. Das Oberlicht ist vergittert, man sieht ein Stück Himmel. Plötzlich wird mir sehr schlecht, ich kriege keine Luft. Ein Krampf, der von der Kehle ausgeht und mitten im Bauch aufhört, ich werde es nie schaffen, bis in mein Zimmer zurückzukommen ... Noch ein paar Schritte und du bist wieder in deinem Gefängnis, komm, du schaffst es schon. Ja, es gefällt dir, aber mach dir keine Sorgen, du kannst es noch lange genug genießen, so bald verläßt du es nicht! In zwei Tagen kenne ich die Marter, die sie für mich vorbereitet haben, dann kann ich meine Verteidigung organisieren. Ich bin lächerlich. Ich muß über mich lachen, aber ich will nicht, daß sie mich kriegen! Niemand kommt gegen mich an!

Ich weiß die Uhrzeit nicht. Was bedeutet sie schon? Hier zählen die Tage nicht, sie nehmen einem die Zeit, wie sie einem den Körper nehmen. Man hat nichts zu sagen, man hat nur das Recht zu dulden. Ich weine nicht mehr. Ich habe den Eindruck, es nie mehr zu können, meine Augen bleiben trocken, mein Körper hat keine Tränen mehr. Das ist schade, die Tränen sind warm, verständnisvoll, sie trösten.

Ich kann auch nicht mehr träumen, die Wand ist zu aggressiv, zu gegenwärtig.

Ich habe nur meine Gedanken, die ich in alle Richtungen drehen und wenden kann. Ich sehe meine Seidenhaut verbrennen, die oberste, eine meiner falschen Häute, eine von denen, die meine eigentliche Sensibilität verbergen. Und ich empfinde nichts. Vielleicht ein bißchen Genugtuung.

Ich werde nie wieder dieses überflüssige und falsche Mitleid haben, wenn ich verrückte Kinder sehe. Sie brauchen mein Mitleid nicht, denn sie sind die Intelligenteren, die Stärkeren, sie werden am Ende gewinnen. Sie machen mir Angst. Es ist fast so etwas wie Abscheu, was ich empfinde, wenn ich ihnen

begegne. Wieder so eine dumme Nachwirkung meiner ver-
pfuschten Erziehung. Ich würde sie am liebsten zerstören, ich
wünschte, sie existierten nicht. Sie sind allen überlegen, sie
haben es verstanden, die Welt zurückzuweisen. Sie haben sich
nichts vorgemacht, sie allein besitzen eine Art Glück. Und
wenn sie einen mit ihren schrecklichen Augen ansehen, ist es
das, was sie schreien ... und niemand kann sie verstehen, denn
sie haben es so beschlossen. Ihr Universum soll nicht geschän-
det werden, ein privater Bereich, der nur ihnen gehört. Neben
ihnen fühle ich mich dumm und lächerlich, ihre Intelligenz und
ihr Geheimnis erschrecken mich.

Zwei Tage später glaubte ich, einen Sieg davongetragen zu
haben. Sie ließen den Schlüssel in einer Schublade liegen,
gaben mir meine Kleider und meine Bücher wieder, erlaubten
mir, in die Säle zu den anderen Kindern zu gehen. In meiner
dummen und krankhaften Verschrecktheit machte ich von
dieser Erlaubnis keinen Gebrauch. Ich habe übrigens schon
immer die Anwesenheit anderer nur schwer ertragen, ich bin
verliebt in die Einsamkeit, ist das in Wirklichkeit Stolz,
Anmaßung? Bestimmt. Ich bleibe mit mir allein, ich habe nur
meine Gedanken, meine Ideen ... Auch Bequemlichkeit: Niemand kann einem widersprechen. Und Feigheit: Niemand, mit
dem man sich schlagen könnte. Damit ich mir das nicht alles
vorzuwerfen brauchte, bin ich in die Bibliothek gegangen, um
mir Bücher auszusuchen und vor allem um die Kinder zu
beobachten, was man mir ohne weiteres angeboten hatte.
Das Spielzimmer war schmutzig, wie übrigens alles hier, mit
einem einfachen Tisch und Zeichnungen, die an die Wand
geheftet waren. Neben der Tür saß ein dickes brünettes
Mädchen mit kurzen Haaren auf seinem Stuhl und schaukelte
vor und zurück. *Sie* war es, die am Tag, als ich herkam, das
geblümte Kleid anhatte. Sie streichelte sich die Brüste mit
ihren Händen, die sie ab und zu mit Spucke einrieb. Ich tat so,
als sei ich nicht schockiert, weil niemand sie beachtete, alles
schien normal. Das kleine Mädchen mit den blauen Augen
weinte, weil es ihr nicht gelang, die Glasperlen aufzufädeln,
und die Algerierin versuchte sie zu trösten, indem sie ihr
zeigte, wie es ging, aber das Geschrei wurde noch lauter.
Daneben saß ein anderes kleines Mädchen mit einem entstell-
ten Gesicht, ich hatte sie noch nie gesehen. Als sie aufstand,

bemerkte ich, daß sie orthopädische Schuhe trug und hinkte. Die Zwillinge vergnügten sich in einer Ecke mit Fratzenschneiden, sie trugen Windeln, von denen sie sich vergeblich zu befreien versuchten. Isabelle rang die Hände, sie stand da, ängstlich und furchterregend, ich schaffte es nicht, sie anzusehen, sie machte mir Angst.

Die Erzieherin erklärte einem großen Mädchen, wie man Marionetten macht. Anscheinend verstand sie, sie antwortete mit komplizierten und sogar spitzfindigen Sätzen. Warum war sie wohl hier? Eine andere schnitt sich die Fingernägel, sie war stark geschminkt, sehr gut angezogen. Bücher lagen herum, ausschließlich Comtesse de Ségur und Jules Verne. Ich bin in mein Zimmer zurückgegangen und habe mich in *Sophiens Leiden* gestürzt, bis ich die Augen nicht mehr offenhalten konnte.

Die Schwestern sträubten sich gegen diese neue Behandlungsmethode, ich saß immer noch mit gesenktem Kopf vor dem Teller und gab mir weder Mühe, freundlicher zu werden noch irgendeinen Bissen herunterzuschlucken.

Ich nahm die Gabel und wählte das kleinste Stück Fleisch, sie regten sich auf, und ich weinte. Ich blieb bei meinen Büchern, aber sogar sie bedeuteten mir nichts mehr.

Merkst du denn nicht, du Idiotin, daß du vor Unglück und Hunger stirbst. Aber man wird dich auf der Kippe lassen, so daß du leidest, dich aber nicht umbringst. Sie amüsieren sich, und du machst ihr Spiel mit! Das trifft nur dich, niemand anders als du ist eingesperrt, niemand anders lebt bei den Verrückten. Eingekeilt zwischen den Sätzen von Kapitän Nemo und denen der Comtesse, geborene Rostoptschin, entkräftet, schluckte ich mit meinen Worten, meinem Schweigen und meiner Einsamkeit, ohne es zu zeigen, diese Wut gegen mich selbst.

Jede Woche einmal kam meine Mutter in die Klinik. Sie ging einige Meter von mir entfernt, hinter der Mauer, an mir vorbei, lieferte Sachen und Bücher für mich ab und ging mit den einunddreißig Kilo in ihrer Tasche wieder weg. Um jedem Versuch zuvorzukommen – der in meinem Fall überhaupt nicht eintreten konnte –, trat plötzlich eine Krankenschwester in mein Zimmer und erzählte mir von den herrlichen Ferien, die sie verbracht hatte, und so lief keine von uns Gefahr, der anderen zu begegnen. Über ihre Vorsichtsmaßnahmen konnte

man nur lachen: Sie war wirklich die letzte, die ich sehen wollte, sie, die sagte: »Ich werde nicht nachgeben.«
Sie, die sagte: »Willst du mich krank machen?«
Sie, die sagte: »Du siehst wohl ein, daß du nicht hierbleiben kannst.«
Und *sie* soll die Belohnung für meine vier Kilo sein! Stellen Sie sich das vor!

Eine Mathematiklehrerin besuchte mich manchmal, aber sie durfte mich nicht unterrichten. Sie mochte etwa fünfundvierzig sein, ich ordnete sie nicht dem geächteten Personenkreis zu. Ich wußte, daß sie das, worüber wir gesprochen hatten, nicht dem Arzt weitererzählen ging. Ich wußte, daß sie nur meinetwegen vorbeikam und daß sie der Krankenschwester den Grund ihres Kommens nicht anvertraute. Sie war die einzige Person, zu der ich sozusagen ›normale‹ Beziehungen hatte.
Die Schwestern versuchten nicht einmal mehr, mich zum Essen zu überreden, nur manchmal warfen sie Bemerkungen hin, die hinterhältig gemeint waren: »Es ist schön hier, es gefällt dir wohl. Du liest? Du könntest zu den anderen in die Werkstatt gehen, wenn du wolltest. Du wirst nicht so bald entlassen, das sage ich dir, aber das stört dich scheint's nicht sehr?«
Da ich so verstockt schwieg, kam die Ärztin selten zu mir und machte mir keinen Vorwurf wegen des berüchtigten Gewichts. Du hast, was du willst, sie lassen dich in Frieden! Ja, aber sie lassen dich nicht hinaus!
Ich nahm es mir selbst furchtbar übel, so zu handeln, wie ich es tat, ich beschimpfte mich mit allen möglichen denkbaren Namen, wenn das Tablett kam und eine Stimme in mir sagte: »Du ißt das nicht!« Aber diese war stärker als die andere, die mir wiederholte: »Du willst also nicht entlassen werden, es gefällt dir wohl hier, du bist prima, du wirst dein ganzes Leben bei den Verrückten verbringen, und das alles, weil du nicht essen willst, und dann wirst du schnell wirklich verrückt!« Am Ende hörte ich nur auf eine, die stärkere Stimme, um diesem unerträglichen Dilemma zu entgehen.
Sie hatten mich durch endlose Korridore geschleppt: Blutabnahmen, Röntgen der Lungen, Fotografien, psychoanalytische Analysen. Sie bohrten eine Spritze in den linken Arm, und die Blutstropfen fielen in ein Röhrchen ... Sie mußten auf die

Vene drücken, damit das bißchen Blut, das ich noch hatte, herauskam. »Du brauchst nicht zu wissen, warum wir das machen!« Das Röntgengerät war eiskalt, als sie mich mit nacktem Oberkörper dagegendrückten.

Wenn ich mit benebeltem Kopf zwischen meinen beiden Wärtern zurückging, begegnete ich den Erwachsenen aus der psychiatrischen Abteilung... Die ersten Male konnte ich meine Augen nicht von ihren Entstellungen, von ihrer Mimik losreißen... dann wandte ich instinktiv die Augen ab, als könnten sie ihren Wahnsinn auf mich übertragen.

Der Fotograf drückte einen gegen eine weiße Wand und schoß einem Salven von Blitzlichtern in die Augen. Der Eindruck, den ich dabei empfand, hatte mich vor Entsetzen und vor Lust erstarren lassen: Er führte mich vor das Erschießungskommando, mit seinem Revolver in der Hand, in einer Sekunde würde ich nicht mehr existieren.

Da mich der Blitz so geblendet hatte, blieb ich zum großen Entsetzen des Fotografen halb ohnmächtig auf dem Boden liegen.

Ich amüsierte mich über ihre blödsinnigen psychoanalytischen Untersuchungen. Man brachte mich in ein kleines Büro in den geheimen Stockwerken dieser labyrinthischen Anstalt und überließ mich einer dieser Frauen, die versuchen, den Männern ähnlich zu sehen, und einen für ein sechsjähriges Kind halten.

»Ich stelle Fragen, du antwortest, was du willst, einverstanden? Weißt du, was Hieroglyphen sind?«

Für was hält die mich? Nur weil viele ›H‹ und ›Y‹ vorkommen, soll mich das Wort wohl abschrecken! Ich mache Sie freundlich darauf aufmerksam, daß das zum Geschichtsstoff der Sexta gehört und daß ich in der Quarta sein müßte, wenn diese Idioten mich nicht in diesem Bordell eingesperrt hätten.

Sie holt ihre kleinen ›Fragebogen‹ heraus, die so schnell wie möglich beantwortet werden müssen. Sie setzt ihre Brille wieder auf und nimmt die zweite Serie von Blättern, die die Antworten überprüfen. Sie begutachtet ihr Make-up in ihrem Taschenspiegel und greift nach der dritten Serie von Blättern, die mit den Punkten.

»Paul gibt Pierre drei Francs, doch Pierre schuldet seiner Mama fünf, wieviel muß er aus seinem Sparschwein nehmen?«

»Auf dem Tisch sind zehn Würfel, Stéphanie nimmt vier und

Véronique zwei. Aber die Jungen stehlen sie ihr. Stéphanie
stellt zwei zurück und François einen. Wieviel sind da?«
»Gut, jetzt sag mir, woran du bei diesen Fotos denkst?«
Bilder von Kreisen und Stäben, nein, Frau Doktor, ich lasse
mich nicht hereinlegen, ich habe keine Lust, daß Sie in meinen
Lebenslauf ›Sexbesessene‹ schreiben. Ich weiß auch, daß man
nicht zu dicke Wurzeln an die Bäume malen darf: Aggressivität; nicht zu viele Früchte: Strebertum; nicht zu viele Blüten:
Romantik; nicht zu oft Personen in den Bildern erkennen soll,
niemals Blut; kurz: sich auf nichts einlassen. Und außerdem,
wissen Sie, bin ich nicht mehr in dem Alter, in dem man mit
gezeichneten oder gemalten Würfeln spielt ...

Seit drei Wochen war ich jetzt hier, es war also Ende Septem-
ber. Wenn ich zu lächeln versuchte, rissen meine Lippen auf,
meine Augen waren trocken wie mein ganzer übriger Körper,
hoffnungslos trocken, ich mied die Flure und fragte nur
manchmal die Vorbeikommenden: »Was hast du?« Auswei-
chende Antworten. Was mich schockierte war, daß man Leute,
die sich anscheinend normal verhalten, in die Anstalt steckt.
Dieses große junge Mädchen zum Beispiel sah ich oft lernen,
mit seinen sämtlichen Schulbüchern, Büchern der Oberprima,
und nichts an ihr erstaunte mich, außer der Tatsache natürlich,
daß sie nicht im geringsten über ihre Einweisung verstört oder
verärgert zu sein schien. Ihr Zimmer lag nahe bei meinem, aber
ihre Behandlung erforderte keine Isolierung, und sie konnte
ungehindert ein und aus gehen. Ihr Wunsch, dieses trostlose
Krankenhauszimmer zu verändern, überraschte mich. Auf
mich wirkte das noch schmerzlicher: diese Zeichnungen auf
weißem Untergrund, diese Gegenstände, die aus einem Vor-
stadt-Bungalow stammten. Ungewöhnlich diese Blumen, ja
gut, sehr schön, aber nicht auf diesem eisernen Nachttisch.
Sollen sie ihn doch so behalten, wie sie ihn geschaffen haben,
ihren dreckigen Bereich, sie möchten vielleicht auch, daß man
sich anpaßt, daß man sich eingewöhnt, daß man sie nett
findet ...
Von ihrem Fenster aus konnte man den Hof sehen. Ähnlich wie
ein Schulhof, Kastanienbäume, Bänke, oh, stimmt, es ist
Herbst, die Blätter haben hübsche Farben. Wenn ich die Bäume
wäre, würde ich absichtlich sehr häßlich werden ... Ein Schulhof, außer daß seine Zäune stabiler und höher waren.

Dieses Haus war eingeschossig. Wenn man wenigstens die Fenster öffnen könnte ... aber die Luft kommt nur durch die oberste Luke herein. Also muß ich etwas anderes finden.

Sie hat mir von ihren Eltern erzählt, von ihrem Freund, von der Schule. Ich wartete auf den Grund für ihre Verurteilung: ihr Verbrechen. Sie sprach von einer ›Dummheit‹ und ging nicht weiter darauf ein, vergaß alles, um mir ›ihr‹ Zimmer zu beschreiben, das richtige.

Erschreckend, unmenschlich, ungerecht, ich kenne viele Leute draußen, die ›unnormaler‹ sind als sie. Sie müssen ihr Aufputschmittel geben, daß sie nichts merkt, anders ist es nicht möglich. Sie hat keinen leeren Blick, ist weder zu dick noch zu mager, sie ist nicht aggressiv ... Vielleicht bekommt sie Anfälle ...

Von mir konnte man nicht verlangen, daß ich die Symptome von Geisteskranken kenne ... Für mich war ein Verrückter eine erschreckende Person, die sich nach allen Seiten verrenkt und eingesperrt werden muß, damit sie niemanden anfällt und ihre aufgestaute Kraft nicht gebraucht; das war auch jemand, der sich seines Zustands überhaupt nicht bewußt ist. Ein Verrückter eben, verstehen Sie, ein Verrückter! Abfall, eine von Elektroschocks und jetzt von ›Beruhigungsmitteln‹ vernichtete Larve. So beschreibt man sie doch, nicht wahr? »Mama, was ist in dieser Klinik?« Und dann werden die Missetaten dieser Leute, die ›auf Kosten der Gesellschaft leben‹, vor einem ausgebreitet. Da sie sich verpflichtet fühlen, so zu tun, als seien sie nachsichtig, suchen sie den heuchlerischen, zuckersüßesten Satz aus: »Weißt du, sie sind unglücklich, aber man kann nichts dagegen tun, man versucht sie zu pflegen.«

Hält man sie etwa für glücklich?

»Selbstverständlich. Morgens stehe ich um sieben auf, um ins Büro zu gehen, dort tippe ich ein bißchen, um den Anschein von Arbeit zu erwecken, dann tausche ich mit meinen Freundinnen Rezepte und Vertraulichkeiten aus, mittags gehen wir uns in den Boutiquen Kleider anschauen, die wir uns nie werden leisten können, nachmittags pflegen wir unsere Fingernägel, und abends kümmern wir uns um unsere kleine Familie ...«

Das ist ein sanfter, angesehener, harmloser Wahnsinn, sie werden nicht eingesperrt.

Ich komme in mein Zimmer zurück, durchgeschüttelt wie ein alter Birnbaum, der keinen Windstoß verträgt. Von welchem Übel werde ich wohl angesteckt, wenn ich in diesem Irrenhaus bleibe? Es ist eigenartig, daß ich nicht zugeben will, daß auch ich abgestempelt, in die schwarze Liste eingetragen bin. Und mein Verhalten verschlimmert die Dinge nur: »Sie zeigt keinerlei Verlangen hinauszukommen, sie braucht demnach unsere Hilfe, sie hat Angst, sich von neuem der Welt auszusetzen. Hier fühlt sie sich geborgen. Man darf sie nicht drängen, lassen wir sie.« Es ist wirklich unmöglich, ein derart verbohrtes Hirn zu schützen! Wirst du dich denn nie damit abfinden, mit ihnen und ihrem Gift in Form von Urlaub und Ausgang? Es liegt nur an dir ... Es ist doch dumm, hier drin zu bleiben, wo es draußen so viele Dinge gibt. Aber sollen sie mich doch jetzt rauslassen, ich fühle mich wohl, sperrt man *sie* etwa ein, weil sie blonde Haare haben? Wenn man alle Mageren einsperren wollte!
Sie kriegen mich nicht.

Morgens ist jetzt eine neue Schwester da, sie ist aus dem Urlaub zurück, eine kleine, energische, autoritäre Frau. An dem Tag, als sie ankommt, ist meine zweite Haut gerade aufgeplatzt, und ich kann die Tränen nicht mehr zurückhalten, wütende, tobende, verächtliche Tränen, Schluchzer, die mich beinah ersticken.
»Na, was haben wir denn für einen großen Kummer?«
O nein! Ich kann nicht mehr atmen, das steigt hoch, der Kloß wird dicker, ich keuche, um Luft zu kriegen.
»Man hat mir gesagt, du willst nicht essen? Eigentlich solltest du in deinem Zimmer eingesperrt sein und nichts tun können. Sie sind doch nett zu dir, du könntest dir etwas Mühe geben, bevor sie weitere Maßnahmen ergreifen. Aber ich bin das gewöhnt, ich werde dich zum Essen bringen.«
Da kannst du lange warten. Wenn du meinst, es genügt, daß du da bist!
Etwas später kommt sie wieder und ertappt mich, versunken in eins meiner endlosen Bücher, Wut im Leib und Beschränktheit im Kopf. Sie wird ärgerlicher als alle anderen. Nach einer halben Stunde mit: »Noch ein Häppchen, komm, beeil dich, auf die Weise nimmst du nicht zu«, packte sie meine Hand und steckt mir die Gabel zwischen die Zähne, bis mein Mund aufgeht. Ich bewege den Kopf nach allen Seiten, und nahezu neun Zehntel des Essens landen auf dem Boden und auf ihrem Kittel. Beim

Fleisch kapituliert sie schließlich und versucht es wieder mit Sanftmut, um mich dazu zu bringen, einen ekelhaften Vanillepudding zu essen. Aber das klappt nicht mehr, ich ersticke an meiner Wut und an den schwärzlichen Brocken, die sie in mich hineingestopft hat.

»Du siehst wohl ein, daß das mit dir nicht so weitergehen kann. Am Ende steckt man dir eine Sonde in die Nase, und du kannst kein Wort dagegen sagen. Glaub mir, du erreichst nichts, wenn du das machst.«

Aber ich mach doch gar nichts!

»Du hast keine Ahnung, was deine Mama deinetwegen durchmacht. Sie muß sich sagen, meine arme, kleine Tochter . . .«

Nein! Lassen Sie mich damit in Frieden! Sie irren sich. Wollen Sie mir vielleicht auch weismachen, *sie* sei die Unglücklichere von uns. Immerhin bin *ich* bei den Verrückten! Und sie war es ja wohl, die mich hierhergebracht hat! Sie brauchte nur darüber nachzudenken!

»Weißt du, die Eltern brauchen viel Mut. Ihre Kinder hierzulassen, ohne etwas zu wissen, außer daß alles getan wird, was man kann, um sie zu heilen! Als ich kam, hab ich deine Mama getroffen, ich hab ihr deine Sachen gegeben. Wenn du sie sehen könntest, würdest du dir Mühe geben, glaub mir!«

Sie bohrt weiter. Sie hat meine Wut für Liebe gehalten. Jetzt haben also die lieben Eltern die schwerere Rolle! Wirklich, das ist genial! Sie, die sich auf liebenswürdige Weise und ohne Risiken ihrer ›Sache‹ entledigen. »Sie können mit ihr machen, was Sie wollen, Hauptsache, sie kommt mir normal zurück . . .«

Das ist es, was sie akzeptieren, wenn sie unterschreiben. Und diese Krankenschwester ist außerdem eine Lügnerin. Es war dieser Idiot von Psychiater, er hatte schon das Eingreifen der Polizei für den übernächsten Tag vorgesehen, für den Fall, daß . . . also war es nicht sie, die . . . Aber es war doch sie, weil sie mich mit Gewalt zu diesem verrückten Psychiater geschleppt hat . . .

Ich werfe ihr einen wütenden Blick zu: »Du wirst auch nie irgend etwas kapieren!« Natürlich wird meine Reaktion falsch interpretiert:

»Würdest du deine Mama nicht gerne sehen?«

Ich schluchzte wie ein Todeskandidat, dem man mitteilt, daß er nur noch zwei Monate zu leben hat.

»Ich mag dich gern, ich werde dir einen Gefallen tun. Ich bin die

Oberschwester. Ich werde die Ärztin bitten, daß sie dir erlauben, deine Mutter zu sehen. Vielleicht wird das die Schranke durchbrechen. Aber wenn es nicht klappt, wird man dich einsperren. Du siehst wohl ein, daß wir dazu gezwungen sind. Komm, iß diesen Pudding, beeil dich. Wirklich, es nützt nichts, freundlich zu dir zu sein.«

Sie schnappt den Löffel und kratzt den Schmelz meiner Zähne auf. Dreckige Reaktionärin! Du läßt meine Mutter kommen, und obendrein hältst du meinen Kopf fest und stopfst mir dieses ekelhafte Zeug bis hinten in den Rachen! Sie hat mich auf dem Bett liegen lassen: erstickt, verstört, zum Angriff bereit. Ihre Worte klangen ununterbrochen in mir nach, dabei hatte ich geglaubt, kaum zugehört zu haben. Ich wußte nichts mehr, außer daß ich dabei war, mich kriegen zu lassen...

Nein!

Sie hatte es geschafft, die dritte Haut aufplatzen zu lassen. Es wollte nicht aufhören, faulig zu eitern, immer heftiger. Nein, ich will an nichts denken, ich warte, sie werden den Grund für dieses Mißverständnis schon noch entdecken. Es ist unmöglich, besser denkt man gar nicht daran. Aber wie? Die Wand hat alles auf ihren Anstrich geschrieben, das springt mir in die Augen, ins Herz, bis unter die Fingernägel...

Die Vergünstigung, Besuch zu bekommen, war bei fünfunddreißig Kilo festgesetzt. Eines Tages werden sie mir, um ihre Niederlage zu vertuschen, einen ›Urlaub‹ ankündigen, für ein Wochenende, und dann werden sie mich nie wiedersehen! Ich werde mich davonmachen, werde mich umbringen, aber auf eine sichere Art, sonst lande ich wieder hier, mit zwei Verbrechen. Sie sind leider blöd genug, das zu tun!

»Na komm, wein nicht, es war nur zu deinem Besten, daß ich dich gezwungen habe. Du bist mir doch nicht böse?«

Hört euch das an! Ich würde Sie töten, wenn ich könnte!

»Du wirst sehen, wenn du dich einmal dazu entschlossen hast, geht's ganz schnell. Ich bin dir auch nicht böse. Ich weiß, daß es nicht deine Schuld ist, daß du nicht kannst, also helfen wir dir, wir wollen dich nicht sterben lassen. Verstehst du? Komm, wisch deine Tränen ab... Du könntest wenigstens mit mir reden...«

»Warum hat man mich hier reingesteckt, ich bin nicht verrückt!«

»Du weißt genau, daß du zu Hause nicht gegessen hättest. Und außerdem kennen sich die Eltern nicht aus, sie tun nicht das Richtige.«

»Aber Sie, Sie tun das Richtige, Sie sperren die Leute ein, als ob sie Verbrechen begangen hätten!«

»Sei nicht so verbohrt. Du weißt genausogut wie wir, daß das die einzige Möglichkeit ist. Du kannst nicht so weitermachen, das weißt du ganz genau. Du kannst nichts mehr machen, dein Gehirn verkümmert, das, was du gelernt hast, und alles... du willst doch nicht, daß das kaputtgeht? Du lernst gut, da bin ich sicher. Also hast du keinen Grund, unglücklich zu sein. Du hast sie ja gesehen, alle diese Kinder im Flur. Du könntest auch sein wie sie... Du hast selbst krank werden wollen. *Sie* können nichts dafür, wenn sie könnten, würden sie alles tun, um rauszukommen. Aber die meisten sind unheilbar. Du dagegen hast alle Chancen, und du läßt sie fallen wie alte Fetzen. Du willst doch nicht dein ganzes Leben in dieser Klinik bleiben? Also, du weißt, was du zu tun hast, nicht? Und sei nicht knauserig, du mußt dreimal soviele Bissen essen, neun Kilo, das ist viel.«

»Das schaff ich nie.«

»Versuch's wenigstens. Weißt du, am Anfang sagen sie alle dasselbe wie du, und nach einem Monat werden sie entlassen.«

Die hier, die kriegt mich. Sie versucht mir zu helfen, sie läßt mich nicht fallen, und ich, was denke ich? Du bist blöd, wirklich blöd, was suchst du denn? Willst du dich bemitleiden lassen oder was? Nein, es stimmt nicht, du willst gar nicht, daß man dich in Frieden läßt. Der Beweis: Sie, die mit dir nicht wie mit einer Verrückten geredet hat, verabscheust du nicht ganz und gar. Und dabei hat sie dir die Zähne geschrammt! Was willst du denn eigentlich, verdammt noch mal! Dein Leben in einer Anstalt beenden?

»Ich geh jetzt. Morgen red ich mit den Ärzten wegen deiner Mutter. Ich hoffe, daß du heute abend ißt. Weißt du, alle verzweifeln an dir. Niemand weiß mehr, was man tun könnte.«

An jenem Abend habe ich nicht gegessen. Ich fühlte mich gräßlich schuldig. Das war genau das, was sie wollten. Sie sperren einen ein, und man selbst ist im Unrecht.

Meine Wut war vergangen. Ich begann mir Fragen zu stellen über mein Verhalten, über meine Verweigerung und vor allem über diese Worte, die zeitweise meinen Haß auf *sie* abkühlten

und den gegen *mich* wiederanfachten. Mein Geisteszustand
war völlig verändert. Suchte ich in Wirklichkeit jemanden, der
sich um meinen Körper bemühte? Wollte ich mich nicht selbst
›darum‹ bemühen? Wartete ich auf die Diagnose meiner
geistigen Verfassung? Wenn sie mich für verrückt halten,
werden sie mich behalten, ob ich nun esse oder nicht ... Ja, sie
hatte das Richtige gesagt, sie hatte meine Intelligenz bestätigt,
ohne daß ich überhaupt mit ihr gesprochen hatte, während ich
mich doch wie eine perfekte Idiotin aufgeführt hatte. Sie hatte
selbstverständlich den berüchtigten Bericht gelesen. Zweifellos
hält sie allen den gleichen Vortrag, allen diesen abgezehrten
Mädchen, die eigensinnig den Kopf über ihre Teller senken?
Die sind doch alle gleich! Lauter Verräter! Auf jeden Fall bist
du nur eine Idiotin!
Als ich durch den Korridor ging, beobachtete ich die ›verrückten Kinder‹. Isabelle spazierte mit einer Unterhose in der Hand
herum und weinte, weil niemand sie ihr waschen wollte. Man
hörte die Schreie eines kleinen Mädchens, das ins Kabuff
eingesperrt war, ein anderes war auf dem Fliesenboden eingeschlafen. Warum verachte ich sie? Ich verstehe sie nicht, ich
kann nicht, vielleicht deswegen, ich kenne sie nicht, ich will sie
nicht kennen.
Ich möchte, daß die anderen, die man eingesperrt hat, mir
gegenüber reagierten wie ich auf sie. Warum entschließe ich
mich nicht? Ich habe keine andere Wahl, ich weiß, daß das die
einzige Möglichkeit ist, aus diesem Gefängnis herauszukommen. Aber worauf warte ich? Worauf warte ich?

Um zehn Uhr gehen alle Lichter aus, außer den Nachtlämp-
chen. Die Nachtschwester kommt jede halbe oder ganze Stunde
vorbei. Um acht Uhr morgens schreckt mich der Wagen für die
Schmutzwäsche aus meinem reglosen Schlaf.
»Na, du hast gestern abend nichts gegessen? Es ist eingetragen.
Nichts. Du übertreibst, weißt du. In einer Viertelstunde bringe
ich dir dein Frühstück.«
Sag mal, willst du dich noch lange auf diese Weise amüsieren?
Ich verabscheue dich, dreckige Göre! Du bist nichts als eine
dreckige Göre!
Ich höre die anderen Kinder in den Speisesaal rennen.
Eine riesige Tasse mit zu stark gesüßtem Kaffee, Butterbrote.
Du wirst sie essen, dreckige Göre. Sag nicht, sie seien widerlich,

du hast sie nicht einmal probiert. Und außerdem ist bei dir alles widerlich. Obendrein lügst du. Du hast keinen Hunger, daß ich nicht lache, seit Monaten hast du nichts gegessen! Und augenblicklich ernährst du dich von deinem Schmerz, nun, der schmeckt natürlich nicht sehr gut. Nimm das Brot! Atme nicht, sonst findest du wieder eine Ausrede. Wenn du den Geruch nicht riechst, geht's schnell... Mein Magen dreht sich um, Achtung, es ist vorbei. Ich lege das Brot hin und nippe am Kaffee. Du bist wirklich doof! Versuch's noch einmal, Scheiße, so schwer ist das doch nicht! Gib zu, daß es zum Lachen ist, oder? Nicht mehr essen zu können! Achtung. Ich atme nicht. Ich nehme das Brot fest in die Hand. Ich sehe es nicht an. Ich öffne den Mund. Ich schiebe soviel ich kann hinein. Zuviel, das reißt mir die Kehle auf, das drängt in die Speiseröhre, das erstickt mich. Scheiße, ich will nicht!

Also! Ach, ich rege Sie auf! Ich verstehe Sie.

Es gelingt ihr, den Arzt zu überreden. Um elf Uhr kommt eine ganz komische Frau mit einem breiten, erstarrten Lächeln herein und sagt:

»Nun, mein Liebling, wie geht's?«

Sie möchte vielleicht, daß ich ihr antworte, die ›Pension‹ hier sei ganz nach meinem Geschmack? Bin ich gemein? Nicht so gemein wie sie. Mit einem überglücklichen Ausdruck schaut sie mich an, als hätte sie mich noch nie gesehen. Was wird sie mir erzählen? Wie gemein es ist, daß ihr Anwalt es nicht geschafft hat, alle Schuld der anderen Seite zuzuschieben, daß sie sich mit einem ›beiderseitigen Verschulden‹ zufriedengeben muß? Nein, sie sagt nichts, und das ist besser. Freut sie sich, mich zu sehen? *Mich* müßte das freuen! Und ich bin meilenweit davon entfernt.

»Ich kann deinetwegen nachts nicht schlafen, weißt du. Ich mache mir Sorgen. Du machst mich auch noch krank.«

Wenn sie gekommen ist, um mir das zu sagen, kann sie gleich wieder gehen. Ich habe genug zu schaffen mit meinen eigenen Vorwürfen und brauche die der anderen nicht auch noch. Wenn ich essen würde, dann bestimmt nicht, um ihr eine Freude zu machen. Ich bin nichts als eine Heuchlerin, warum sage ich ihr nicht, was ich denke? Sie würde mir nicht glauben, sie würde den Schock dafür verantwortlich machen und mich in die Arme nehmen. Nein! Es ist leichter zu schweigen. Heuchlerin! Feigling! Du taugst wirklich nichts!

Am nächsten Tag, als keine Besserung zu beobachten war, wurde die Tür abgeschlossen, ich wurde ins Bett gelegt, und die Ärzte zogen mit ihrem Triumphlächeln im Mundwinkel an mir vorbei. Man wies mir den schwachsinnigen Arzt zu, den ich am Anfang dieses Berichts beschrieben habe. Jetzt war ich nach einem Monat des Eingesperrtseins, der Schmerzen und des Hasses genausoweit wie zuvor.

6

»Nun, wie geht's heute?«
Meine Wut war verraucht. Ich werde nicht in Schluchzen ausbrechen. Ich werde nicht schreien. *Ihnen* werde ich auch nichts sagen. Diese blöde Kuh wird in einer Viertelstunde wiederkommen, jetzt versucht ihr's also zu zweit, aber mir jagt ihr keine Angst ein!
»Wie ist es mit deiner Mutter gelaufen?«
Er hofft doch wohl nicht, daß das gut gelaufen sein könnte? Nein, ich will ihre Stimmen nicht mehr hören, nein, ich will ihnen nicht mehr antworten. Schweigt!
»Dein Vater ist in Kanada, nicht?«
Er weiß es ganz genau. Nein, ich habe gesagt, daß ich nicht zuhöre. Ich verkrieche mich unter die Bettdecke, als wäre ich sehr müde.
Ich vergnüge mich mit der Zimmerdecke, farbige Kreise, phantastische Sterne. Reden Sie nur, Herr Doktor, befreien Sie sich von Ihren Komplexen! Ich werde nicht einmal Ihre etwas zu starke Brille ansehen. Sind Sie so müde, daß Sie Ihr Kinn festhalten, Ihren Ellenbogen in die freie Hand stützen müssen? Sie müssen sich ausruhen! Richten Sie Ihren Blick nicht so starr auf mich, man hängt Ihnen sonst noch eine Neurose an, ›die ausarten kann‹. Es hat keinen Zweck, ich werde bestimmt nicht sprechen, außerdem stellen Sie sich zu ungeschickt an.
»Du findest es hier gar nicht so übel, oder?«
»Schaust du dich oft im Spiegel an?«
»Als du klein warst, hast du da mit Autos oder mit Puppen gespielt?«
Ich weiß, daß Sie sie beweisen wollen, Ihre ›Verweigerung der Weiblichkeit‹, aber trotzdem! Meinen Sie nicht, daß Sie ein bißchen plump vorgehen?

Die Tür geht auf, drohend erscheint das ›Pferd‹. Sie sagen sich liebenswürdig guten Tag, der Assistenzarzt verbeugt sich vor der Klinikchefin. Da ich nicht an dem Gespräch teilnehmen will, unterhalten sie sich untereinander. Dafür hätten sie sich einen anderen Ort als ein Krankenzimmer aussuchen können! Aber wissen Sie, diese Leute haben keinerlei Skrupel.

»In einer Woche kommt sie wohl an die Sonde, wenn sie nicht zunimmt?«

»Ja, man muß ihr das begreiflich machen. Es gefällt ihr hier zu gut. Also müssen wir etwas rücksichtsloser vorgehen, damit sie Lust bekommt zu gehen.«

»Warum versteift sie sich Ihrer Meinung nach nur auf ihre Schweigsamkeit?«

»Antworte deinem Arzt, ich werde böse, wenn du nicht anwortest.«

»An mich hat er die Frage nicht gerichtet. Außerdem will ich Ihre Unterhaltung nicht stören, und ich will mich nicht mit Ihrem Gefängnisdirektorstolz messen, er erdrückt jeden. Natürlich, *Sie* haben ja die Schlüssel.«

Ich hatte meinen kleinen Satz gut vorbereitet, eine armselige Rache, ich bin mir bewußt, wie nutzlos es ist. Die Klinikchefin beginnt sich ernstlich aufzuregen.

»Antworte jetzt, ich sage dir, du sollst antworten. Gut, fangen wir noch mal von vorn an. Weißt du, warum du das getan hast?«

»Nein.«

»Hattest du Probleme mit deiner Familie?«

»Nein.«

»Wie hast du reagiert, als dein Vater nach Kanada gegangen ist?«

Schweigen.

»Antworte! Hast du darunter gelitten?«

»Nein.«

»Was hat deine Mutter gemacht?«

»Nichts.«

»Dein Bruder ist mitgefahren? Wärst du nicht gern an seiner Stelle gewesen?«

»Nein.«

»Hat es dir was ausgemacht, daß deine Mutter die Scheidung eingereicht hat?«

»Nein.«

»Hast du deinen Vater geliebt?«

»Nein.«

Ist das ein Polizeiverhör oder was? Was macht das aus, ob ich antworte oder nicht, sollen sie doch in ihren Bericht schreiben, was sie wollen. Sie sind einfach lächerlich mit ihren Fragen.

»Was geht Sie das an, interessieren Sie sich für meinen Vater, ich kenne ihn kaum, und außerdem will ich nicht mit Ihnen sprechen. Sie stellen dumme Fragen, mit überlegener Miene, ich will Ihnen nicht antworten.«

Diese Leute begreifen nicht so schnell, sie machen weiter.

»Hattest du Freunde?«

. . .

»Hattest du einen Freund?«

. . .

»Hast du oft mit anderen geredet?«

. . .

»Du findest diese Fragen dumm? Sag wenigstens, warum. Mit Schweigen kann man sich nicht verständlich machen.«

Idioten gegenüber auch nicht, jedenfalls mag ich Ihre Visage nicht!

»Wir wollen dir helfen, das ist alles. Es ist wichtig zu wissen, was vorgefallen ist, bevor du krank wurdest.«

Jetzt ist die freundliche Tour dran, man muß alles ausprobieren, nicht wahr?

»Dann kann ich dir auch nicht helfen. Red halt nicht, aber iß. Wenn ich nächste Woche wiederkomme, weißt du, was dich erwartet.«

Ihres Sieges gewiß, haben sie mich vernichtet und weinend auf meinem Krankenhausbett liegen lassen. Was kann ich jetzt tun? Soll ich sie mit ihren ›Beruhigungs‹-Spritzen und ihrer Nasensonde antanzen lassen? Nein! Ich brauche sie nur zu fressen, ihre dreckigen Mahlzeiten für hartgesottene Kriminelle! Ich brauche nur diese Form des Selbstmords zu akzeptieren, ich brauche nur ihr Gift zu schlucken, das ›Leben, Freude, Entlassung‹ schenkt!

Ich räche mich, wenn ich erst einmal draußen bin. Was nützen ihre Methoden, man kann die Leute nicht daran hindern, sich umzubringen! Ich werde sie kriegen. Ich werde herauskommen, und dann werdet Ihr was erleben. Zuerst einmal muß ich lernen zu heucheln, sie zu belügen, zu simulieren. Wenn ich

erst einmal draußen bin, kann ich entwischen, wieder anfangen...
Nein!

Die Schwester mit den grünen Augen hat den Schlüssel im
Schloß herumgedreht. Sie erscheint hinter ihrem Tablett.
»Das Mittagessen! Na, hast du mit den Ärzten gesprochen?«
Schweigen. Ich darf aufstehen, um zu essen. Sie ist glücklich,
mich leiden zu sehen. Sie haben ihren armseligen Spaß beim
Anblick von so viel Ekel.
Ich habe hastig geatmet, ich habe die gegenüberliegende Wand
angestarrt und mühsam versucht zu kauen, zu schlucken...
Jedes Krümelchen scheuerte mir die Kehle auf wie eine ge-
schärfte Messerklinge, ich mußte für ein jämmerliches Bißchen von ihrem Gift mehrmals neu ansetzen. Der verdutzte
Blick unter dem weißen Häubchen wurde siegestrunken. Allein schon wegen dieser herrisch-triumphierenden Miene hätte
ich ihr meine Bissen ins Gesicht spucken mögen. Aber nein, das
ist dumm, ich werde mich später an ihr rächen, später...
Sie ist weggegangen, versöhnt, zufrieden. Mit leichteren Händen... und hat mich vernichtet, krank zurückgelassen. Es war
zuviel, nichts rutschte hinunter. Zuviel Gift auf einmal, mein
Bauch platzt gleich, mein Magen windet sich vor Schmerz und
Ablehnung. Zum Glück hat sie nicht abgeschlossen. Um mich
zu belohnen! Ich laufe auf den Flur, meine Füße verheddern
sich, ich erreiche trotzdem den Waschraum und entlade meinen Groll, meinen Haß. Alle meine Anstrengungen haben
nichts genützt. Ich schaffe es nicht. Ich werde eingemauert,
eingesperrt bleiben wie eine Kriminelle.
Sie tröstet mich auf dumme Weise, indem sie mich ermutigt.
Ich lehne ihre tröstenden Worte ab. Stimmt, ich bin nicht stark
genug, aber sie schwächt mich noch mehr. Ich will ihr Mitleid
nicht.
»Mach dir nichts draus, das ist üblich beim ersten Mal. Laß dich
nicht entmutigen. Ich gebe zu, daß ich dir eine etwas große
Portion gegeben habe. Aber heute abend geht es schon besser,
dann übergibst du dich nicht mehr. Ich werde dir vor dem
Weggehen etwas geben, damit sich dein Magen darauf ein-
stellt. Wein nicht so, das ist nicht gut für die Nerven.«
Ich weiß nicht, wie diese Empfindung heißt, es ist nicht
wichtig, ich gebe alles auf, ich muß vergessen, sonst ertrage ich

es nie, ich muß mich verlieren, nur noch in meiner eigenen Welt existieren, das ist der Preis der Freiheit, der Preis eines Traumes. Um ihnen zu entgehen, muß ich so werden wie sie, genauso parteiisch, genauso hart, genauso unversöhnlich. Sonst schaffe ich es nie.

›Draußen‹ ist es herrlich, ich darf vor allem nicht vergessen, daran zu glauben. Vor allem das nicht, das ist das Wichtigste. Stell dir zum Beispiel vor, daß die Leute dort so sind, wie du sie dir immer erträumt hast, stell dir vor, daß dein Zuhause dir wahnsinnig gut gefällt. Daheim gibt es alle Dinge, die du liebst: Pflanzen, Perlen, gedämpftes Licht, Wärme, Vertrauen... Stell dir vor, daß es ›draußen‹ Freunde gibt, die dich gern besuchen... Nein! Sag nie, daß das nicht stimmt! Du mußt mit allem noch einmal anfangen. Also, fang an... die Leute... das Zuhause... die Freunde... und dann such dir einen Beruf aus, den verrücktesten, den liebsten, den, von dem die anderen nicht zu träumen wagen. Hast du ihn? Gut, geht es nicht schon etwas besser? Aha, siehst du wohl! Hör vor allem nicht auf, daran zu glauben. Jetzt mach die Augen auf. Schau die Wand an, und denk wieder an deinen Traum... Nun, was tust du? Ich nehme das Stück Kuchen, das meine Kerkermeisterin mir anbietet... Ein Beruf... einen Bissen... ein Erfolg... noch einen... Glück? Nein, das ist ein Köder, ich werde es nie erleben! Das macht nichts, noch einen Bissen für den Weihrauch, der in meinem Haus brennen wird, meinem eigenen...

Nein! Das ist alles falsch, das reißt mir die Kehle auf... Siehst du, du hast alles verdorben. Alles muß wieder aufgebaut werden, um mit diesem ekelhaften Stück Kuchen fertigzuwerden!

Ich mußte den ganzen Tag im Bett liegenbleiben, der Schlüssel steckte in der Tür, auf der falschen Seite natürlich, aber für sie war es die richtige. Ich konnte nichts machen, sie hatten mir die Bücher und alles, womit ich mich beschäftigen konnte, wieder weggenommen.

Nun, das ausgeklügelte Hirngespinst meines Traumes genügte mir vollauf. Er war so gut ausgedacht, daß er meine ganze Kraft und meine ganze Zeit in Anspruch nahm. Eine dumme Lösung, deren verheerende Wirksamkeit sich viel später erweisen sollte, oder vielmehr deren erschreckende Ansteckung, und zwar eine wirklich unnormale Ansteckung. Nur dachte ich nicht an später, ich dachte an alle diese alptraumhaften Bissen und an die herrliche Freiheit, die ich so sorgfältig erfunden hatte. Ich durfte vor allem nichts anderes sehen. Nicht mehr nachdenken, wenn ich diese verrückten Kinder ansah, keine Vermutungen anstellen, nicht versuchen zu begreifen, sonst würde ich nicht mehr die Kraft haben, ihre degenerierte Welt wiederzufinden. Nur dieser eine Satz: ›Draußen ist es phantastisch.‹

Am nächsten Tag brachte man mich zum Wiegen in die Säuglingsabteilung. Die supergenaue Waage dort kannte keine Launen: ein unfehlbarer Richter. Man mußte den ganzen Korridor entlanglaufen, an der Jungenabteilung vorbeigehen, einen Hof durchqueren. Wollen sie etwa, daß ich mein kostbares Gramm verliere? Ein über jeden Zweifel erhabenes Gerät! Selbstverständlich hatte ich daran gedacht zu mogeln, meine Taschen mit schweren Dingen zu füllen, und sogar daran, die Waage im letzten Moment zu ›frisieren‹. Aber die Schwestern zogen mich aus und ließen mich nicht einmal in die Nähe dieses gefürchteten Biestes kommen, außer um es mit meinem imposanten Gewicht zu zermalmen.

Gleichzeitig mit der Wut und dem Zorn hatte ich meine Energie verloren: fruchtlose, empörende Entdeckung. Von jetzt ab mußte alles einen Sinn haben, ich brauchte einen Plan, ein Ziel, einen Mythos. Ich erkannte weder die Tücke dieser Mittel noch ihre Gefährlichkeit, und außerdem, was konnte ich anderes tun? Bestimmt nicht mich der Realität stellen. Ich würde Zeit haben, darüber nachzudenken, aber natürlich erst, wenn es zu spät sein würde.

Das alles war mehr oder weniger unbewußt. Oder vielmehr – entsprechend meiner so schmerzvoll erarbeiteten Spielregel – war es das geworden. Mein Plan konnte nicht ohne dieses zeitweilige Vergessen verwirklicht werden. Ich mußte an meine Hirngespinste glauben, sonst wäre ich unweigerlich wieder in meinen Zynismus und meine Verweigerung gefallen. So erschien mir alles vollkommen. ›Draußen‹, das war eine Art Paradies, in das ich zurückkehren würde. Inzwischen konnte ich mir vorstellen, was ich wollte, werden, wer ich wollte, nach meiner Wahl, es genügte, es zu wünschen.

Als ich in meine Zelle zurückging, bemerkte ich ein rothaariges, mageres Mädchen, das von einer Krankenschwester in das gegenüberliegende Zimmer geführt wurde. Ich bedaure dich, wirklich, du hast keine Chance, ich hoffe, du stellst dich nicht stur, ißt, du mußt unbedingt essen. Es hat keinen Zweck, sich aufzulehnen, das ist nutzlos, ich sage dir, iß!

Und ich selbst? Aber ich esse doch. Was? Daß ich nicht lache! Jedenfalls hat die Waage es deutlich angezeigt: Hundert Gramm! Nein so etwas, stell dir vor! Ja, aber ich habe mich ja auch übergeben, und dann ist es erst ein Tag, also eine Mahlzeit, also ... noch ... dreißig Tage! Hundert Gramm pro Mahlzeit, dreihundert Gramm pro Tag, ein Kilo bei jedem Wiegen alle drei Tage, ungefähr ein Monat ... Wahnsinnig! Du könntest versuchen, ein bißchen schneller zu machen!

»Es ist noch eine Magersüchtige angekommen. Sie hat keine guten Aussichten, ihre Mutter ist auf der Erwachsenenstation. Man hat sie auch eingesperrt.«

Mit falscher mütterlicher Besorgnis beobachtet sie genau, was ich herunterschlucke, was ich unbewußt aussortiere, nach alter Gewohnheit ... dieses Stück nicht, nein, dieses nicht ...

»Heute ißt du alles auf. Ich will dich nicht ein Jahr lang hier versauern sehen. Das wär zu dumm. Stell dir vor, ein ganzes Schuljahr aufzuholen, du würdest sitzenbleiben! Komm, du bist doch jetzt davon überzeugt, daß nur das Gewicht dich hier herausbringen kann, daß es nichts nützt zu trödeln.«

Mein Haus zieht an meinen Augen vorbei, mein Traum erfüllt meine Gedanken, du willst ihn doch erreichen, also iß diesen Teller leer. Ich denke wieder an dieses Mädchen. In deinem Inneren hast *du* sie auch als Idiotin bezeichnet, dafür, daß sie sich verhungern läßt, sich selbst vergißt, sich so zeigt, fast unsichtbar, wesenlos ... Du bist wie sie ... Iß!

»Willst du noch einen Nachtisch? Ja? Das ist gut, du wirst sehen, das geht ganz von selbst.«

Das stärkt meinen Traum: Eine liebe Dame, die sich um mich kümmert und mir interessante Dinge erzählt. Ja, sie ist da, in meinen Hirngespinsten; übrigens ist *sie* es, die mein Entkommen möglich macht, ich bin wohl oder übel gezwungen anzuerkennen, daß ich dank ihr ... und außerdem hilft es mir standzuhalten, wenn die andere kommt, die Kuh mit den blauen Augen ... Sie wechseln sich alle zwei Tage ab. Alle zwei Sonntage.

Nach Ablauf einer Woche hatte ich ein Kilo zugenommen. Ich schwankte zwischen Verzweiflung und Willensanstrengung.

Man brachte mir zusätzliche Portionen, ermutigte mich mit einem Riegel Schokolade, opferte mir die schönsten Stücke. Ich war angewidert, wollte abwechselnd aufgeben oder mich mit mästenden Sachen vollstopfen. Ich begann die Wahrheit über meine eigenen Manipulationen, über meine Träume zu ahnen. Die Klinikchefin kam nicht mehr vorbei und erlaubte den Schwestern, mir Bücher zu geben. Aber was den Mechanismus endgültig auslöste, war die Anwesenheit der anderen Magersüchtigen, mit der ich eines Tages im Waschraum heimlich sprechen konnte.

Sie hatte gekräuselte rote Haare, eine mit Sommersprossen übersäte Haut, einen unsicheren, schleichenden und unhörbaren Gang, als wäre sie wesenlos. Es war mir vollkommen bewußt, daß ich durch sie hindurch mich selbst zu erreichen versuchte.

»Guten Tag. Ich bin auch magersüchtig. Es ist widerwärtig, was sie mit uns machen, nicht?«

»Ja, ich hab's satt.«

»Weinst du auch den ganzen Tag?«

»Ja. Es ist widerlich, man sperrt uns ein wie Kriminelle.«

»Hast du ein bißchen zugenommen?«

Ich sah einen Schimmer von Wut und Argwohn in ihren grauen Augen aufglimmen.

»Weißt du, ich bin seit fünf Wochen hier. Ich wollte nicht, daß sie mich kriegen. Und alles, was ich damit erreicht habe... ich schwöre dir, ich bin nicht auf ihrer Seite, aber du mußt essen! Das sind Arschlöcher, man kann nichts machen.«

»Ja, ich versuche zu essen, aber plötzlich, einfach so...«

Ach, ich *versuche*! Man darf nicht versuchen, man muß die Augen, das Herz verschließen und den Mund so weit wie möglich aufmachen.

»Wieviel mußt du zunehmen? Was? Dreizehn? Das ist ja schrecklich!«

Sie wog zweiunddreißig Kilo bei einer Größe von einem Meter sechzig und sollte auf fünfundvierzig kommen.

»Kommst du dich immer um diese Zeit waschen? Wir sollten uns hier wieder treffen, abends, wenn sie den anderen das Essen bringt, oder wenn es dir lieber ist, komm ich dich in deinem Zimmer besuchen, sie schließen mich nicht mehr ein, dich auch nicht? Ach, bei dir haben sie nicht den Schlüssel benützt?«

»Nein. Und morgens, um welche Zeit kommst du da? Gleich nach dem Bettenmachen? Morgens können wir uns nicht im Zimmer besuchen, da sind zu viele Leute da, Ärzte, Praktikanten, da riskieren wir, erwischt zu werden.«
»Beeil dich, geh du zuerst, ich höre ihre Absätze klappern.«
Warum sagte ich im stillen zu ihr: »Iß, nun iß doch, beeil dich!«
Das war so stark: Sie zerstörte sich, wie ich mich zerstört hatte ... Wenn ich sie sah, hätte ich es ihr zuschreien mögen, aber womit konnte ich sie erreichen? Also das war es, was sie auch empfunden hatten, wenn sie mich anflehten, einen Bissen herunterzuschlucken? Wie haben sie es ausgehalten, mich nicht zu töten? Sie haben mich sicher verachtet, mich gehaßt, mich ... Wie haben sie es ausgehalten, sich nicht stärker aufzuregen? Jetzt verstehe ich, aber ich habe einige Zeit gebraucht!

Ich sah sie durch den Korridor gehen mit ihren beiden Tabletts und ihren Pfennigabsätzen. Sie machten unerträglichen Lärm, hatten aber wenigstens den Vorteil, sie anzukündigen. Ihr lächerliches Häubchen auf dem Kopf, ihre etwas zu auffällig geschminkten Lippen, ihre entschlossene Miene.
»Endlich bist du vernünftig geworden. Du darfst demnächst ein bißchen herumspazieren, du darfst zu den anderen in die Werkstatt gehen und die Kinder kennenlernen.«
Hör nicht auf sie, hör nicht zu, denk an das, was ich denke und hör nichts! Sie darf dich nicht auf diese Weise kriegen. Du hast nichts mit dem Blödheiten zu schaffen, die sie erzählt, du willst ja nicht zu ihrem ›Vergnügen‹ hier herauskommen! Abends gab man mir Schlaftabletten, zuviel Essen und zuviel Ruhe fördern den Schlaf nicht gerade. Anfangs wollte ich sie nicht nehmen. Valium! Die stärksten! Aber schließlich konnte ich damit schlafen.
Abends war es am schrecklichsten. Wir aßen entweder früh zu Abend, gegen halb sieben, oder spät, gegen neun, je nach dem Zeitplan der Schwestern. Es wurde schnell dunkel in diesen Zimmern, die an sich schon düster waren, und das machte sie noch unheimlicher. Ich redete sooft wie möglich mit dem rothaarigen Mädchen, das sich immer noch weigerte zu essen. Es wunderte mich, daß sie nicht völlig am Boden zerstört war, so wie ich es gewesen war. Ich begriff schnell, warum.
»Hast du Lust, wieder nach Hause zu gehen? Denkst du oft an zu Hause?«

»Nein. Mein Vater trinkt andauernd, und jetzt ist nur noch er
da. Meine Mutter hat wegen diesem dreckigen Säufer nervöse
Depressionen bekommen. Wenn ich zurückkomme, schlägt er
mich, weißt du, er kann mit mir machen, was er will.«
»Gehst du in ein Internat?«
»Meine Mutter sagt, das sei zu teuer.«
»Aber . . . sie müssen etwas für dich finden . . . Sag mal, hat dein
Vater dich etwa hierhergebracht, um dich los zu sein?«
»Ein bißchen schon. Aber weißt du, eigentlich hat mich die
Polizei abgeholt, nach einer ärztlichen Untersuchung in der
Schule. Der Doktor hat mich abgehorcht und gesagt, es sei sehr
schlimm, ich müsse unbedingt sofort ins Krankenhaus. Aber
ich dachte, in ein normales Krankenhaus! Am nächsten Tag
sind sie gekommen, sie haben mich abgeführt wie eine Krimi-
nelle.«
»Wie willst du es anstellen, da rauszukommen? Bist du nicht
irgendwie motiviert?«
»Nein, aber ich will auch nicht hierbleiben.«

Auf den Joghurtbechern, den Bettüchern, den Handtüchern,
überall diese Wörter: Öffentliche Fürsorge, Krankenhäuser
von Paris.
Die Algerierin hat mir gesagt, daß sie seit ihrem fünften
Lebensjahr in dieser Anstalt lebt, daß ihre Eltern sie nicht mehr
wollen. Aber warum nur? Vielleicht gerade, weil sie verrückt
war . . . Das kleine Mädchen mit den wunderschönen Augen,
das Patricia hieß, hatte keine Eltern . . . Das andere kleine
Mädchen mit den orthopädischen Schuhen hatte, bevor es
hierherkam, bei den Nonnen gelebt, und seine Mutter weigerte
sich, es zu besuchen . . . ›Haus der verrückten Kinder‹? ›Haus
der im Stich gelassenen Kinder‹? Lügen, nichts als Lügen . . .
Ich höre sie nachts weinen, ich sehe sie in den vergilbten
Korridoren herumirren, in dem einzigen Raum, den man ihnen
gnädig zugewiesen hat und den sie respektvoll ›Werkstatt‹
nennen, ich sehe, wie sie sich unter den gleichgültigen Blicken
der Schwestern in Krämpfen winden . . . Aber in Wirklichkeit
empfinde ich nichts. Auf der Stelle dreht sich mir der Magen
um, ich möchte ihnen helfen, und sogleich wird mir die
›Dummheit‹ dieses Impulses klar, seine Sinnlosigkeit. Mir wird
auch klar, daß meine Häute einer falschen Empfindsamkeit
noch lange nicht alle abgefallen sind und daß ich zutiefst

egoistisch bin. Aber ich kann nicht anders: Ich muß zunächst egoistisch sein, um mich anschließend davon frei machen zu können. Dieser erste Versuch nachzudenken läßt mich etwas entdecken, was man einen ›Charakterfehler‹ nennt, und so etwas will ich nicht!

Was möchte ich? Daß man sie tröstet, daß man ihnen hilft? Niemand kann das so, wie es nötig wäre. Diese Kinder wollen nichts annehmen, man muß ihnen glauben und ihnen gegenüber handeln, als erwiese man sich selbst einen Dienst. Das ist bestimmt ganz falsch, was ich da sage: Sie hätten dann den Eindruck, gar nichts mehr zu sein, nur das Objekt eines unbekannten Willens, und sie würden nicht versuchen, ihr Verhalten gegenüber jemandem zu bessern, der sich ihrer wie eines Werkzeugs bedient.

Ich habe keine Ahnung, ich rede bestimmt Unsinn, nicht wahr? Tausende von Wissenschaftlern stellen seit Jahren Tausende von ›Vermutungen‹ an, und du... Diese Wissenschaftler müßten ein so vollkommenes neuropsychisches Gleichgewicht haben, daß sie sich erlauben könnten, verrückt zu werden. Wenn sie vom anderen Ufer zurückkämen, wären sie sich im klaren darüber, welche Leiden sie verursacht haben und wie verständnislos sie waren. Aber das ist eine völlig verrückte Hypothese, und außerdem mache ich mir Illusionen, zweifellos empfinden sie gar nichts. Das sagt man doch von ihnen? Ich stelle mich absichtlich dumm. Im übrigen besagt das Wort ›verrückt‹ gar nichts, *ich* bin verrückt. *Sie*, der Leser, sind es bestimmt auch, und die Wissenschaftler sind noch verrückter als Sie.

Das Unerträgliche ist, daß ich nicht aufhöre, an mir, an meinen Sätzen zu zweifeln. Beim Durchlesen bringen mich Bemerkungen wie ›das ist dumm‹, ›das ist blöd‹, ›ich irre mich‹ in Wut. Um so mehr, als ich die begonnenen Überlegungen gern fortgesetzt hätte. Offensichtlich finde ich sie gar nicht so blöd. Wenn ich sie dafür gehalten hätte, hätte ich sie nicht aufgeschrieben. Wonach suche ich also? Es regt einen auf, so was zu lesen, etwa so, wie wenn jemand einem etwas erzählt und plötzlich mitten in seiner Erzählung abbricht, weil er denkt, es könnte einen nicht interessieren, weil er plötzlich an seiner Begabung zweifelt und nicht ungeschickt, linkisch sein will. Das ist es, was mich hindert, den Dingen ganz auf den

Grund zu gehen, und was mich zwingt, sie in der Schwebe, im Halb-Ungewissen zu lassen. Es wird doch wohl nicht die Angst vor ihrer Wahrheit sein? Denn immer wieder bin ich überzeugt, an ihr Geheimnis zu rühren, und gleich darauf stürzt das Gedankengebäude in meinem Geist zusammen. Und ich sage mir: »Ich stelle nur unmögliche Vermutungen an!«
Genau der gleiche Mechanismus wirkt in meinen Beziehungen zu den Menschen. Sie beweisen mir ihre Freundschaft, ich ihnen die meine, und dann, bei einem Blick, einer Geste, einem Wort verliere ich mein Zutrauen, fühle ich einen unerträglichen Zweifel in mir aufsteigen: »Und wenn er keine Lust hat, mich zu sehen? Bin ich es, die ihn traurig macht? Wenn ich es nicht wäre, würde er mir den Grund sagen...« Wenn die anderen mir nicht in jedem Augenblick zeigen, daß sie froh sind, daß ich da bin, daß ich sie nicht störe, fühle ich mich sofort lächerlich, fehl am Platz und gehe weg.
Ich glaube, mein größter Fehler ist, daß ich mich auf meine Intuition verlasse, denn ich verstehe sie gar nicht zu gebrauchen. Ist das ein verborgener Wunsch nach Selbstzerstörung? Es ist passiert, ich fange an, so zu reden wie sie! Dieser Satz ist wieder ein Ablenkungsmanöver. Du Arme, du willst reden wie sie und hast von nichts eine Ahnung! Oh, es ist nicht notwendig, studiert zu haben, um die Bedeutung solcher Begriffe zu kennen! Herr Doktor, leide ich an einem Minderwertigkeitskomplex? Oder an einem verdrängten Überlegenheitskomplex? Warum habe ich kein Vertrauen in meine Gedanken? Stimmt es, daß man sein Verhalten ganz leicht ändern kann, sobald man Bescheid weiß? Leider glaube ich nicht daran.

So erschien mir der Abend als der schrecklichste Moment. Stille und Nebel. In meinem Haus gäbe es Kerzen und Musik... Das Bett, immer gleich hart, mein Körper, der sich immer mehr streckt; je mehr er einschläft, desto mehr fühle ich ihn sich ausbreiten und sich verflüchtigen. Ich leide nicht unter der Einsamkeit, ich mag sie. Aber diese Stille, die gelegentlich von einem hysterischen Schrei oder einem unnachgiebigen Befehl zerbrochen wird, diese Stille ertrage ich nicht mehr! Es muß aber sein, deine Gefühle... Du hast noch nicht gelernt, daß dieses Wort hier nicht existiert! Du hast es selbst gewollt. Nein! Das Schlafmittel läßt mir keine Zeit, nachzudenken. Ich fühle mich von einer um sich greifenden Mattigkeit beherrscht, der ich nichts entgegensetzen kann. Hören Sie? Ich kann nichts tun!

Am nächsten Morgen bekam ich die Erlaubnis, ein Bad zu nehmen, während die anderen frühstückten. Die grünäugige Schwester hatte Dienst, mit einer Helferin, ich erinnere mich jetzt: In der ersten Wochenhälfte waren beide Schwestern da, bestimmt wegen der Arztvisite. Sie führte mich über den Korridor, ich in meinem lächerlichen Frotteeschlafanzug, aber was macht das aus, hier bin ich für niemand lächerlich. Hinter den Toiletten ist ein Türchen, das immer abgeschlossen war, sie suchte in ihrer Tasche nach dem Schlüssel. Ein winziges Badezimmer, ein Waschbecken, eine Badewanne und gerade genug Platz, um sich auszuziehen. Meine Augen sprangen zum Fenster, aber ohne Hoffnung. Gitter, auf der anderen Seite Dunkelheit, wahrscheinlich eine Sackgasse. Sie wartete entschlossen darauf, daß ich meinen gräßlichen Schlafanzug auszog. Wollen Sie meine Knochen sehen? Sie treten gar nicht so arg hervor, wissen Sie! Nehmen Sie meine Kleider nicht mit? Eine Vorsichtsmaßnahme ... Nein, aber ich las in ihrem Blick, daß sie es schon gemacht hatte. Man kann sich nicht von innen einschließen, na ja, das ist normal, wo glaubst du, daß du bist? Man könnte sich ertränken, sich umbringen, denkst du denn an gar nichts?

Sie hat mich abgeholt und mir mitgeteilt, daß mein üppiges Frühstück auf mich warte. Nachdem ich aus der wohltuenden Wärme des Wassers gestiegen war, mußte ich meinen Schlafanzug wieder anziehen.

»Die andere Magersüchtige hat vor dir gebadet. Sie hatte ihr Handtuch vergessen, und als ich es holte, habe ich in ihrem Nachttisch Butterbrote gefunden. Ich habe auch in deinem nachgesehen, aber ich wußte, daß keine drin sein würden. Es ist dumm, so was zu machen.«

Sie sind vielleicht komisch! Nichts ist dumm, wenn die Erwachsenen wie Schinder handeln! Außerdem waren Sie darauf gefaßt, Verstecke zu finden. Sie lassen sie allein, und wie durch ein Wunder entschließt sie sich, in Ihrer Abwesenheit zu essen? Sind Sie doof oder was? Und unter uns, Ihre Handtuchgeschichte finde ich nicht gerade glaubwürdig.

Die Mathematiklehrerin durfte mich besuchen kommen. Sie brachte mir oft Schokolade mit und verfolgte aufmerksam meine Kurve auf dem Millimeterpapier. Es war Mitte Oktober geworden, ich war bei vierunddreißig Kilo, dreihundertundzwei Gramm angekommen. Das bedeutete, daß ich nach sechshundertachtundneunzig Gramm Anspruch auf einen Besuch hatte. Nicht auf irgendeinen, natürlich drängte man mir den Besuch meiner Mutter auf! »Die arme Frau, sie vergeht vor Ungeduld, ihr Töchterchen zu sehen. Mir scheint, du hast sie lange genug warten lassen.« Unmöglich, ich wollte sie nicht sehen, ich konnte es nicht ... Meine einzige Verteidigung, meine einzige Ausflucht war der Traum. Ich brauchte meine Mutter nur in meine Phantasien einzubeziehen, sie zu verwandeln, nicht auf ihre Worte zu hören, andere zu erfinden, um ihre Anwesenheit zu ertragen. Ich brauchte es nur wie mit den Schwestern zu machen: nicht auf sie hören. Wenn sie mich besuchen kommt, denkt sie nur an sich selbst, sie wird nicht merken, daß ihre ›Sache‹ ihr abhanden gekommen ist, sie wird denken, sie könne immer noch sagen: »Sehen Sie nur, wie nett sie ist, sie schenkt mir Blumen.« Voller Genugtuung wird sie denken, sie habe ihre Entscheidung in weiser Voraussicht getroffen, ihr: »Ich gebe nicht nach«. Glaub das nur, tu dir keinen Zwang an, du bist schon nicht mehr da; wenn du hereinkommst, werde ich dich nicht sehen, ich werde träumen, ich werde so tun, als antworte ich dir, du wirst es erst später erfahren, wenn ich nicht mehr in dieser vernichtenden Verlassenheit zugrunde gehe und keine Hirngespinste mehr nötig habe.

Ich habe nicht einmal mehr die Kraft, auf irgend jemand böse zu sein, ich bin allein. Jetzt bin ich mir über diese Heuchelei, über diese Scharlatanerie klargeworden, die man ›Mutterliebe‹ nennt!

Meine Überlegung war vollkommen falsch. Es gab ihr gegenüber noch eine andere Möglichkeit, sich zu verhalten: Die Gleichgültigkeit. Ich verabscheute sie zu sehr, um mich ihr zu stellen. Wenn ich sie dagegen in mein Traumreich aufnahm, würde ich ihre sarkastischen Bemerkungen nicht hören, könnte ich ihre Verständnislosigkeit und ihre heillose Ungeschicklichkeit übersehen, ihren Egoismus vergessen, um mir etwas Besseres auszudenken, etwas meinen Wünschen Entsprechenderes, ich würde ihr einen Wert geben, den sie nicht im entferntesten besitzt. Auf diese Weise lief ich Gefahr, sie zu idealisieren, etwas von ihr zu erwarten, das ganz sicher niemals kommen würde. Nur durfte ich das alles nicht denken, sonst würde es bei ihrem Anblick aus mir hervorbrechen, sonst würde ich meinen ganzen inneren Willen zerstören, die ganze Motivation, die ich mir so sorgfältig ausgeklügelt hatte und die, das war mir klar, noch zu verwundbar war. Also akzeptierte ich die einzige Lösung, die sich in meinem Kopf einstellte, die gefährlichste, die feigste, die heuchlerischste Lösung: zu träumen.

Was machte es aus? Ich verteidigte mich mit jedem beliebigen Mittel. Ehrlich gesagt weiß ich jetzt, daß ich ein noch viel egoistischeres, viel günstigeres und auch viel intelligenteres Mittel hätte aussuchen können. Aber gegen meinen Willen behielt ich diese blödsinnigen Erziehungsprinzipien bei, die man uns einbleut: »Du darfst deiner Mama keinen Kummer machen, du darfst deine Mama nicht verabscheuen.« Damit war es vorbei, ich hatte keine ›Mama‹ mehr, trotzdem blieben diese Formeln in mir verankert, sogar ohne daß ich mir dessen bewußt war. Die Gleichgültigkeit, gemischt mit Verachtung, hätte mich endgültig von dieser ›familiären‹ Welt abgelöst, deren Einfluß ich vergessen wollte. Ich hätte es tun können, ich hätte mit allem brechen können und hätte vor einer entscheidenden Alternative, einer völligen Selbstverantwortlichkeit stehen können. Statt dessen ergriff ich die Flucht, flüchtete mich in Träume, ohne die Kindlichkeit dieser bestimmt zu simplen Lösung zu bedenken. Man hatte mir weh getan, und um es mir nicht anmerken zu lassen, versuchte ich zu spielen, aber ich spielte schlecht, wie eine Anfängerin, der man die Regeln nicht beigebracht hat.

Ich durfte jetzt mein Zimmer verlassen und mich anziehen. Weitere Kinder waren gekommen, und das Haus war weniger öde, ohne deshalb weniger unheimlich zu sein. Man hatte die Zwillinge in eine Spezialanstalt gebracht, das sagten jedenfalls die Schwestern, aber es kam darauf an, was sie eine ›Spezialanstalt‹ nannten.

Da war ein riesengroßes brünettes Mädchen, es war ungefähr zwei Meter groß. Zusammen mit ihrem Kindergesicht war das ein auffälliger, beinah anormaler Gegensatz, um so mehr, als sie frisiert und angezogen war wie ein kleines Mädchen:

Pferdeschwanz und Haarspangen, Schottenrock und Söckchen. Ihre Augen blickten treuherzig und naiv, und sie lächelte immer, wenn sie wieder zu ihrem Bett im Schlafsaal kam. Sie mochte siebzehn oder achtzehn Jahre alt sein, aber es war sehr schwierig, ihr Alter zu bestimmen, älter konnte sie nicht sein, sonst hätte man sie auf der Erwachsenenstation untergebracht.

Ich fragte die Schwestern oft nach der genauen ›Krankheit‹ dieses oder jenes Mädchens, aber sie antworteten nie, so daß ich – da ich den Grund ihrer Einlieferung erfahren wollte – gezwungen war, mich ihnen zu nähern, sie anzusprechen. Ich wußte, daß ich den richtigen Namen ihres ›Gebrechens‹ nicht erfahren würde, aber das war es nicht, was mich interessierte, ich hätte von ihnen hören wollen, wie es bei ihnen dazu gekommen war.

An dem Morgen, als ich mein Zimmer verlassen durfte, war ein anderes junges Mädchen eingeliefert worden. Pfleger trugen sie auf einer Bahre, ihre Haut war leichenblaß, sie schien im Koma zu liegen, beinah tot. Das war ein mißlungener Selbstmordversuch mit Schlaftabletten. Du hast deinen Coup schlecht berechnet, es muß schrecklich sein, lebend in einem Krankenhaus aufzuwachen, wenn man geglaubt hatte, nie wieder etwas von dieser Scheißwelt zu sehen. Die Schwester mußte sie im Bett waschen, sie zur Toilette führen oder eher tragen, was beinah zum Lachen aussah, denn die Kranke war doppelt so groß wie die Pflegerin. Ich war bestürzt und blieb ganz aufgewühlt mitten im Korridor stehen. Ich nahm es mir übel, für sie nicht den gleichen Blick zu haben, den ich für einen kleinen Jungen nach einer Blinddarm- oder Mandeloperation gehabt hätte, ihr Geheimnis ließ mir keine Ruhe.

Wenn ich jetzt in die Werkstatt ging, um mir Zeichenpapier und Filzstifte geben zu lassen, waren dort zwei Erzieherinnen und doppelt so viele Kinder wie vorher. Und da glaubt man, daß in den Ferien keiner verrückt wird!

Die Erzieherin, die ich kannte, hieß Bénédicte. Sie war ziemlich jung, blond und erinnerte mich an ein Mädchen, das Katechismus-Unterricht erteilt, ohne deshalb besonders gottesfürchtig oder intolerant zu sein. Mit ihr sprach ich am häufigsten, sie hob mir die am wenigsten beschädigten Sachen auf und kam manchmal in mein Zimmer, ich durfte nicht im Flur herumlungern. Dieses Verbot bedeutete mir wenig, die Gesellschaft dieser Kinder machte mir schon nach wenigen Minuten Angst. Die andere Erzieherin war geziert, affektiert und strickte den ganzen Tag lang Kleider für ihre kleine Tochter, ohne sich groß um ihre ›Schülerinnen‹ zu kümmern. Die eine oder andere brachte manchmal Peddigrohr alte Garnreste, Zeitungen und Zeitschriften mit, damit die Kinder sich damit vergnügten; abends war nichts davon übrig, und die Putzfrauen kehrten die Reste zusammen. Es gelang mir, Wasserfarben und festes Papier zu beschaffen, aber trotz meiner Neugier, die ja nicht gerade besessen war, blieb ich in meinem Zimmer bei meinen Büchern und meinem Zeichenpapier.

Ich hatte den Eindruck, nie im Leben so viel gegessen zu haben, und glaubte sicher, am nächsten Tag die berühmten fünfunddreißig Kilo auf die Waage zu bringen, ich ahnte noch nicht, wozu das Unbewußte fähig ist. Ich war wieder auf dreiunddreißigeinhalb zurückgefallen! Sie ließen mir die Bücher und das Papier und nahmen mir die Kleider und den Flur wieder weg. Wie konnten sie das tun? Dabei wußten sie genau, daß ich nicht dafür verantwortlich war, ich hatte gegessen, sie konnten nicht das Gegenteil behaupten. Ich hörte nicht auf, ihren ekelhaften Krankenhausfraß und alles, was sie mir anboten, herunterzuschlingen. »Wir müssen die Portionen erhöhen!« Ich hab's satt, ich will nicht mehr, ich geb's auf, hört ihr? Ob ich mich vollstopfe, ob ich platze oder nicht, ist ein und dasselbe, ich werde mich nicht für nichts verausgaben! Sie haben kein Recht dazu. Denen ist meine seelische Gesundheit völlig egal, die körperliche übrigens auch, sie verlangen nur Kilos! Übelkeit, Scheiße! *Scheiße*, Scheiße, Scheiße.
Wie immer hatte man mich nach dem Mittagessen gewogen, anschließend kam die Aufwartefrau zum Putzen, und ein farbiger Pfleger öffnete die Tür und fand mich in Tränen und Wut.
»Guten Tag, ich bin's, Tony. Bist du die, die nicht ißt? Ah, das ist gar nicht gut, hör auf zu weinen.«
»Ich kann doch nichts dafür, daß ihre dreckige Waage falsch geht!«
»Hast du wirklich gegessen, oder hast du nur an drei Fleischstückchen und an zwei grünen Bohnen gepickt?«
»Nein, ich hab gegessen, du kannst ja im Krankenbericht nachsehen.«

»Ich werd's mir merken. Sag, warum ißt du nicht? Das führt zu nichts, weißt du.«

»Aber jetzt eß ich ja, es ist nicht meine Schuld, wenn ich nicht zunehme.«

»Daß ich nicht lache! Hast du die da draußen gesehen? Häßlich, widerlich, bekloppt . . . Die Dicke, die hebt jedesmal den Rock hoch, wenn ich vorbeigehe, das ekelt mich an. Aber du, warum bleibst du hier? Weil du nicht essen willst? Sieh mal, du bist hübsch und alles, du wirst doch nicht hier drin bleiben? Ich bringe dir gleich ein paar Scheiben Brot, und du wirst sie essen, ja, einverstanden? Mach mich nicht wütend, ich werde mit ein paar hübschen Scheibchen Brot zurückkommen, sobald ich einen Trick gefunden habe, sie in der Küche zu stibitzen, dann darfst du auf keinen Fall sagen, daß du sie nicht willst! Ich komme in zwei Minuten wieder.«

Ich wußte nicht mehr, daß es Leute gab, die scherzen können, daß ich lächeln konnte, daß ich mich über Sätze wie seine eben, halb Ernst, halb Spaß, amüsieren konnte. Aber warum unterstellte er mir, daß ich nicht esse? Ich aß fast alles auf, was sie mir gaben.

»Hier kommt ein herrlicher Imbiß für das gnädige Fräulein! Im Krankenbericht steht, daß du ißt, aber du mußt *alles* aufessen und noch mehr verlangen, sonst nimmst du nie zu.«

Ich hab's aber satt, dieses Spiel, das nie aufhört! Ich bin kein Müllschlucker! Ich kann nicht mehr, ich kann nicht mehr!

Eine dritte Magersüchtige war gekommen. Sie hieß Dominique. Ich hatte sie zufällig im Flur getroffen, sie war sehr groß, durchsichtig, hübsch. Sie bekam das letzte freie Zimmer, und natürlich wurde sie eingesperrt. Aber man kann die Menschen doch nicht daran hindern, miteinander zu sprechen, oder? Da die Tür zum ›Allerheiligsten‹ nicht abgeschlossen wurde, während die Schwester in die Küche ging, um die Tabletts fertigzumachen, habe ich sie in ihrem Zimmer besucht. Sie hatte geweint, wollte es aber nicht zeigen. Ich habe ihr ein Buch mitgebracht, weil ich wußte, daß man ihr alles weggenommen hatte. Sie war erleichtert, noch jemand in der gleichen Situation anzutreffen. Mir ist eingefallen, daß Christine, die Rothaarige, ganz allein war, und ich habe sie geholt. Wir schimpften gemeinsam über ihre Methoden, die wir natürlich für unwürdig und traumatisierend hielten.

»Sie haben mir nicht gesagt, daß es so sein würde!«

»Wo denkst du hin, wenn sie es sagen würden ...«

»Weißt *du*, warum du das getan hast?«

»Nein!«

Was hatte ich erwartet? Ich hatte es selbst noch nicht herausgefunden, ich wollte vielleicht, daß sie antwortete: »Ich hab's getan, weil ...« Als ob man diese allmähliche Vernichtung, diese totale Verweigerung mit einem einzigen Satz erklären könnte.

»Bei mir war es so, daß ich die Nase voll hatte von meinen Eltern. Mein Vater schrie, meine Mutter weinte, sie wollten, daß ich Stärkungsmittel einnehme, ich habe sie hinter ihrem Rücken weggeworfen.«

»Ich hab sie auch weggeworfen.«

»Ja, ich auch. Ich hab gesagt, ich brauche sie nicht, ich sei nicht krank.«

»Und dann haben mich alle gefragt, was ich hätte. Vor allem, wo ich doch auf dem Land wohne, da könnt ihr euch denken ...«

Sie sagte das mit so trauriger und verzweifelter Stimme, als sei sie verloren.

Nein, du bist nicht verloren, du mußt nur nachgeben, du hast Glück, nicht als erste hergekommen zu sein, ich werde dich vor ihren Listen warnen, vor allen ihren Listen. Jetzt, zu dritt, wird es leichter sein: Wir essen zur gleichen Zeit, jede in ihrem Zimmer selbstverständlich, wir gehen zusammen zum Waschen, wir weinen zusammen ...

»Ich hab überhaupt nicht mehr gegessen.«

»Ich eine halbe Tomatenscheibe am Tag. Oder dann ein ganzes Stück Apfel in vier Tagen.«

Aber warum, großer Gott, hatte ich Lust zu rufen: »Ihr seid ja blöd!« Warum?

Nein, wir hatten recht, nur gab es keine Gerechtigkeit, die uns das Recht zubilligte, zu sterben ... vor Hunger. Sie können das nicht verstehen, sie sperren uns ein und öffnen uns den Mund wie Mastgänsen, sie erdrücken uns mit einem Stolz, der ihre Unwissenheit nicht eingesteht. Und dabei ist ihnen unsere Überlegung nicht unbekannt: »Ich tu so, als gebe ich nach, aber nachher, das werdet ihr sehen, leiste ich mir Fastentage und laß mich nicht herumkriegen, ich habe verstanden, ihr könnt mich nicht mehr kriegen!« Das alles las ich auch in den Augen dieser

Mädchen, in ihren resignierten Gesichtern, auf denen sich unerträglicher Groll und ein Bedürfnis nach zerstörerischer Rache mischten. Und ihr könnt uns nicht unser ganzes Leben lang zwingen, euer Gift zu fressen!

»Das schaff ich nie, stell dir vor, dreizehn Kilo! Sie sind widerwärtig. Und außerdem, wie kann man wieder Freude am Leben gewinnen in einer... Anstalt, in einem Irrenhaus, in ihren schabenverseuchten Badezimmern und ihren Räumen ohne Licht!«

»Ich weiß nicht, ob man *das* ›Psychologie‹ nennt, das ist doch Stalinismus, Faschismus...«

»Nein, wein nicht. Weißt du, wir müssen hier rauskommen, und danach machen wir, was wir wollen. Hör auf zu weinen, sonst fang ich auch an...«

Endlich jemand Vernünftiger nach beinah sechs Wochen der Isolation, des Leidens... »Wir müssen hier rauskommen, und danach machen wir, was wir wollen.« *Das* hätte man mir sagen sollen, um mich vom Weinen abzubringen. Die Gewißheit, daß es möglich ist, seine Freiheit und die freie Verfügung über seinen Körper wiederzuerlangen...

»Ich höre ihre Absätze klappern, wir lassen dich allein, wir kommen wieder, sooft es geht, nur das kann helfen, die werden nie etwas kapieren. Bis morgen.«

Zum Glück konnten wir geräuschlos und ohne gesehen zu werden gehen; die Schwester schickte sich gerade an, in unseren Korridor einzubiegen, als sich unsere Türen schon hinter unserer Ohnmacht schlossen.

»Also, ich hoffe, du ißt. Ich hab gesehen, daß du abgenommen hast.«

Schon allein dafür möchte ich dir deinen dreckigen Teller ins Gesicht schmeißen! Dein klebriges und stopfendes Püree würde auf deinen Augen landen, du würdest nichts mehr sehen, dieser Schinken, oder vielmehr dieses glänzende, triefende Stück Fett, würde dir die Haut verbrennen... Ich verabscheue dich!

»Los, iß, anstatt zu weinen, so kannst du nicht aufholen, was du abgenommen hast!«

Blöde Ziege, Sadistin, ich kann nicht essen, mein Schluchzen schnürt mir die Kehle zu, aber ich würge ihn trotzdem herunter, deinen ekelhaften Fraß. Dir macht es ja nichts aus, mich krank zu machen, du bist ja nicht eingesperrt, du wirst mich nicht kriegen, ich will wieder zu mir selbst finden können, ich pfeife drauf...

Meine Hand zitterte, als ich die Gabel ergriff, mein Magen drehte sich um, ich verabscheue sie. Nein, ich kann meinen Traum nicht wiederfinden, da ist diese Kerkermeisterin, die mir lächelnd beim Schlucken zusieht: Zwanzig Sekunden, um einen Löffel Püree herunterzuschlucken! Meine Tränen ersticken mich ebenso wie die ekelhaften Kartoffeln. Kann es derartig abscheuliche Leute geben? Wie soll mein Magen das alles bei sich behalten? Diesen ganzen Haß, den ich mit ein bißchen Fett und ein bißchen verklebtem Reis herunterschlucke? Wie soll man diese Demütigungen, diese Bestrafung ertragen, die man nicht verdient hat? Du mußt es aufessen, du mußt sie vergessen, du mußt einen Ausweg finden, du mußt... Das ist leicht gesagt. Ich sehe das Stück Brot an, das ich essen soll, irgendeine alte Kruste:

»Du hättest es mit dem Püree essen solln, dann wäre es besser gerutscht.«

Nicht antworten. Ich kann nicht mehr.

Wenn ich ein Taschenmesser gehabt hätte, hätte ich mir die Venen geöffnet, in der schabenverseuchten Toilette, die man nicht einmal abschließen kann...

»Bist du sicher, daß sie weg ist?«

»Ja, dem Mädchen, das gestern eingeliefert worden ist, ging es nicht gut. Sie ist weggegangen, um Hilfe zu holen.«

»Holen wir Dominique ab und gehen in den Waschraum?«

»Sie hat sie eingeschlossen, weil sie ihren Teller nicht leergegessen hat.«

Der finstere Korridor, die Schwester ist weg, Isabelle hat der kleinen Patricia ihre Bonbons gestohlen und ißt sie boshaft lachend auf, während man verzweifelte Schreie hört. Der Schokoladenpudding steigt mir wieder hoch, nein, es soll nicht alles umsonst gewesen sein, nein, ich will nicht... Nein, ich will ihren dreckigen Fraß nicht bei mir behalten! Es ist herausgeschossen, es ist aus der Nase, aus dem Hals, aus allen Poren meiner Haut herausgekommen, und abermals fand ich mich auf meinem Bett wieder, von Schluchzen geschüttelt, unfähig zu reagieren. Ich muß meinen Traum wiederfinden.

7

Am nächsten Tag fand ich meinen Willen und meine Ruhe wieder. Die Morgenschwester hatte mir einen dummen Vortrag gehalten, aber ich hatte beschlossen, nur noch auf mich selbst zu hören.

»Wenn du das Essen nicht akzeptierst, wirst du dich endlos übergeben. Das nützt dir aber nichts, wir lassen dich nicht gehen. Wird dir wieder übel? Denk nicht daran, denk an etwas anderes.«

Sie verhöhnt mich.

Ich darf nicht hinhören, ich muß nur gut kauen und versuchen, meinen Traum wiederzufinden. Tony brachte mir seine Lustigkeit und eine Art Schokoladenbrot, das etwas weniger widerwärtig war als die Brote.

»Du kannst zu Dominique hinüber gehen, die Schwester ist weg, ich sag dir Bescheid, wenn sie zurückkommt.«

Tausend Dank. Dominique war ungefähr in der gleichen Verfassung wie ich.

»Mach dir nichts draus, zu zweit schaffen wir's.«

Christine überließ ich ihrem Zustand, ich hatte begriffen, daß sie vor Ablauf einer bestimmten Zeit da nicht rauskommen würde. Aber was konnten wir dabei tun? Ich entsann mich meiner eigenen Verbohrtheit, und außerdem war es ›draußen‹ für sie noch schlimmer. Im Waschraum hatte sie zu mir gesagt: »Mir ist alles lieber als diese dreckige Bruchbude zu Hause.« Vielleicht mußte auch ich mich deshalb übergeben.

»Verstehen sich deine Eltern gut?«

»O ja! Sie streiten sich nie. Sie haben ein Restaurant. Meine Schwestern helfen in der Küche, ich beim Servieren, wenn ich Ferien habe. Sie scherzen die ganze Zeit. Ich möchte sie sehen.«

»Nimmst du es ihnen nicht übel?«

»Nein, sie haben alles getan, was sie konnten, und außerdem ist es nicht ihre Schuld, daß man uns hier so ›pflegt‹, sie konnten das nicht wissen.«

»Hast du sie gern, deine Eltern, hast du nie Streit mit ihnen?«

»O nein, ich vergöttere sie, sie waren wunderbar zu mir.«

Spiele ich den Psychiater oder was? Nein, aber ich empfinde ein gewisses Vergnügen, zu sehen, wie ihre Hypothesen ins

Wasser fallen, ihr: »Das kommt, wenn der Vater nicht da ist, wenn die Mutter zu gluckenhaft ist, wenn das Mädchen intelligent und hübsch ist, wenn es seine Weiblichkeit ablehnt.«

»Ich hab nicht mehr gegessen, weil ich mich zu dick fand, und dann konnte ich nicht mehr anders, sogar als ich meine Knochen hervortreten sah. Aber den Ärzten will ich es nicht sagen, sie würden sich über mich lustig machen; also sag ich, daß ich es nicht weiß.«

Deshalb nehmen sie also die Spiegel ab, sie haben Angst, daß man die Bescherung sieht, die sie mit ihrem Gift anrichten. Deshalb bohren sie also immer: »Fandest du dich zu dick?« Das wäre wirklich einfach...

Als ich das nächste Mal gewogen wurde, hatte ich zugenommen. Sadistisch ließ die Schwester die Kurve ansteigen, trug mit schwarzem Filzstift dick die genaue Zahl ein. Dominique hatte hundert Gramm zugenommen, hundert Gramm... Christine hatte zweihundert Gramm abgenommen. Das alles kam mir dermaßen kleinlich vor. Ich hörte Isabelles endloses Gerede: »Schwester, bitte gib mir ein Brot, Schwester, ich möchte ein Brot, Schwester, bitte gib mir ein Brot, Schwester, ich möchte ein Brot...« Sobald die Schwestern sich eine Minute entfernten, gab es in meinem Zimmer eine Invasion. Die Riesin mit dem Kindergesicht hieß Brigitte.

»Ich besuche dich, weil du dich sicher langweilst, ganz allein. Meine Mama kommt mich morgen besuchen. Hier ist niemand lieb zu mir, du, du siehst nicht böse aus, meine Mama kommt mich morgen besuchen, sie ist lieb, meine Mama, sie ist lieb, deine Mama, sie kommt mich morgen besuchen, deine Mama, meine Mama...«

Ihre Augen starrten leer auf die Wand, ich war etwas erschreckt, vielmehr erschüttert, es gelang mir nicht zu verstehen, oder ich wollte es nicht hinnehmen, daß es nichts zu verstehen gab.

Die Algerierin kam sooft es ging vorbei, sie war manchmal sehr bösartig.

»Du wirst sehen, ich laß mich nicht so behandeln, ich hab Kraft, wenn sie mir in die Quere kommt, du wirst sehen. Ißt du jetzt wenigstens? Heute abend gibt es Blätterteiggebäck zum Nachtisch, ich habe zwei bekommen, und vielleicht gelingt es mir, das Stück der Schwester noch zu klauen... die schmecken ganz toll...«

Die Dinger, gefüllt mit einer Art stopfender, farbloser Creme, waren schauderhaft.

»Ich komm heut abend wieder, aber jetzt muß ich gehen, es gibt einen Film im Fernsehen, und außerdem wühlt Isabelle bestimmt in meinem Nachttisch.«

Ich hörte nicht mehr hin, ich versenkte mich in die Sätze der Bücher, aber nichts berührte mich mehr, ich hatte den Eindruck, nicht zu existieren.

Am gleichen Abend traf ich im Waschraum die erfolglose Selbstmörderin. Sie war bleich und schien Schwierigkeiten zu haben, sich zu waschen, als wären alle ihre Glieder taub. Ich fragte sie, wie es ihr gehe, ob sie sich wohl fühle. Sie blickte mich mit traurigen und leeren Augen an, mit einem Blick, der sagte: »Ich kann mich nur schlecht fühlen, ich leide am Leben, und das ist ein Verbrechen.«

»Wo ist meine Zahnpasta, wer hat mir meine Zahnpasta weggenommen, sag mir, wo meine Zahnpasta ist, ich will meine Zahnpasta, *du* hast sie, meine Zahnpasta, gib sie mir, meine Zahnpasta.«

Das dicke Mädchen packte meine Hände und schrie mir in die Ohren, sie verrenkte die Arme und wiederholte unermüdlich ihre Litanei, aufreizend und bedrängend. Ihre Berührung stieß mich ab, ich floh in mein Zimmer, zitternd, angewidert. Du bist ja voll Verachtung und Angst, du magst die Berührung von feuchter, schmutziger Haut nicht, der Haut von Verrückten ...

»Gib mir meine Zahnpasta wieder, sie hat mir meine Zahnpasta weggenommen, ich will meine Zahnpasta ...«

Sie stürzte in mein Zimmer und blieb, sowie sie die Schwelle überschritten hatte, wie angewurzelt stehen. Sie lachte nervös, wieder dieses aggressive Lachen, rang die Hände, guckte böse. Sie sah das Buch auf dem Tisch liegen, schnappte es und begann es zu zerreißen.

»Gib mir meine Zahnpasta wieder, ich will meine Zahnpasta, sie hat meine Zahnpasta ...«

»Isabelle, komm da raus, willst du sie wohl in Ruhe lassen? Sieh dir an, was du gemacht hast, es ist ganz zerfetzt.«

Dies eine Mal kommt sie im rechten Moment! Ich hatte mich verschanzt zwischen dem Nachttisch und dem Bett, zitternd, und weinte. Ein eigenartiges kleines Mädchen ... ich werde mich nie daran gewöhnen.

In jener Nacht hatte ich einen scheußlichen Alptraum. Ich selbst war es, die schrie: »Gib mir meine Zahnpasta wieder, ich will meine Zahnpasta...« Scheußlich und verrückt, dick und leichenblaß, war ich dieses grauenhafte, abstoßende Mädchen geworden. Ich wachte auf, schluchzend vor Entsetzen und Scham und auch vor Angst: Würden sie mich so werden lassen, würden sie mich jemals aus diesem Saustall rauslassen? Als ich mich wusch, hat eine Spinne meinen Arm gestreift, ich habe vor Entsetzen, Verzweiflung und Aufruhr geschrien.

An dem Tag, als ich gewogen wurde, kam eine ›Neue‹, gerade als man mich mit den anderen ›Magersüchtigen‹ in die Säuglingsabteilung brachte. Sie hatte nervöse Depressionen; im Flur bin ich ihrer Mutter begegnet, die egoistisch weinte.

»Meine arme Tochter, wann werde ich sie besuchen können, lassen Sir mir noch zwei Minuten, ich werde ihr keine Vorwürfe machen.«

»Nein, gehen Sie nach Haus, wir werden sie heilen, machen Sie sich keine Sorgen. Sie werden sie heiter und ausgeruht, lieb und reizend wiederbekommen.«

Gemeint ist: Vollgestopft mit Beruhigungs- und Aufputschmitteln. Das Mädchen schluchzte krampfhaft und rief:

»Ich will den Doktor sprechen, bringen Sie mir den Doktor!«

Dominique warf mir einen verzweifelten, aber auch mitleidigen Blick zu, der mich aufbrachte. Sie hatte noch nicht begriffen, daß es hier kein Mitleid geben darf.

Die Waage zeigte vierunddreißig Kilo und neunhundert Gramm an. Die Schwester trug fünfunddreißig in ihre Papiere ein, mit einem Ausdruck, als erwarte sie ewige Dankbarkeit. Ich verabscheue dich! Zwei Minuten später rief man meine Mutter an, sie könne sofort kommen. Es ist nicht nötig, daß sie sich beeilt... das wird schrecklich werden... Nein, stimmt ja, ich hatte einen Teil meines kümmerlichen Traumes wiedergefunden: Nicht ärgern, nicht schreien, sie würden mich für eine Hysterikerin halten und würden mir Beruhigungsmittel verabreichen.

Ich höre Schritte im Flur, die Schwester kommt herein und verkündet mir stolz und selbstgefällig: »Deine Mutter.«

Eine braungebrannte, geschminkte Frau, immer noch mit ihrem starren und allzu gezwungenen Lächeln. Sie mustert mich wie ein Wundertier, ich fühle ihren Blick unter meine Kleider dringen, über meinen Körper wandern, um die Besserung meines Zustands festzustellen. Ich verabscheue sie! Sie beugt sich zu mir, sie nimmt nervös meine Hände. Gefällt sie dir, deine scheußliche ›Sache‹, die dich vom Schlafen abhält? Nein, ich werde nichts dergleichen sagen.

»Nun, mein Liebling, wie geht's?«

Ohne das ›mein Liebling‹ ist es die gleiche Stimme wie die jener Ärztin. Ich kann nicht mehr, das zerreißt mir von innen die Rippen... Scheiße, ich verliere wieder, das quillt aus mir heraus, das platzt wie eine gegen mich selbst gerichtete Bombe.

»Wein doch nicht. Bist du nicht froh, daß ich bei dir bin?«

Natürlich konnte ich nicht damit rechnen, daß sie versteht. Ich glaube, ich habe in meinem ganzen Leben nie jemanden so verabscheut.

»Du weißt gar nicht, wieviel Kummer du mir machst.«

Komm, leg schon los mit deinem Jammermonolog. Red weiter. Ich beruhige mich ein bißchen, habe ich meinen Traum denn vergessen? Nein, sie schleicht sich in ihn wie eine gemeine Viper, ich bin gezwungen, sie zu akzeptieren, sonst fallen alle meine Hirngespinste in sich zusammen, wenn ich sie nicht akzeptiere, wird sie alles heimtückisch zerstören.

Schweigen. Nein, ich werde nicht als erste reden.

»Oh, was für eine Angst sie mir eingejagt haben! Um zehn nach neun ruft mich mein Chef zu sich und sagt zu mir: ›Die Klinik hat angerufen, Sie werden dringend verlangt.‹ Stell dir vor. Ich habe ein Taxi genommen... Was für eine...«

Du hättest ja dort bleiben können, in deinem geliebten Büro. Nein, reg dich nicht auf, hör nicht auf sie, du wirst sehen, mit ein bißchen Übung wirst du sie nicht einmal mehr hören. Wenn sie schon da ist, kann sie auch für etwas nützlich sein, bitte sie, daß sie dir etwas Anständiges zu essen mitbringt. Ich weiß nicht, Kekse, Schokolade, irgend etwas, wovon man zunimmt. Du kannst nur hoffen, daß sie nicht gerade Diät ißt, sonst nimmt sie es schlecht auf. Nein, das würde sie nun doch nicht wagen!

»Nun, hast du mir nichts zu sagen?«

Wovon soll ich ihr erzählen? Von dem, was ich hier gesehen habe? Von den Spinnen, den Schaben, den verrückten Mädchen, der Stille, dem Leiden. Sie kann nicht zuhören, sie würde mit empörender Besitzermiene prüfen, um wie viele Zentimeter meine Hüften breiter geworden sind.

»Bring mir viermal soviel zu essen mit wie für eine normale Person. Die Hälfte ist für mich, die andere für meine Freundin nebenan.«

»Gut.«

Ihr verwirrter Ausdruck befriedigt mich, aber er verschwindet schnell und weicht der Freude darüber, daß ich die Windbeutel, das Sahneeis, das sie mir mitbringen wird, nicht mehr wegwerfe. Ganz abgesehen von den Butterkeksen und der Schokolade ›mit Nüssen, weil da Vitamine drin sind‹, das dreht mir schon jetzt den Magen um...

»Deine Großmutter läßt dich grüßen.«

Nein, ich werde es nie ertragen können, ich habe mit meiner Großmutter nichts zu schaffen, sie ist mir schnuppe! Nein, ich darf mich nicht ärgern, es nützt nichts, wenn man versucht, blöden Leuten etwas zu erklären, es ist nicht ihre Schuld, daß sie nichts kapiert.

Vor allem sich nicht ärgern, vor allem nicht versuchen zu erklären, vor allem nicht... Nichts tun, sie nicht mehr sehen, sie nicht mehr hören. Heimtückisch durchbohrt ihre Stimme mein Trommelfell. Vielleicht ist es nicht ihre Schuld, daß sie blöd ist, aber die Bosheit... Sie hat Tränen in den Augenwinkeln, sie ist gerührt, die Arme. Es ist wohl nötig, daß sie ihr Theater aufführt, daß sie so tut, als liebte sie mich: »Das hat mir so viel Freude gemacht, mein kleines Mädchen zu sehen.« Sie denkt nur an sich. Wenn sie mich liebte, wäre sie mir nicht mit ihren nächtlichen Migränen, mit der Großmutter, mit dem Büro gekommen. Sie kann ruhig weinen, sie wird es nie schaffen, mich zu erreichen, ich habe zu viele Tränen vergossen. Sie ist doch lächerlich, diese Frau, die ihre kleine Komödie schlecht spielt, die ihr Gewissen beruhigt: »Wenn ich mir keine Sorgen mache, bin ich keine Mutter.« Nein, das ist sie nie gewesen, und sie wird es nie sein. Das ist nur eine x-beliebige Frau, die ich nett finden muß, weil sie mir Kekse mitbringt.

»Ich komme nicht jeden Tag, weil, du weißt ja, mit meiner Arbeit...«

Aha, sie hat ihre Pflicht erfüllt, sie hat ihre ›Sache‹ besucht, jetzt kann sie ohne Skrupel wieder gehen, und sogar mit dem stolzen Gefühl, ihre Tochter in gute Hände gegeben zu haben.

»Ja, sie wird gut gepflegt, sie hat mich gebeten, ihr etwas zum Essen mitzubringen, sie ist nicht besonders deprimiert, nein,

105

wissen Sie, ich habe eine saubere und hübsche Klinik ausge-
sucht.« Sie legt sich schon die Sätze für ihren Liebhaber
zurecht, der am Ausgang auf sie wartet, sie bereitet ihre
Verteidigung vor und ihr Plädoyer auf ›nicht schuldig‹.

Die haben keinerlei Achtung. Kaum haben die Schwestern
hinter meiner Mutter die Tür zugeriegelt, ist er auch schon da,
dieser Schwachsinnige, dieser große Irre mit den wirren
Haaren, mit seiner dicken Brille des Neurotikers und seinen fix
und fertigen Fragen.
»Nun, wie ist es gelaufen?«
Du weißt es genau, du möchtest wohl, daß ich anfange zu
weinen und zu jammern wie ein schamloser alter Waschlappen? Da kannst du lange warten, sogar der Fliesenbelag ist
interessanter anzusehen als deine dreckige Visage!
»Na?«
Hat man Ihnen nicht beigebracht, höflich zu sein, so geht es
nicht, nur weil ich dreizehn Jahre alt bin! In einer Woche hab
ich Geburtstag, in dieser Anstalt... Deshalb haben Sie noch
lange kein Recht, mit dieser Verachtung und dieser falschen
Großmütigkeit »Na?« zu sagen.
»Hast du dich gefreut, sie zu sehen?«
Er dreht das Messer in der Wunde... ich werde nicht antwor-
ten, ich darf mich nicht aufregen, sonst nehme ich hundert
Gramm ab.
»Hast du noch immer keine Periode?«
Der will mich verlegen machen, was? Er fühlt sich überlegen,
weil er sie nicht bekommen kann, diese dreckige Periode der
Weiber? Aber um mich zu schockieren, braucht es mehr;
jedenfalls geht es nicht mit ordinären Fragen. Übrigens, sehe
ich denn aus wie eine Frömmlerin? Wie eine Betschwester?
»Hättest du sie gerne?«
Das würde Sie wohl erleichtern, wenn ich antworte, na? Nein,
ich werde nichts sagen. Übrigens wissen Sie genau, daß ich ein
›Kerl‹ sein will, ohne diesen ganzen Quatsch wie Busen,
Periode und das ganze überflüssige Zeug, das ist doch ein Teil
Ihrer Theorien, nicht wahr? Das ist widerlich, dieses Blut, das
gleiche Blut, das an den Beinen dieses dicken Mädchens
hinunterlief, das sich hin- und herwiegte und sich streichelte,
finden Sie nicht? Doch, sicherlich, und Sie haben recht. Ich will
wie ein Junge sein, ohne Brust, ohne Eierstöcke... aber auch

ohne Glied, das tut weh, wenn man sich stößt, und vor allem will ich Ihre Gesetze nicht achten. Ihre Periode werde ich nie kriegen, es gibt viele Frauen, die sie nie gekriegt haben, die machen wenigstens keine Kinder... um sie in Anstalten einzusperren oder sie in eine Welt zu werfen, die sie unweigerlich verurteilt. Nur sage ich es Ihnen nicht!

»Nun?«

Ich bin sehr wütend, weil ich allen Ihren Symptomen entspreche: gute Schülerin, keine Periode, kein Vater ›im Haus‹, eine ›beschützende‹ Mutter und so weiter. Trotzdem kann das nicht hinhauen, es gibt auch Jungen, die ›magersüchtig‹ werden, die Schwester hat sich verplappert, als sie mich zu überreden versuchte: »Im anderen Haus ist ein Junge, der ist seit vier Jahren hier, weil er sich so stur gestellt hat wie du.«

Also, wo bleibt da Ihre Verweigerung der Weiblichkeit, na? Sie sehen doch so schlau aus!

»Dein Vater kommt in ein paar Tagen.«

Was macht der denn hier? Ich dachte, er sei im Schnee von Kanada verschwunden.

»Er ist von seiner Reise zurückgekommen, man hat ihn gebeten zu kommen.«

Wirklich, die ersparen einem nichts, die treiben die Quälerei auf die Spitze. Ich höre ihn schon... Nein, es ist zum Lachen, sind sie nicht wirklich lächerlich, diese ›Erwachsenen‹? Sogar mehr als nur lächerlich... Nun, ich habe keine Wahl, und außerdem will ich nicht, daß sie mir weh tun, ich will nicht, daß sie irgendeine Macht über mich haben... Wie sehr du dich irrst, du verabscheust sie, und das genügt, daß sie dich treffen, dich verletzen können... Ich habe ein bißchen Erbitterung in seinem Blick gelesen, und das hat mich angenehm erleichtert. »Scheiße, wenn man bedenkt, daß ich gezwungen bin, mich dieser dreckigen, stummen Göre zu widmen, während ich mich an die Ärztin im anderen Haus ranmachen könnte...« Na los, tu dir meinetwegen keinen Zwang an...

Mein Traum hat sich zwar gefestigt, aber ihre Dummheit ist dermaßen aggressiv. Ein Elternteil, das genügte nicht, sie lassen auch noch den anderen kommen. Auch er wird seine Komödie abziehen, sie wird intelligenter, subtiler sein. Aber ich werde nicht darauf hereinfallen, ich bin weil auf die gleiche Art dumm wie sie.

Vielleicht bringt er dieses Mädchen mit dem häßlichen Gesicht,

aber jungen Körper mit, das mich in Brüssel hinter sich
herschleppte und den Männern nachschaute, während ich auf
der Caféterrasse Eis aß. Oder...? O nein, Sie würden es doch
wohl nicht wagen, meine Eltern zusammen kommen zu lassen.
Was macht es aus, das sind nur Leute unter Tausenden, die ich
ertragen muß, ihr Fehler ist, daß sie möchten, daß ich sie als
einzigartige, außergewöhnliche Wesen betrachte. Aber das
verfängt nicht mehr, sie sind ordinäre Personen. Sie laufen mit
gleichgültigem Blick durch die Straße und kommen daher und
sagen mir: »Ich habe mir Sorgen um dich gemacht.«
Ich verabscheue sie genauso wie ›die hier‹.

Vom ersten Bett des Schlafsaals aus konnte man den Hof
sehen. Herbstliches Laub in den Farben des Todes, eine Wüste,
die von der düsteren, schmalen und langen Korridorpassage
durchschnitten ist. Ich bin nicht berechtigt, draußen spazieren-
zugehen, ich darf bloß die stinkende Luft ihrer Klinik einat-
men, ich darf bloß fressen und schweigen. Ich habe den
Eindruck, daß meine Lungen eingeschrumpft sind, daß mein
Herz sich zusammengezogen hat und daß es sich von nichts
mehr berühren lassen will. Ich hätte gern lange geträumt beim
Anblick dieser Kastanienblätter. Das große blonde Mädchen
war einigermaßen geheilt und zeigte eine Fröhlichkeit, die
etwas zu überschwenglich war. Tabletten? Sie schimpfte auf
die anderen Kinder, die sie offenbar als Insassen irgendeiner
Erziehungsanstalt bestrachtete. Ihr Bett war übersät mit Zeitschriften, Bonbonpapier und Schminksachen.
Reihen von weißen Betten, von düsteren, steifen und nüchter-
nen Nachttischen... Brigitte lag mit entblößten Beinen auf
ihrem Bett, ihr schwerer Körper höhlte eine Vertiefung in die
Matratze. Ich ging zu ihr, um ihr guten Tag zu sagen. Ein
dicker, feuchter Kuß, bei dessen Berührung ich fröstelte.
»Alle sind böse zu mir, alle machen sich über mich lustig. Die
Algerierin belästigt mich die ganze Zeit. Sag, hast du mich
gern? Du bist die einzige, die ich gern habe, du bist meine
Freundin, ja? Du machst dich doch nicht über mich lustig?«
Ich muß komisch anzusehen sein. Leicht verächtliches, spöttisches Lächeln verrückter Kinder... was bedeutet das? Meine
Augen irren über den einzigen Bereich, den sie je besitzen
durften: Ein weißes, hohes Bett, ein Nachttisch... Sie hängen
ihre Zeichnungen über ihrem Revier auf, das sie mit ihrer

ganzen Energie verteidigen ... Das Mädchen mit den lackierten Fingernägeln hat sich eine Art Frisiertisch aufgebaut, indem sie einen Spiegel auf die Blechplatte gestellt hat. Ringsherum hat sie Papierblumen gesteckt und sieht sich verliebt darin an, zwischen dem Revier Patricias und dem der Algerierin. Jede räumt geschäftig ihre Schätze auf, spricht mit sich selbst, kündigt die nächsten Besuche, den nächsten Ausgang an ...

»Wenn du vernünftig bist, lassen wir dich Samstag und Sonntag zu deinen Eltern.« – »Der Doktor hat den Ausgang verboten, weil du den ganzen Tag geweint hast, du willst ja nicht vernünftig sein, wir wollen nicht, daß deine Mama dich in dieser Verfassung sieht.«

Ich weiß nicht, was ich empfinde, vielleicht Wut, Ekel, Entsetzen, ich weiß es nicht mehr. Als die Schwestern das Essen in der Küche holen gehen, bringe ich Dominique heimlich Buntstifte und Zeichenpapier. Sie weint nicht mehr, sie hat Hoffnung geschöpft.

»Es ist nicht so schwierig zu essen, und dann denk ich daran, daß ich auf diese Weise entlassen werde und meine Eltern wiedersehe. Sie werden so glücklich sein, mich geheilt wiederzubekommen.«

Ich verstehe das nicht. Keine Wut, kein Toben, kein Aufbegehren. Nein, man hat ihr keine Medikamente gegeben. Wie macht sie das? Bei ihr hat jene Methode gewirkt, für eine Zeit jedenfalls, ich höre es aus ihren Worten, ich lese es in ihrem Gesicht, danach wird sie wieder selbst über ihren Körper bestimmen können, und dann ...

»Meine Mutter weinte, sobald sie meinen Teller sah. Da konnte ich noch soviel dem Hund geben, in die Serviette stecken oder wegschütten, während sie sich um die Gäste kümmerten ...«

Sie verstummt, aber ich weiß, daß sie denkt: »Beim nächsten Mal stelle ich es geschickter an.«

»Eines Tages hab ich Angst gekriegt. Ich konnte nicht aufstehen, alles drehte sich, das hörte nicht mehr auf, ich hatte im ganzen Körper Ameisen und war nicht imstande, mich zu rühren. Ich hab es verheimlicht, weil man mich zum Arzt geschickt hätte.«

Warum nur? Warum das alles? Um in einer Anstalt zu landen? Und warum rege ich mich so über sie auf? Wo ich doch dasselbe und Schlimmeres getan habe: Ich habe mich einen Monat lang stur gestellt. Ich darf nicht versuchen zu verstehen, ich darf nur daran denken herauszukommen und nichts anderes sehen. Alle diese Kinder mit ihren Gebrechen... und du hast Launen und willst nicht essen, das ist deine eigene Schuld, es liegt jetzt nur an *dir* herauszukommen... Ich kann nicht, es ist zu hart. Sei still! Du hast gesagt, daß es hier kein Mitleid gibt, du bist allein mit dir selbst, sieh zu, wie du zurechtkommst, du bist allein... Ich will kein Mitleid, nur... Sei still, du hast nichts zu erwarten, ich hab's dir gesagt, du bist allein...

»Hier, ich hab dir Buntstifte mitgebracht. In zwei Tagen bekomm ich appetitlichere Sachen zu essen, hoff ich jedenfalls.«

»Und du?«

»Mach dir keine Gedanken, sogar zu zweit werden wir zuviel haben. Hast du mit den Ärzten gesprochen?«

»Sie stellen mir unablässig Fragen über meine Kindheit. Sie glauben, daß ich das getan habe, weil mein Vater mir eine Ohrfeige gegeben hat, als ich klein war.«

Ist es möglich, die Dinge auf diese Weise zu sehen? Warum hat sie ihm nicht einen Fußtritt in seine hübsche Brille versetzt? Und ich, warum hab ich es nicht getan? Nein, wir haben keine Chance, sie würden uns wegen aggressiver Hysterie einsperren.

»Ich hatte in der Küche einen Camembert geklaut, und er brauchte ihn für sehr wichtige Gäste, er war nervös, er hat mir den Camembert aus der Hand gerissen und hat mich geschlagen. Das war das erste Mal, und er hat es nie wieder getan. Es war nicht seine Schuld, er war nervös... Ich hab zwei Stunden lang geweint bis er gekommen ist und mich getröstet hat.«

Also deshalb soll man sterben wollen? Die halten uns wirklich für Schwachköpfe, für Schwachsinnige, für Verrückte.

Aber warum verzeiht sie ihm diese Ohrfeige? Ein richtiger Vater schlägt seine Kinder nie! Es soll *ihre* Schuld gewesen sein? Die Erwachsenen verstehen es einfach nicht, sich den Regeln zu beugen, sie kommen mit ihren plumpen, stärkeren Händen und bringen einen zum Schweigen. Das geht schneller als mit Worten, das ist weniger anstrengend und wirksamer. Warum machen sie eigentlich Kinder? Um sie den Nachbarn zu zeigen? Um ihre kaputte Ehe zu flicken? Um eine ›Sache‹ ganz für sich selbst zu haben? Um ihre Rente zu sichern? Finden Sie mich gräßlich? Sehen Sie sich die Familien doch an, die Mütter in der U-Bahn, die Großmütter, die nur noch ›sie‹ haben auf der Welt. Finden Sie, daß Sie sie lieben? Oder sind sie ihnen nur nützlich? Hören Sie doch auf zu lügen!

»Kommst du mich während der Siesta besuchen?«

»Ich werd's versuchen, aber ich bin nicht sicher... Bis nachher.«

Das ist noch schrecklicher, als ganz eingesperrt zu sein: Diese dreckigen Kerkermeister geben dir Vergünstigungen, du kannst hinausgehen und zwischen den Gittern herumspazieren, vor den Zellen der anderen Gefangenen, du kannst durch die Scheiben in den Hof hinuntersehen, du kannst... Schweigt! Ich bleibe in diesem Zimmer, ich will sie nicht sehen, niemand interessiert mich, nichts kann mich interessieren. Das wolltet ihr doch, oder? Sie geben einem ein Recht, aber gerade jenes, das zu nutzen man keine Lust hat.

Ein Zeichenlehrer hat mich besucht. Warum findet er es normal, daß ich hier bin, hält er mich denn für verrückt? Jedenfalls mag er die Zeichnungen der Verrückten, meine will er im großen Saal ausstellen.

»Was fällt Ihnen ein? Glauben Sie, daß ich, nach allem, was die mir angetan haben, zulasse, daß sie sagen: ›Schauen Sie, das ist von unserer kleinen Magersüchtigen, sie kann gut malen, nicht?‹ Für wen halten Sie mich?«

»Ich zwinge dich nicht. Nur, das hätte sich gut gemacht neben all den Zeichnungen der Schwachsinnigen.«

»Das hätte sich gut gemacht! Eine Anstalt ist nicht dazu da, daß es sich gut macht! Und außerdem will ich meine Zeichnungen nicht unter die der Verrückten mischen!«

Hat er vielleicht geglaubt, meinen Stolz anzusprechen?

Ist es möglich, daß die Leute so wenig psychologisches Verständnis haben? Weinend sehe ich meinen Baum an, er hat zu viele Blätter, zu viele Wurzeln, ich wußte nicht genau, wie ich die Kastanien malen sollte, weil man sie aus dieser Entfernung nicht sehen kann, also habe ich sie nicht gemalt. Ein Kastanienbaum ohne Früchte ist übrigens hübscher, weniger schwer.

Sie kommt mit ihrer kleinen Brille für Kurzsichtige, die ihre grünen Augen halb verbirgt, sie stellt das Tablett ab und setzt sich auf den roten Stuhl. Meine Augen tun mir weh, aber sie sieht nichts, sie lacht und sagt, heute schmecke es köstlich. Mein Magen dreht sich nach wie vor um, aber ich habe gelernt, nicht darauf zu achten, außerdem muß ich ihm beibrin-

gen, sich anständig zu verhalten, nicht wahr, meinem Dreh-
Magen.

»Es ist kalt heute, meine Tochter hat sich eine Angina geholt.«
Schweigen. Sie sieht mir beim Essen zu. »Na, schmeckt's?«
Ich denke daran, daß ich heute dreizehn werde, an Allerheili-
gen. Das wäre ein guter Moment, sich umzubringen, finden Sie
nicht? Ich sage ihr, daß ihr in Butter geschwenkter Spinat mich
wirklich zu sehr anwidert, daß ich statt dessen etwas anderes
essen werde.

»Nein, im Spinat ist Eisen, du mußt ihn essen.«
»Aber was macht das aus, wenn ich was anderes esse? Und
außerdem nimmt man davon gar nicht zu.«

»Iß ihn auf! Sonst laß ich deine Mutter nachher nicht zu
dir.«

Oh, ich wäre sehr froh, das wird furchtbar werden: »Herzli-
chen Glückwunsch zum Geburtstag, mein Liebling.« Ja, sogar
die Wände sagen das besser als sie. Ich weine, nicht, weil sie
diese Marter, den Besuch meiner Mutter, in Frage stellt,
sondern nur, weil ich diesen autoritären Ton gehört habe, der
ganz auf Wirkung bedacht ist. »Wenn man sie nicht hart
anfaßt, lassen sie sich gehen, dann nörgeln sie über dieses und
jenes Essen, und alles fängt von vorn an.«

Hau ab, geh zu deiner erkälteten Tochter, stopf sie mit Püree
voll! Ich brauche dich nicht, um zu essen, du würdest wohl gern
zu irgend etwas nützlich sein, wie? Ich bin die Oberschwester...
Und außerdem findest du, meine Wut sei normal und ohnehin
nur von kurzer Dauer: »Sie wird mir noch dankbar sein, daß ich
sie gezwungen habe.« Wie mit der Vanillecreme, nicht? Man
kratzt ihr ein bißchen den Zahnschmelz ab, man zwängt es ihr
hinein, vor allem muß man ihren Kopf gut festhalten. Es gibt
immer Püree. Damit man schneller zunimmt! Abwechselnd
dazu gibt es Reis, Nudeln und grüne Bohnen, gegrilltes Fleisch
und durchwachsenen Speck und freitags Fisch und Eierspeisen
wegen der Gläubigen. Ich habe es tonnenweise heruntergewürgt. Sie geben mir doppelt soviel wie den andern, und die
Kilos werden nicht mehr, die Kurve verläuft horizontal, ohne
anzusteigen, wie eine Herausforderung. Aber was willst du
denn mit deinem Leben anfangen, du hast es ja nicht besonders
eilig, keine Sorge, du wirst schon noch...

Direkt nach der Apfelsine und der Sonderration Schokolade ist
sie hereingekommen mit ihrem Päckchen und ihrem Lächeln,

dieses Geschenk macht sie sich selbst. Das einzige, das wahre Geschenk wär übrigens gewesen, wenn sie mich nicht in diese Anstalt gesperrt hätte. Reg dich nicht auf und halte dich an deinen Traum: Man macht dir ein Geschenk, du machst das Päckchen auf, du bedankst dich, du gibst sogar einen Kuß... jetzt hör die Musik, gefällt sie dir? O ja.

»Hier, ich hab dir was zum Essen mitgebracht.«

»Danke. Ich komme gleich wieder, ich geh rüber und gebe meiner Freundin etwas davon.«

Finden Sie mich gräßlich? Da sehen Sie, was Sie erwartet, wenn Sie Kinder in die Welt setzen, halten Sie sich zurück. Dominique schickt mich zurück:

»Danke. Aber geh wieder zu ihr, du kannst nachher wiederkommen.«

Wir schauen beide unsere Eiskrem an.

»Gleich kommt die Schwester. Gut, also los. Achtung: ›Sehen Sie das scheußliche Ding nicht an. Nehmen Sie den Löffel. Schließen Sie die Augen!‹ Bist du soweit? Ich seh dich nicht mehr.«

»Ich bin soweit. Weiter: ›Stechen Sie aufs Geratewohl hinein, wie beim Sticken...‹ und...«

»Es wäre besser, wenn wir die Augen aufmachen, wir könnten uns gegenseitig zugucken.«

Ich habe allerdings nicht gewagt, sie länger als zehn Minuten warten zu lassen. Ich hätte ihr sagen können, daß ich lieber im Zimmer nebenan bin. Nein, ich darf mich nicht aufregen, es stimmt, daß sie in meinem Traum ist, außerdem verschwindet sie langsam vor meinen Augen... das ist eine Dame, der man keinen Kummer machen darf, eine Frau, die nicht versteht, mehr nicht.

»Dein Vater ist zurückgekommen.«

Will sie, daß ich ihr Fragen stelle? Nein, die lasse ich in meinem Reich nicht zu. *Nein!*

»Er kommt dich morgen besuchen. Hast du Lust, ihn zu sehen?«

»Ja.«

Ich werde doch nicht nein sagen, das würde dich zu sehr freuen!

Ich habe wieder verloren, ich lese ihre Gedanken: »Wie verständnisvoll sie ist, diese Kleine, sie wird mir Neuigkeiten von ihrem Vater erzählen können, ich werde nichts dergleichen sagen, aber schließlich, verstehen Sie, nach zwanzigjährigem Zusammenleben... man kann die Leute nicht vergessen, auch wenn sie einem hinter dem Rücken übel mitgespielt haben.«

Ich werde es nie schaffen, ihr weh zu tun, man kann sie nicht treffen, sie hat sich hinter ihrer Unaufrichtigkeit verschanzt, sie zumindest, sie versteht sich zu verteidigen. Ich schreie ihr zu: Ich verabscheue dich, und sie hält das für Liebe, ich schreie ihr zu: Ich verachte dich, und sie hält das für Verrücktheit, ich schreie ihr zu: Du bedeutest mir nichts, und sie hält das für Ungeschicklichkeit...

»Grüß ihn von mir.«

Nein, sie wagt es nicht, mich zu bitten, daß ich mich nach diesem ›Flittchen‹ erkundige.

»Frag ihn nach seiner Adresse, ich brauche sie für den Prozeß, für meinen Anwalt.«

Hältst du mich etwa für blöd? Als ob dein Anwalt sie nicht hätte! Und außerdem kenne ich deine falschen Entschuldigungen, man kann deine Lügen zu deutlich erkennen. Nein, ich antworte nichts, ich kann nichts erwidern. Ich warne dich gleich: Ich werde dir nicht als Vermittlerin dienen! Aber, wozu sind die Kinder eigentlich da?

»Du kannst ihn ja selbst fragen, wenn dir daran liegt, hinzugehen und ihm guten Tag zu sagen.«

»Aber ich will ihn nicht besuchen!«

»Warum brauchst du dann seine Adresse?«

»Ich hab's dir gesagt, für den Anwalt.«

Sehen Sie, das führt zu nichts. Nein, haben Sie keine Angst, ich bin freundlich, ich antworte auf ihre mütterlichen Fragen, ich verstelle mich, ich spiele meine kleine Rolle. Ich esse Kekse und schaue dabei auf ihre Lederstiefel. Sie gewöhnt sich ein und scheint dieses Zimmer nicht so gräßlich zu finden wie ich. Wenn meine Haltung zu widerspenstig wäre, würde sie sich beim Psychiater beschweren, damit er mich vernünftig und lieb wie ein nettes kleines Mädchen macht. »Was haben Sie mit ihr gemacht? Sie spricht nicht mehr mit mir, sie liebt mich nicht mehr.« – »Beunruhigen Sie sich nicht, gnädige Frau, wir werden das mit einer kleinen Erpressung, mit ein paar Medikamenten in Ordnung bringen...«

Wenn du sie nicht akzeptierst, diese Frau, wird sie dich zerstören, kannst du denn nicht in ihren Augen lesen? Sieh dir diesen falschen Schimmer in ihren Augen an, der zu allem bereit ist, um ihr ›Eigentum‹, in diesem Falle dich, zu verteidigen. Siehst du nicht diese Bosheit, die gleiche, die aufleuchtete, als du ihr geantwortet hast: »Ja, ich will meinen Vater sehen«, genau die gleiche. Die gleiche Bosheit wird sich auch über ihren ganzen Körper ausbreiten, wenn sie weiß, daß ich ›ihn‹ gesehen habe. Keine Angst, ich glaube nicht, daß ich einen Ödipuskomplex habe. Ich finde ihn nicht schön genug. Und außerdem könnte ich mich nicht in einen Homosexuellen verlieben, aber richtig, das weißt du ja nicht. Oder sagen wir lieber, daß du dich dies eine Mal gut verstellst.

»Ich arbeite morgen, ich habe viel Arbeit . . .«

Sie könnte mir auch bis ins kleinste alles von den Freundinnen im Büro, von den ›Kollegen‹ erzählen . . . ich spreche natürlich vom männlichen Geschlecht.

»Alle Welt erkundigt sich nach dir.«

»Ach wirklich, hast du etwa . . .« (die Frechheit besessen, ihnen zu sagen, daß du deine Tochter bei den Verrückten eingesperrt hast? Was für eine Lüge hast du ihnen aufgebunden?) Nein, ich bin nicht einmal mehr wütend, sie ist zu lächerlich, ich habe gewonnen, jetzt ekelt sie mich an, berührt mich aber nicht mehr, ich empfinde ihr gegenüber, für sie, die gleiche Scham, wie wenn ich dieses dicke Mädchen seinen Rock über den Bauch hochziehen sehe, wenn die Ärzte vorbeigehen.

»Hast du Freundinnen, sind sie nett?«

»Hast du sie nicht gesehen, die im Korridor?«

Nein, ich bin nicht aggressiv, ich sage das in sanftem Ton, und sie versteht nicht. Ich treibe mein Spiel mit ihrer Dummheit, ich will sehen, wie weit sie geht, aber ich hab's nicht eilig. Vergiß nicht, daß sie alles zerstören kann, man muß aufpassen.

»Es sind ein paar dabei, die nett aussehen. Ich hab eine gesehen, die sehr hübsch ist.«

Es lohnt sich nicht, deine Charmenummer abzuziehen, es sind keine Männer da. Das ist deine Lieblingslist, nicht wahr, die häßlichsten Frauen hübsch zu finden? Sehen Sie, ich bin nicht eifersüchtig, ich bin nicht engstirnig, ich erkenne die Qualitäten der anderen ›Weibchen‹ an . . . Aber ich weiß ganz genau, daß du dir diesen Satz zurechtgelegt hast, um mich zu ›kriegen‹, aber das verfängt nicht mehr! Du hast nichts, keine Nachsicht, kein Herz, keine Liebe. Nein, ich werde dich nie angemessen kritisieren können, es ist alles zu komplex und vor

allem zu ungeheuerlich. Aber ich lächle, und du fällst darauf herein. »Sehen Sie nur, wie gut sie sich hat pflegen lassen, meine kleine Tochter, um mir eine Freude zu machen . . .«
»Er ist nett, der Assistenzarzt, der sich um dich kümmert, nicht? Ich geh jede Woche zu ihm.«
Ja, ich glaube, daß du ihn nötiger hast als ich. Aber warte nur, ich hoffe, daß er dir peinliche Fragen stellt. Zwar, du lügst dermaßen! »Haben Sie sich Ihre Tochter gewünscht?« Überlege. Wenn du die Wahrheit sagst, wird man dich für eine Rabenmutter halten. Ich weiß es genau, eines Tages hast du es mir gesagt, ohne daß es dir bewußt wurde: »Dein Vater und ich, wir haben dich eines Abends gemacht, ich war gerade am Nähen auf dem Bett, und da ist er gekommen. Wir wollten kein Kind, weil wir kein Geld hatten, und außerdem fing es schon an, schlecht zwischen uns zu laufen. Aber als du dann da warst, waren wir sehr froh. Außer deinem Vater, der keine Tochter wollte. Er sagte, du seist häßlich, so krebsrot und ohne ein einziges Haar. Zum Glück hat deine Großmutter dich genommen und sich um dich gekümmert . . .« Ist das etwa keine mutwillige Bosheit? Und weiter: »Du warst drollig, als du klein warst. Eines Tages, du mußt etwa drei gewesen sein, hast du dir den Kopf mit Ölfarbe verschmiert. Du hast dich mit den Farben gekämmt. Dein Vater wollte dich nicht waschen und ich auch nicht, wir versuchten uns gegenseitig die lästige Aufgabe zuzuschieben. Schließlich ist deine Großmutter gekommen, hat uns als Rabeneltern beschimpft und hat dich vier Tage lang behalten. Wir wagten nicht, dich abzuholen, mit ihr war nicht gut Kirschen essen.«
»Haben Sie sich Ihre Tochter *gewünscht?*«
»Oh, selbstverständlich! Ich wollte mehrere Kinder haben. Ich habe immer darunter gelitten, ein Einzelkind zu sein.«
Das ist die Theorie der Eltern: Alles, was sie gern gemacht hätten, muß ›das Fleisch von ihrem Fleisch‹ sich unbedingt auch wünschen. »Es kommt vor, daß ich mich frage, ob das wirklich meine Tochter ist, sie ist mir in nichts ähnlich.«
»Ist die Geburt gut verlaufen?«
Wenn du antwortest: nein, um dich ein bißchen bedauern zu lassen, wird er sagen, du hast dich später an deinem Kind dafür gerächt, daß du gelitten hast.
»Oh, sehr gut! In einer Viertelstunde. Sogar beim ersten hatte ich keine Probleme.«

Er ist ein bißchen jung für dich, nicht? Ich bin sicher, daß du daran gedacht hast. Natürlich erwarte ich nicht, daß du es zugibst, du bist zu ...

»Wie hat Ihre Tochter reagiert, als Sie sie aufgeklärt haben, in der Pubertät?«

Ein grober Fehler, Herr Psychiater, Sie veranlassen sie zum Lügen. Sie kann nicht antworten, daß sie nie gewagt hat, mit mir darüber zu sprechen. Übrigens war es nicht nötig, mit acht Jahren wußte ich schon ›alles‹, wie ihr mit falscher Scham sagt.

»Oh, sehr gut!«

»Haben Sie anschließend nichts Auffälliges an ihrem Verhalten bemerkt?«

Haben Sie sie denn nicht richtig angesehen? Sie und etwas bemerken? Sagen Sie mal, sind Sie sicher, daß die Psychiatrie Ihre Berufung ist?

»Nichts Besonderes, aber sie war sehr verschwiegen, sehr verschlossen.«

Du machst es dir sehr leicht, ich war es ja wohl durch deine Schuld!

»Hat sie nicht mit Ihnen über ihre Probleme, über ihre Freunde geredet?«

»Nein, ich hätte es gern getan, aber sie hat auf meine Fragen nie geantwortet.«

Das hätte ihr wohl gefallen, das hätte ihre Neugier befriedigt! Aber es ist ihr nie in den Sinn gekommen, mir zu helfen! Das ist normal, dafür sind die Mütter nicht da. Die Mütter sind nur da, um einen mit ihrer Kleinlichkeit und ihren Lügen zu erbittern, und sich ›nach all den Opfern, die sie gebracht haben‹, eine Altersversorgung zu sichern.

»War sie oft zu Hause?«

»Nein, sie ging sehr oft weg, aber wenn ich böse wurde, kam sie am nächsten Tag noch eine halbe Stunde später, also wagte ich ihr keine Vorwürfe mehr zu machen.«

Ich hatte dich gut in der Hand. Nur so verstehen sie einen, die Eltern. »Ich habe mich zu Tode gesorgt, du machst mich noch krank, ich dachte, man hätte dich entführt ...«

Herr Psychiater, nicht die Kinder muß man einsperren, sondern sie, die Eltern. Sie, die Verantwortlichen. Sie wissen das, nicht wahr? Bloß kann niemand die Eltern loswerden, niemand ist für sie ›verantwortlich‹. Sie dagegen unterschreiben ohne

Schwierigkeiten den Einlieferungsantrag für diese ›dreckigen Gören‹... und Sie finden das normal.

»Hat sie sich gut betragen, als Sie sie besucht haben?«

»Ja, sie hat sich gefreut.«

Und das Ergebnis: Wir sind es, die eingesperrt werden! Wie soll man sie respektieren? *Sie* ist dieses Mädchen, das den Rock hochhebt und ihre häßlichen und abstoßenden Schenkel zeigt, und er, der ›Wissenschaftler‹, *er* ist dieser Junge, der mit Windeln zwischen den Beinen herumläuft und hysterische Grimassen schneidet...

»Tante Lulu möchte dich gerne besuchen.«

»O nein! Außerdem dürfen nur die nahen Angehörigen kommen.«

Das ist wirklich zu lachhaft, ich beginne zu glauben, daß sie es absichtlich macht. Ich habe eine sadistische Mutter, die mich mit Nadelstichen umbringt, sie hatte es schon fast geschafft, da hat sie sich im letzten Moment eines anderen besonnen: die Anstalt, das ist schmerzhafter, erniedrigender, das tut noch mehr weh.

»Kann ich gehen, wirst du dich nicht langweilen?«

»Nein.«

Sie stellt sich ein bißchen betrübt, um einen schönen Abgang zu haben. Die Wand ist nicht mehr aggressiv, sie lacht. Mit dem gleichen Lachen, wie dieses dicke Mädchen, einem... irren Lachen.

Sogar das Wetter ist trist, niedergeschlagen, häßlich. Es kann sein, wie es will, auf jeden Fall verabscheue ich die Sonne, vor allem hinter den schmutzigen Scheiben eines Gemeinschaftsraums. Selbst wenn ich auf meinen Stuhl steige, kann ich den Hof nicht sehen, gerade eben ein Stückchen Himmel.

Ich kann meine Aufmerksamkeit nicht auf die Sätze in den Büchern konzentrieren, dabei habe ich genauso viele gelesen, wie ich Gift heruntergewürgt habe; ich muß die Worte lernen, wieder lernen zu sprechen. Aber man hat mir nicht gesagt, wie... und ich habe mich verirrt, wie immer, ich habe wieder einmal verloren. Fast habe ich Lust zu sagen, das ist nicht wichtig, ich will hier nichts lernen. Es ist schon zu spät. Ich habe nämlich zuviel gelernt, und nicht aus den Büchern. Ich habe gelernt, mich zu verweigern, mich zu entziehen. Mit meinem Traum bleibe ich vor der Milchglasscheibe und will nicht daran denken, daß er nur ein Traum sein könnte.

Ich verschlang tonnenweise Schokoladenriegel, ganze Nachttische voll Kekse, ganz abgesehen von den Mahlzeiten... bis zum Erbrechen, bis ich sicher war, keinen weiteren Bissen herunterzubekommen, ich hatte den Eindruck, daß diese Übelkeit mich seit Monaten quälte, dabei waren es erst drei Tage, und die schwarze Linie war um hundert Gramm angestiegen! Und nach der harten Prüfung des Wiegens mußte ich diese Wand in Form eines Psychiaters ertragen, der die Arme kreuzte und Binsenwahrheiten verkündete.

Mein Vater wartete im Korridor, er hat mit diesem Psychiater gesprochen, ich pfeife auf meinen Vater, und er pfeift auch auf mich, warum also soll man sich verstellen, für wen? Er wird ebenfalls jammern, Rührszenen sind seine Spezialität, und ich muß mißtrauisch sein, denn er kann sehr geschickt sein, kann in seiner hanswurstigen Art sehr intelligent werden.

»Dein Vater wartet im Korridor.«

Bildet er sich etwa ein, ich würde gleich hinausstürzen? Wirklich, Sie haben keine Ahnung.

»Soll ich ihn bitten hereinzukommen?«

Er freut sich, denn er glaubt, ich hätte Lust zu rufen: »Ja, ich will ihn sofort sehen.« Aufgrund meines Schweigens glaubt er, ich wolle seine königliche ›Gunst‹ aufhalten!

»Guten Tag, mein kleiner Liebling, wie geht's?«

Ein Herr mit großen Augen, die er noch weiter aufreißt, um sich das Phänomen genau anzusehen, ein Herr im mittleren Alter, der ewige Liebe erwartet, weil vor dreizehn Jahren...

»Ist er weg, dieser Idiot von Doktor?«

Endlich ein vernünftiges Wort, aber es wird wohl das einzige in allen deinen Sätzen bleiben!

»Ich bin sofort aus Kanada zurückgekommen, sowie ich erfahren habe, daß du krank bist, ich war wütend, daß deine Mutter mir nicht Bescheid gesagt hat.«

Falle. Glaub das nicht. Er sollte vier Monate dort bleiben, nur wenig länger als... Übrigens weißt du ja, daß er lügt.

»Deine Mutter hat mir erst nach einem, beinah zwei Monaten geschrieben, daß du hier bist.«

Warum, glaubt er auch, er hätte mich heilen können? Das ist typisch der Stolz der Väter.

»Komm, laß dich küssen. Warum hast du das getan? War Mama nicht lieb zu dir?«

Ich kann väterliche Schmusereien nicht ausstehen, ich warne dich, ich kann die Berührung des rasierten und stacheligen Kinns nicht ertragen!

Achtung! Auch er kann alles zerstören. Achtung, das ist der Krieg zwischen den Eltern, wer von beiden am meisten verantwortlich ist...

»Sie hat dir doch nichts getan, oder?«

Ist er denn durch dieselbe Tür in diese Klinik gekommen wie ich? Und nichts hat ihn schockiert?

Ihm fällt nichts anderes ein, als seine Wut auf jene Frau zu rechtfertigen, die ihn aus diesem herrlichen Hotel vertrieben hat, das man im allgemeinen ›Familie‹ nennt. Ich empfinde keine Wut mehr, nur noch Neugier, die Grenzen ihrer niederträchtigen Gemeinheiten kennenzulernen.

»Ist es wegen deinem Bruder?«

Er wird doch wohl nicht anfangen, den Doktor zu spielen? Auf meinen Bruder bist du wohl auch wütend? Weil er nicht so dumm war, sich die Überweisungen auf deinen Namen schikken zu lassen? *Sie* verabscheust du, also hast du ein Interesse an ihnen. Aber ich bin unbedeutend... Und dann, worauf wartest du noch, bis du die Schuld bei dir suchst? Aber nein...

»Wie geht es deiner Mutter? Sie hat mich nicht ins Haus gelassen, ich habe geklingelt, ich wußte, daß sie da ist.«

Mit eurer schmutzigen Wäsche habe ich nichts zu schaffen! Los, weiter, frag mich auch, wie es ihrem Liebhaber geht, wenn du schon einmal dabei bist. Und auch, ob es nicht seine Schuld ist, daß ich hier bin!

»Mir wird ganz übel davon, nur weil sie sich scheiden läßt, kann sie mich doch nicht vor der Tür stehenlassen, ich kam mit meinem Koffer aus Kanada zurück, und sie läßt mich auf der Treppe stehen! Findest du das normal? Das ist doch wirklich erbärmlich. Und außerdem, Marie-Annie ist doch nett, oder?«

Leg schon los mit deinem Gejammer, sag auch, daß es nicht deine Schuld ist, daß du dir eine Geliebte genommen hast. Ich könnte sehr boshaft sein und dich zum Beispiel fragen, warum ich meine Ferien in einem lausigen Kaff verbringen mußte, während du mit Marie-Annie nach Griechenland gefahren bist... Aber du hast Glück, ihr hab mir so oft gezeigt, wie häßlich die Gemeinheit ist, ich will sie nicht einsetzen, *ich* habe meinen Stolz...

»Belästigt er dich auch nicht zu sehr, dieser Psychiater? Du redest doch wohl nicht mit ihm, hoffe ich?«

Sie halten nichts aus, aber bei mir ist es normal, daß ich alles ertrage. Du bist dermaßen mit deiner eigenen Person beschäftigt, daß du nicht einmal die Gitter, die Mauern, die Riegel, die Kerkermeister bemerkt hast. Du besuchst mich in den Mauern einer Anstalt, und alles, was dir zu sagen einfällt, ist, über deine kleinen Ärgernisse zu berichten... Oh, ich habe kein Verlangen nach deinem: »Mein armer Liebling, sie sind abscheulich«, außerdem erwarte ich nichts, man darf von den Eltern nichts erwarten; aber sie zwingen einem ihre schändlichen Vertraulichkeiten, ihre Häßlichkeit, ihre Feigheit auf.

»Ich bin vor einer Woche direkt vom Flugzeug hierhergekommen, aber sie haben mich nicht reingelassen!«

Kann man so dick lügen? Ich habe dich für intelligenter gehalten. Aber ich habe seit dem letzten Tag, an dem wir uns gesehen haben, Zeit gehabt, mich zu entwickeln, und du hattest Zeit, zu verkommen. Komisch, die Hast der Eltern, wenn man krank wird, die Hast, mit der sie zu einem kommen, sie, die gewöhnlich kaum die Zeit finden, einen zu seiner Freundin zu schicken, wenn sie einen bestimmten Jemand eingeladen haben. Komisch, die Wichtigkeit, mit der sie sich ausstaffieren, um sich nicht überflüssig zu fühlen. Was denken sie eigentlich? Daß ich sie brauche, um zu leben? Daß ich sie liebe? Ich wäre weniger als nichts, wenn ich ›das‹ liebte! Diese Mutter, die mich in einer Anstalt einsperrt, diesen Vater, der hierherkommt und über sein trauriges Los weint.

»Ich hätte mich am liebsten umgebracht, als ich wegging! Ich war diese vielen Kilometer deinetwegen gefahren und konnte dich nicht einmal sehen!«

Ja, ja, das ist die Beschränktheit der Eltern: es wäre dir nicht in den Sinn gekommen, daß *ich* mich umbringe? Du erträgst es nicht, daß man dir verbietet, scheinheilig deine Vaterpflichten zu erfüllen, und denkst nicht einmal daran, dir den Ort, an dem man mich angeblich heilt, genau anzusehen. Die Zimmerschlüssel im Büro der Schwestern, die verunstalteten Mädchen im Korridor, die Schaben, den Geruch, hast du es nicht bemerkt? Nein, du hast nur an deine Komödie gedacht: Man muß ein bißchen weinen, um den ergebenen Vater zu spielen...

Sie widern mich an! Wie ist es mir nur gelungen, mir meinen kümmerlichen Traum zurückzurufen, während ich den Worten dieses latent Homosexuellen, dieses besessenen Schizophrenen, dieses heuchlerischen Lügners zuhörte?

»Das scheint hier gar nicht so schrecklich zu sein, behandeln sie dich gut?«

Raus! Hau ab! Laß mich in Frieden! Ich will dich nie mehr wiedersehen! Verschwinde!

Anstatt das herauszuschreien, breche ich in Schluchzen aus und renne zur Toilette, die man nicht einmal abschließen kann. Auf dem Sitz hockend, den Kopf in den Händen, weine ich, vor Wut, vor Armseligkeit, vor Ekel!

Wie kann man leben! Es ist unmöglich! Wenn sie mich hinausließen, könnten sie etwas erleben! Ich würde wieder mit meinem mißlungenen Selbstmord anfangen, ich würde wieder an die gleichen Dinge denken wie an dem Tag, als ich beschloß, mich umzubringen, indem ich aufhörte zu essen. Denn das, was die Psychiater sagen, ist falsch, das kommt nicht einfach so, ohne daß man es gewollt und reiflich überlegt hat. Man kann nicht von einem Tag auf den anderen keinen Hunger, keinerlei Bedürfnisse mehr haben, das ist falsch! Das ist ein Training, ein Ziel: Nicht mehr wie alle anderen zu sein, nicht mehr Sklave dieses körperlichen Verlangens zu sein, nicht mehr diese Fülle mitten im Bauch zu spüren und nicht diese falsche Freude, die sie empfinden, wenn der Dämon des Hungers sie zwickt. Ich habe den Eindruck, daß diese Regel in eine andere Welt führt, in eine reine Welt, ohne Abfälle, ohne Unrat, dort tötet sich niemand, weil *niemand* ißt. Es ist schrecklich, sie zwingen mich, zurückzukehren in dieses Reich der Morde, der Lügen, gegründet auf... auf ihr widerliches Gift! Nein! Ich werde später Zeit haben, daran zu denken, wenn ich erst draußen bin.

8

Lautes Schimpfen und Schreien brach los im Schlafsaal. Die Schwester hatte meinen Vater unter dem Vorwand, ich dürfte nicht überanstrengt und aufgeregt werden, weggeschickt. Ich war sicher, daß sie alle über meinen Haß und meinen Abscheu

Bescheid wußten! Ich kauerte mich wieder zwischen das Bett und den Nachttisch, den Kopf zwischen den Händen vergraben, damit die Schreie nicht an mein Ohr drangen, aber sie erreichten eine durchdringende Lautstärke, eine unglaubliche Kraft, wurden zu einem endlosen Echo.

»Hör auf, sonst ruf ich den Doktor. Er hat keine Angst, Spritzen zu geben, der Doktor, hörst du, willst du eine Spritze?«

»Nein, lassen Sie mich, lassen Sie mich!«

Grauenhaftes Quietschen von Betten, die über die Fliesen gezerrt werden, unmenschliche Schreie, eine trotz ihrer Kraft ohnmächtige Wut, verzweifeltes Schluchzen... Was tut man ihnen an?

Eine Schwester kommt mit einem Kuchenteller in mein Zimmer. Hat sie denn gar keinen Anstand? Merkt sie nicht, wie lächerlich und gemein sie ist?

»Ah, dieses kleine Biest! Sieh mal, sie hat mich gebissen!«

Sie zeigt einen riesigen bläulichen Biß, aus den Abdrücken der Zähne perlt ein Blutstropfen... Danke!

»Ah, ich kann dir sagen, was die für eine Kraft hat! Es ist besser, so wie du zu sein als wie sie.«

Dafür möchte ich dich auch beißen.

»Sie holen jetzt die Klinikchefin. Die wird schon sehen, man wird sie fertigmachen!«

Ich höre ihre Pferdeschritte auf den Fliesen klappern wie ebenso viele Verbrechen. Die Schreie werden lauter.

»Haltet sie fest! Verdammt noch mal! Bindet sie an, damit sie sich nicht bewegen kann!«

Ich möchte schreien, *ich* bin es, die sie anbinden, *ich* bin es, die sie auf diese erniedrigende Weise umbringen werden.

»Nein, ich will nicht, lassen Sie mich los, ich bin ja still, lassen Sie mich los!«

Entsetzen überfällt meinen ganzen Körper mit Nadelstichen, nein, tut das nicht, nein! Aufbegehren, Stille... Sie haben sie getötet... Ich platze, wo bin ich? Mit Gurten an ein Bett gefesselt, von Drogen gemartert, ich sterbe... *Nein!* Hilfe! Verbrecher! Mörder! Ich wußte, daß es hier kein Mitleid gibt!

»Hier, nimm ein Stück Kuchen!«

Nein! Ich kann nicht. Ich versuche meinen Tod zu verdauen, den ich mit ein wenig Haß schmackhafter mache, damit er besser herunterrutscht. Die Zimmerdecke dreht sich, die Fliesen auch, die Schreie leben wieder auf, meine Stimme wird heiser wie die eines Tieres, das in eine Falle geraten ist und langsam sterben muß, mit der Drohung einer letzten Rache! Ich weiß nicht mehr, wo ich bin, meine Hände umschließen mich mit Finsternis, in der sich die Farben dieses stummen Schmerzes spiegeln, mein Herz pocht, meine Lungen, meine Adern ertrinken in ekelerregendem Blut, wo bin ich, wer bin ich? Nichts, nirgendwo, ein Knäuel von Qualen, das Mädchen stößt einen letzten Schrei aus, bevor es in den Schlaf hinüberdämmert.

»Das ist nichts, weißt du, das kommt oft vor, du brauchst es gar nicht zu beachten. Wein nicht so! Komm, leg dich ein bißchen hin, beruhige dich ... Hier, ich stell dir dein Essen auf den Tisch und mache die Tür zu.«

Unter Schluchzen ziehen Bilder an mir vorbei, was soll ich tun? Ein Traum ist etwas so Ohnmächtiges! Er kann mich nicht in Vergessen, in Gleichgültigkeit versenken. Das hätte ich gerne erreicht, aber ich kann es nicht. Ist das wirklich möglich? Ich weiß es nicht. Ich frage mich, ob man diese Dinge verlangen kann, und von wem denn? Niemand ist da. Ich bin allein, die Bilder ziehen vorbei, sie sind leicht, aber dermaßen häßlich! Mach die Augen auf und sieh dir diese schmutzige Zimmerdecke an, diese Spuren und Zeichen des Schmerzes, Spuren des Irrsinns! Mach die Augen auf, und sieh dir diese Einsamkeit an, diese Nutzlosigkeit, sieh sie genau an, vergiß sie nicht! Nichts ›draußen‹ kann häßlicher sein ... ich habe schon vergessen, wie es ›draußen‹ ist.

Das laue Wasser aus dem Hahn tut mir gut, mein Gesicht ist nur noch eine Ruine, ich nehme es durch einen Nebel in dem fleckigen Spiegel wahr. Dominique ist bei mir und versucht mich zu trösten. Großes, knochiges Mädchen, ich liebe deinen Körper, ich liebe seine Leichtigkeit.

»Atme gut durch ... Langsam, ruhig, geht's besser?«

Was soll ich sagen. Nichts, da ist eine riesige Leere. Sie haben mich doch getötet, und trotzdem bin ich da: Schreckliches Urteil.

Um meinen Geist zu beschäftigen, schrieb ich mit Bleistift auf weiße, dünne Blätter die Geschichte eines Dorfes. Jeder meiner Figuren stellte jemanden aus dieser düsteren Klinik dar, aber ich durfte nicht zu deutlich werden, denn es wurde alles hinter meinem Rücken gelesen, während ich mich wusch. Manchmal sogar fand ich meine Blätter nicht wieder: Die Schwestern hatten sie den Ärzten übergeben. Sie sagten, für ein verrücktes Kind sei es gut geschrieben, aber die Ähnlichkeit fiel ihnen nicht auf, so gut hatte ich sie verschleiert. Sie hoben die unwichtigen und erfundenen Einzelheiten hervor. In diesem Dorf nörgelten alle an der Hexe herum, der einzigen vernünftigen Person, die sie schließlich alle vergiftete. Ist das nicht deutlich genug?

»Da gibt's einen Kerl mit einem dicken Bauch, nicht wahr?«
Na und, die haben alle einen in den Dörfern auf dem Land! Sind Sie nie da gewesen? Ach so, auf den Balearen! Nein, ehrlich gesagt sehe ich Sie eher in einem verlorenen Kaff der Sarthe oder der Normandie. Sie versuchen zu beweisen, daß dicke Leute mir mißfallen und daß das die Ursache meiner Krankheit ist. Aber ich antworte nicht einmal, das lohnt sich nicht.

»Da ist auch ein Automechaniker?«
Was soll ich darauf antworten? Übrigens weiß er ganz genau, daß er seine so wenig wertvolle Zeit verliert.

»Sie essen Haferflocken?«
Er hat nicht einmal verstanden, daß ich das schreibe, weil ich Haferflocken nicht ausstehen kann. Damit werden sie doch vergiftet!

Nun, diese Geschichte gefällt mit ohnehin nicht, ich habe nichts so schreiben können, wie ich wollte. Das war nicht für Ihre dreckige Fresse bestimmt! Warten Sie noch etwas, bis ich draußen bin, dann können Sie sie mir nicht mehr stehlen. Nein, aber meine Mutter wird es an Ihrer Stelle tun, sie wühlt in meinen Sachen herum, auf genau die gleiche Weise hat sie die unwiderlegbaren Beweise für die Seitensprünge entdeckt... »Ich hab dein Zimmer aufgeräumt und hab dieses verschlossene Tagebuch gefunden, ich mußte es aufmachen, weil eine Spinne drin war, aber ich schwöre dir, daß ich nichts gelesen habe.«

Am selben Tag hat sie mich auch gezwungen, mein Schatzkästchen zu öffnen: »Wir haben überall nach diesen Patronen gesucht, womöglich sind sie da. Mach auf, sonst reiß ich dir den Schlüssel aus der Hand! Hörst du, mach auf!«
Ich verabscheue sie.

Ihre Lügen tönen wieder in meinen Ohren, stinkend, ein

Geruch von Vorwurf und Gemeinheit, häßliche Sätze; die Mutter, die sagt: »Dein Vater fand dich häßlich«, der Vater, der behauptet: »Deine Mutter wünschte sich einen Jungen.« Und: »Ich wollte nicht zu diesen ›Partnertausch-Parties‹ gehen, dein Vater wollte es ...« – »Sie wollte feststellen, ob ich besser bin als die anderen.« – »Er hat mir kein Geld gegeben.« – »Sie hat mir meine Schecks weggenommen.« – »Ich habe ihn ausgehalten.« – »Sie hat es mir geschenkt.« Während er seine Vorführung pornographischer Filme vorbereitete – Pin-up-girls in Spitzendessous und traumhafte Kopulationen –, stellte sie die Filme zusammen: »Ich wollte ja nicht, aber er hatte Sexphantasien. Als ich das gesehen habe, bin ich türenschlagend weggelaufen, ich bin nicht sexbesessen.« – »Soll ich *Heiße Katzen* vor oder nach *Doppelte Penetrationen* einlegen?« – »Sag den Kindern, daß sie auf keinen Fall an den schwarzen Koffer und an die Arzttasche rangehen dürfen ...« – »Stell dir vor, sie hat im weißen Brautkleid geheiratet, und in der Hochzeitsnacht ... habe ich gemerkt, daß sie gar keine Jungfrau mehr war! Sie hat die Kirche, sie hat Gott belogen!« – »Ich bin Schlittschuh gelaufen, weißt du, die Kraftsportarten ...«

Aber warum erzähle ich das alles? Was habe ich mit ihren blöden Lapalien zu schaffen? Dermaßen ungeschickte, dermaßen plumpe Lügen, wie sollten sie einem entgehen? »Die Kinder hören nichts, die verstehen nichts, laß sie doch ...«

Man kennt ihr Ziel nicht, man kennt den Grund nicht, aber er existiert, instinktiv, emotional; nichts kann in einem einzigen Satz erklärt werden, alles ist tief oder weniger tief im Unbewußten verankert. Ich will sagen, daß ich das Ziel aufspüren will, ich muß suchen. Ich verstehe nicht, wie man beschließen kann, ›ein Kind in die Welt zu setzen‹, Wunder, Glückwünsche, Allheilmittel ... Bedenken sie, daß ihr Kind die Chance von eins zu tausend hat, anomal, behindert, entstellt zu sein? Und wenn das alles nicht passiert, dann werdet ihr das Kind, das ihr gemacht habt, traumatisieren, schlecht erziehen, durch euer Verhalten später unglücklich machen ... Im übrigen, was erwartet ihr denn? Daß es ihm gelingt, in einer Welt glücklich zu sein, in der ihr es nicht sein konntet? Schaut euch um, schaut euch doch um, es gibt keinerlei Chance, die Prüfung zu bestehen! Nein, das ist kein Pessimismus. Schaut euch doch das Unglück der anderen an, das wird euch erleichtern.

Macht sie halt trotzdem, aber bringt wenigstens den Anstand

auf, sie zu töten, wenn sie geboren sind. So werdet ihr euren
lächerlichen, perversen, unanständigen Traum gehabt haben.

Ich habe mich mit diesem großen blonden Mädchen unterhalten, dem mit den falsch dosierten Schlaftabletten und der
verbrannten Gesichtshaut, das allzu fröhlich war.
»Ich hatte die Nase voll von meinem Vater, er wollte nicht, daß
ich mit meinem Freund gehe, und dabei war ich ihm schnuppe... Ich hab nicht einmal nachgedacht, ich war zu wütend, ich
hab das Röhrchen genommen... Ich wollte mich rächen, sie
wären mit einer Leiche dagestanden. Jeden Abend war es
dasselbe Lied, mein Vater machte Anspielungen, und wenn ich
ihm nicht antwortete, stellte er mir Fragen, böse und heimtük-
kisch. Alle zwei Tage heulte ich die ganze Nacht. Am andern
Tag schrie ich wie eine Verrückte. Außerdem verlor ich
dadurch alle Kontakte, mein Freund hatte es satt. Der ist doof,
dieser Psychiater, er fragt mich, was sich zwischen mir und
meinem Freund abgespielt hat! Der ist doch genauso heimtük-
kisch! Ich bin wütend geworden, ich habe geschrien, und ihm
ist nichts anderes eingefallen, als mich ruhig anzusehen und zu
sagen: ›Ja?‹ Ich hätte ihn umbringen können!«
Ich weiß, es ist genau dieser Ausbruch, auf den sie warten, ihre
falsche Überlegenheit steckt in diesem »Ja?«
Aber wenn die Wut dieses Mädchens einmal aus ihr hervorge-
brochen ist, wird sie dann nicht viel heftiger wiederkommen?
Er dagegen geht befriedigt weg, nachdem sie ihre ganze
Empörung vor ihm ausgebreitet hat, und schreibt es in seinen
Krankenbericht.
»Wie fühlst du dich?«
Na, hör mal, das sieht man doch.
Es gibt vielleicht nur zwei Spiegel in diesem Haus, aber ich habe
mir darin meine von Tränen verquollene Visage angesehen...
Noch eine Provokation. Das freut Sie wohl, oder? Aber Sie sind
hier völlig fehl am Platz, Sie kommen angeblich, um mir zu
helfen, und ich schweige, ich mache mich über Sie lustig! Sie
sind gezwungen, nach den Kranken zu sehen, und wenn alle
sich Ihnen verweigerten, was würden Sie tun? Ich hoffe, Sie
hätten wenigstens die Aufrichtigkeit, Pfleger zu werden. Aber
nein, im übrigen, die unheilbar Verrückten, die verweigern
sich Ihnen ja nicht... Keiner verweigert sich Ihnen, der
Psychiater ist ihre einzige Stütze, die einzige Person, die sie

nicht wie gemeine, abstoßende Küchenschaben behandelt, die einzige Person, die mit ihnen spricht. Oh, manchmal gibt es harmlose Fälle wie die Magersüchtigen, verwöhnte Kinder, die sich in ihre Stummheit verbohren, die sich Ihnen widersetzen, aber im allgemeinen sprechen alle... Außerdem, falls die Kinder schweigen, sind da noch die Eltern... Es genügt, ihnen ein gutes Gewissen zu verschaffen, sie von Ihrer Kompetenz zu überzeugen.

»Also, Sie fühlen sich schuldig? Hätten Sie sie lieber bei sich zu Hause sterben lassen?«

»Nein, aber ich habe den Eindruck, sie abgeschoben zu haben, die Leute stellen Fragen, und außerdem ist es mir peinlich auszugehen, ich wage nicht, mich zu amüsieren, meine Tochter ist in der Klinik, und ich, ich... Nein, das schickt sich nicht für eine Mutter.«

Immer bekümmert dich die Meinung der anderen, nicht wahr?

»Hast du gehört, was die Metzgersfrau gesagt hat: ›Meine Kinder sind nicht mager, bei mir gibt's was Ordentliches zu essen!‹ Ich kann doch nichts dafür, ich wäre bereit, dir alles, was du dir wünschst, zu kaufen...«

»Haben Sie sie gestillt?«

»Nein, ich hatte Tuberkulose.«

So einfach ist das, aber du ziehst dich schlecht aus der Affäre; kein Stillen: keine Liebe, so lautet die Theorie. Aber du hast dich selbst so oft belogen, daß du nicht mehr weißt, was wahr ist, das war nicht unbedingt eine Tuberkulose... eher ein kleiner Anfall von Depressionen aus Liebeskummer, ein kleiner mißlungener Selbstmordversuch mit Hilfe des Gasherds, genau kalkuliert, damit er nicht tödlich, nicht allzu schlimm ausfällt. »Wenn er sieht, daß ich mich seinetwegen umbringen wollte, wird er zurückkommen...« Deine Reize waren also nicht stark genug? »Oh, das war es nicht, aber meine Mutter hatte mir immer gesagt, ich sei ein häßliches Frauenzimmer, ich hatte kein Selbstbewußtsein.« Natürlich, dich hat man auch traumatisiert, wie? »Das war nicht meine Schuld, was denken Sie denn, für mich ist es auch hart gewesen...« Hat man deshalb das Recht, andere kaputtzumachen?

»Hätten Sie sie gerne gestillt?«

Achtung, wenn du die Wahrheit sagst, daß dir diese roten, häßlichen Säuglinge egal waren, bist du selbst schuld... wenn

du sagst, daß du an den Jungen dachtest, der mit dir Schlitt-
schuhlaufen ging...

»Ja, aber die Krankenschwestern hatten es mir verboten, und
dann hatte ich fast keine Milch, und sie wurde sauer...«

Das hat dich angeekelt, eine gewöhnliche Amme zu sein, wie?
Eine Kuh, was? Nein, aber für wen haltet ihr mich denn? »Und
außerdem war ich krank, ich war noch nicht ganz geheilt. Ich
würde mich gern bedauern lassen, aber niemand beachtet mich,
also übertreibe ich ein bißchen...«

»Haben Sie Ihr Kind idealisiert?«

»Aber sie *war* doch das intelligenteste, hübscheste, am wenigsten beeinflußbare... von allen Kindern. Alle Welt liebte sie,
fand sie süß, alle hätten gern eine Tochter wie sie gehabt! Sogar
Tante Lulu ärgerte sich tot, weil sie nur Jungen hatte. Und
außerdem haben Sie ja selbst gesagt, daß das nur bei intelligen-
ten Mädchen vorkommt, diese Geschichten...«

Wieder eine ihrer falschen und dummen Theorien. Wenn ich
gerissener gewesen wäre, hätte ich mich über die Schlafmitteldosen informiert. Aber ich wußte nicht genau, daß ich meinen
Selbstmord inszenierte, unbewußt ahnte ich es, aber ich hätte
es nie zugeben wollen... an dem Tag, als ich beschloß...
Jedenfalls, wenn ich intelligent gewesen wäre, hätte ich mich
nicht in diesen so offenkundigen Hinterhalt locken lassen. Ich
hätte mich gleich nach dem ersten Besuch beim Psychiater über
diese Dinge informieren sollen.

Und dann die Mädchen in den anderen Zimmern: Christine hat
Schwierigkeiten in der Schule (für Sie sind doch die Ergebnisse
in der Schule Beweis für die Intelligenz!), aber sie reagiert nicht
einmal mehr, sie beschäftigt sich mit Nähen und will die
schwarze Linie unter keinen Umständen ansteigen lassen.

»Stell dir vor, sie wollen, daß ich fettleibig werde, aber ich will
bleiben wie ich bin.«

»Sieh dich an, verdammt noch mal! Nimm einen Spiegel!«

»Das hat keinen Zweck, es gibt keinen hier.«

»Sieh dir deine Beine an, deine Hüftknochen treten wie
Stangen hervor, obwohl der Kleiderstoff dick ist, deine er-
schöpfte, häßliche Gestalt, diese krankhafte Schwäche... Und
das gefällt dir!«

Sie reagiert empfindlich auf Grausamkeit, aber sie ist nicht
intelligent, oder sollte man besser ein anderes Wort gebrauchen? Finden Sie nicht, daß Intelligenz stolz sein muß? »Ich

vergöttere meine Eltern«, ist das etwa Stolz? Ist das Intelligenz, sich einen Traum wie den meinen zu schmieden oder sich an den Rettungsring der Elternliebe zu klammern? Ist das Intelligenz, die Folgen seiner Verweigerung nicht vorauszusehen? Ich meine damit dieses Eingesperrtwerden, diese Erpressung. Ich hätte auf eine einsame Insel mitten im Meer gehen sollen... das Meer ist schön, finden Sie nicht? Das wäre eine gewisse Form von Intelligenz, zumindest von Scharfsinn gewesen. Nun, ich bin wie eine Schwachsinnige hineingetappt. Nichts anderes bin ich nämlich: Ich stopfe mich wütend voll mit Schokolade, Püree und trockenen Keksen, weil man davon zunimmt.

Wie soll man sich den anderen anpassen, wenn die eigene Mutter hinter dem Rücken und ohne Skrupel ständig wiederholt: »Ihre Freundin hat sich von ihr abgewandt, aber ich bin richtig froh, das war ein regelrechtes kleines Biest, sie war auch nicht aus dem gleichen Milieu, sie wohnen in einer Sozialwohnung, im übrigen ist meine Tochter die Intelligenteste in der Klasse, sie ist in allen Fächern die Beste...«

Ich möchte dagegen aufbegehren, ich möchte leugnen, daß jene dumme und böse Frau ihren Zerstörungsplan ohne Schwierigkeiten hat verfolgen können, daß es jene Frau ist, die mich gezwungen hat, die Dinge auf diese Weise zu sehen. Finden Sie nicht, daß es mehr als demütigend ist, das zugeben zu müssen? Jene Frau, die ich verabscheue, die mit ihrem erstarrten Lächeln und ihrem Kuchen hereinkommt. Sie will nur mein Bestes? Warum hat sie das dann gesagt? War sie sich dessen nicht bewußt? Sie halten mich wohl für vollkommen schwachsinnig? Außerdem glaube ich nicht mehr an diese vorgefertigten Sätze: »Sie besitzen nur dich auf der Welt, sie wollen nur dein Glück, sie haben alles getan, was sie konnten...« Ich lasse keine Entschuldigung gelten, sie sind alle unwahr oder erfunden. Sie entlasten nur sich selbst, anstatt dem Wesen zu helfen, für das sie angeblich ihr Leben geben würden.

»Ich würde zehn Jahre meines Lebens dafür geben, wenn du essen würdest...«

Natürlich hat sie nie Camus gelesen. Der dritte Patrizier sagt angesichts von Caligulas Leiden: »Jupiter, nimm mein Leben im Tausch gegen das seine!« Und Caligula antwortet: »Ah, das ist zuviel, so viel Liebe habe ich nicht verdient. Wachen! Führt ihn in den Tod! Ich fühle mich jetzt besser, wo du mir dein

Leben gegeben hast, du hast mich geheilt, bist du nicht glücklich?« Und der dritte Patrizier antwortet: »Aber ich will nicht. Das war doch ein Scherz!«

Sie sind genau gleich, hassenswert, nein, lächerlich. Denn ich kann nicht ausrufen: »Nehmt ihr zehn Lebensjahre und bringt mir ein Reiskorn!«

»War sie deprimiert? Traurig?«

Wie hätte sie das Ihrer Meinung nach merken sollen? Man muß weinen, schreien und stöhnen, um traurig zu wirken...

»Nein. Sie hat nie geweint, sie hatte immer ›sehr gut‹ in der Schule. Sie schloß sich in ihrem Zimmer ein, um zu lesen, und wollte nie rausgehen. Sie schrieb Gedichte, die sie unter ihren Kleiderstapel versteckte... Ich habe sie eines Tages beim Aufräumen gesehen...«

Wie bei dieser Ehegeschichte, nicht wahr?

»Aber ich habe sie nicht gelesen, ich respektiere ihre Geheimnisse. Sie sprach darin vom Frühling und von der Nacht. Von der Dunkelheit, vom Abend, von der Sonne, die verschwindet...«

»Sie haben sie nicht gelesen?«

»Nur überflogen, ich wußte nicht, daß das *ihre* geheiligten Gedichte waren. Im übrigen gab es nichts zu verstecken, die Kinder glauben immer...«

Er sagt nichts, er findet das normal!

»Sie ist oft weggegangen.«

»Sie fühlen sich verantwortlich dafür, sie hierhergebracht zu haben. Und trotzdem ließen Sie sie weggehen, ohne überhaupt zu wissen, wohin sie ging. Finden Sie das normal?«

Bewundern Sie ihr schmutziges Werk! Versuch völliger Zerstörung, falsche Verdächtigung, Inhaftierung und Schuldspruch.

»Sie hat mich nicht nach meiner Meinung gefragt. Ich kam abends nach Hause, und sie war nicht da. Ich hatte ihr gesagt, sie müsse einkaufen, spülen und mir ein bißchen helfen, aber dann fand ich im Flur eine Nachricht vor: ›Ich bin weggegangen.‹ Ich war halb tot vor Sorge, aber ich konnte es ihr noch so oft sagen, sie hörte nicht auf mich. Wissen Sie, Kinder sind egoistisch...«

Ich vor allem bin egoistisch, ich bedaure sie nicht genug, ich müßte Puppenmutter spielen, müßte sie in die Arme nehmen und sie trösten. Ich pfeife auf ihre Sorge, und außerdem lügt sie, sie hat sich das ausgedacht, um sich ein gutes Gewissen zu verschaffen.

Aber ich will nicht mehr daran denken, ich habe den Eindruck, von Elektrizität durchströmt zu werden, der gelbliche Wandanstrich lacht mir ins Gesicht. Ach, du bist vielleicht komisch! Für solche Sachen zermarterst du dir das Hirn und das Gedächtnis. Ich kann nicht mehr!

Patricia kommt herein mit einem blauen Auge.

»Guck mal, siehst du, was sie mir angetan hat? Ihr sind mal wieder die Nerven durchgegangen... Das ist prima, alle Schwestern bedauern mich.«

»Na, kleine Pat, wie geht's? Du hast kein Glück gehabt, ausgerechnet dich hat sie erwischt!«

Ich höre sie alle, ohne ihnen zuzuhören. Ich bin nicht hier. Ich bin nie hierhergekommen. Das war bloß eine Behauptung. Ich habe nie in diesem Saustall voller Ungeziefer und Ungerechtigkeit gelebt.

Ich bleibe sitzen, reglos und leichenblaß. Ich halte mir die Ohren, die Augen zu. Nein, nicht den Mund, sonst kommen die anderen und machen ihn mir auf! Ich träume und höre ihnen nicht zu, sie machen mir zuviel Angst...

Ewigkeiten sind vergangen... und heute ist erst der 20. November.

Tage, in denen die Teller voll bleichem Püree zur Qual werden, Tage, in denen man von diesem tief verankerten Satz gequält wird: »Du könntest einen Keks, ein Stück Schokolade essen...«

Zeichnungen, Sätze und Bücher füllen den Geist nicht aus, wenn man gezwungen wird, seinen Körper übermäßig anzufüllen. Sticken und Schweigen gibt einem nicht die Lebensfreude zurück.

Eine vierte Magersüchtige war gekommen, man bekam sie nie zu Gesicht, die Schwester führte sie an der Hand in den Waschraum, nachdem der Korridor geräumt war. Es war qualvoll, an dieser verschlossenen, schweigenden Tür vorbeizugehen, daran zu denken, daß dahinter jemand weinte, daß dahinter jemand seelisch zugrunde ging, der schrecklichste Tod.

Hinten im Schlafsaal lag eine zweite Selbstmörderin, sie hatte

Ätznatron geschluckt, ihre ganze Kehle und ihr Kehlkopf waren verbrannt, Plastikschläuche waren in ihre Nase eingeführt. Dem war ich entronnen.

Was mich bei allen diesen Mädchen wunderte, war, daß sie es gar nicht unnormal zu finden schienen, wegen Depressionen oder einem Selbstmordversuch in einer psychiatrischen Anstalt zu sein. Das waren die einzigen beiden Krankheitsfälle, die mich anzogen, da sie meinem ähnlich waren. Aber es muß auch gesagt werden, daß die anderen Kinder unansprechbar waren. Diese Gefangenen beklagten sich nie darüber, daß man ihnen ihre Freiheit geraubt hatte, sie wirkten heiter und unberührbar. Etwa so, als wäre es ihr einziges Ziel gewesen, etwas anderes als ihre früheren Lebensbedingungen zu erreichen. Irgend etwas anderes, und seien es diese Mauern, diese Gitter, diese Riegel, diese Drohungen, diese Erpressungen... Sie sagten nie aufrichtig und deutlich, warum sie ›das‹ gemacht hatten. Aber wenn ich sie danach fragte, begriff ich die Komplexität ihrer Tat wohl nicht richtig. Wenn man plötzlich nach dem Röhrchen Schlaftabletten, nach der Dose Ätznatron oder nach den Rasierklingen greift, konnte das meiner Meinung nach nur aus einem eindeutigen Grund, aus einer offenkundigen und bewußten Enttäuschung heraus geschehen. Magersucht war für mich ein langer und schmerzhafter Selbstmord, vielleicht eine Art Hilferuf, eine tote Zeit, während der man über seine eigenen Beweggründe nachdenkt, ihnen Hellsichtigkeit unterstellt und sie mit falschen Schmeicheleien schmückt. Jeden Tag überzeugt man sich selbst mehr. Daher kann man nicht in einem Satz erklären, warum... Aber ein Selbstmordversuch, das war gänzlich verschieden, klar, durchsichtig.

Ihr Aufgeben, ihre Resignation brachten mich auf. Warum zeigten sie keinerlei Empörung, keinerlei Wut? Sie bemühten sich überhaupt nicht zu verstehen: »Ich will nicht wissen, warum ich das getan habe.« Aber sie logen, zweifellos, ganz bestimmt. Es ist unmöglich, sich keine Fragen zu stellen, nicht wahr? Und ich, war ich nicht wie sie? Ohne Ziel, ohne Freude, ohne alles. Nur mit dieser Hoffnung ›herauszukommen‹? Nur mit diesem Wunsch, alles zu verbergen, nichts in diesem Haus, im Gehirn dieser Leute zurückzulassen? Wie konnte man wissen, ob sie sich nicht verstellten? Nein, sie schmeichelten diesem Psychiater nicht, aber nach ihren Unterredungen mit

ihm sah man in ihren Augen etwas aufleuchten, Neugier, Freude ... und wie sollte man diese Erleichterung wohl verstehen? Sie konnten nur lügen, wenn sie voller Überzeugung behaupteten: »Der ist ja plemplem, der Typ, ich halt ihn jedesmal zum Narren. Was hat er dich denn gefragt?«
Keine schwieg ganz. Übrigens wurde das Mitteilungsbedürfnis so oder so als sicheres Anzeichen für Wahnsinn angesehen.

Ein dunkelhaariges, geziertes Mädchen schlich weinend mit gekrümmtem Rücken und eingefallenen Augen auf dem Korridor herum.
»Wirst du wohl aufhören zu heulen wie ein kleines Mädchen? Wenn du nicht von selbst aufhörst, laß ich morgen deine Mama nicht zu dir. Was sind denn das für Launen? Ein großes Mädchen wie du! Schämst du dich nicht? Wirst du dich wohl beruhigen! So kannst du deine Mutter nicht sehen, Pech für dich, in dieser Verfassung werden wir dich nicht vorzeigen, los, beruhige dich!«
Von Spritzen durchsiebt, weinte sie seit zwei Tagen unentwegt, bald würde sie keine einzige Träne mehr im Körper haben ...
»Laß sie ihre Launen austoben; sie wird sich schon beruhigen. Wenn nicht, gibt es Spritzen ...«
»Sechsunddreißig Kilo. Siehst du, es geht aufwärts, mehr als vier ...«
»Vierunddreißig bei Domino, alles nimmt zu ...«
»Na, na? Fünfunddreißig bei Christine ... Du trödelst.«
Mit ihrem Katzengang steigt sie von der Waage herunter, entzieht sich den Augen des Richters, verkriecht sich in ihren Morgenmantel, streicht ihr häßliches rotes Haar glatt.
»Siebenunddreißig bei Isabelle.«
»Siebenunddreißig Kilo bei einer Größe von einem Meter achtundsechzig, sie soll auf fünfzig Kilo kommen. Sie sind verrückt, mehr als verrückt, man hätte Lust, ihnen das Püree mit Gewalt in den Mund zu schieben, damit sie sich darüber klar werden! Aber das würde ihren Sadismus nur aufstacheln. Ich hab's satt, ich möchte vergessen, diese überdeutlichen Gesichter nie wieder sehen, mich nicht mehr an diesen unerträglichen Ekel erinnern ... Eine Lücke an die Stelle dieser verlorenen Zeit setzen, nie mehr ein einziges Bild ihrer gräßlichen Welt wiedersehen!

Entsetzliche Alpträume wecken einen trotz ihres Valiums: Ich ersticke in einem Berg von klebrigem Reis und altgebackenem Brot, von ranziger Butter und faulen Eiern. Ich halte es nicht mehr aus. Ich weine. Ich halte es nicht mehr aus zu weinen, warum lasse ich es nicht aus mir herausbrechen, wie dieses Mädchen, das in diesem Korridor der Leere und des Nichts wimmert? Nein, ich darf nicht mit Worten spielen, es ist schlimmer als das Nichts. Meine Lippen brennen. Ich reiße die aufgesprungenen Hautfetzen ab, ich will das Blut schmecken und den Schauder spüren, der mich überläuft, wenn das Häutchen abreißt. Ich halte es nicht mehr aus. Ich werde bald sterben.

Ich weiß nicht, wie man das nennt, es ist etwas irgendwie Ungreifbares, das einen streift und lachend verschwindet. Man bleibt mit seiner Traurigkeit in der Stille allein zurück. Die Musik, die warme, liebevolle Stimme, sie sind mit einem Lächeln auf den Lippen verschwunden: »Nein, ich bin nicht für dich, nein, du wirst mich nicht kriegen, du findest mich schön, aber warum akzeptierst du nicht, daß die Schönheit nicht für dich sein kann...« Nein, bleib da... Die Stimme aus dem kleinen Kasten ist weg, die Sendung ist zu Ende, diese Stimme hat nicht für mich gesprochen, sie verschwindet in eine andere Welt. Sie ist irgendwo, draußen, vielleicht zwei Kilometer rechts von mir. Nein, das Haus der Verrückten ist in der Mitte, mehr als zwei Kilometer von der Straße, mehr als zwei Kilometer vom Leben entfernt.

Und das Radio schweigt, bleibt stumm. In einer Einsamkeit, plötzlich so schmerzhaft, daß niemand hier hereinkommen wollte. Ich werde nie die Worte finden, die diese Intensität, ein so starkes Gefühl von Verlassenheit und Bedeutungslosigkeit wiedergeben. Eine Stimme, die glücklich war, eine Stimme, die man liebte, ist hinter der Klinikmauer stehengeblieben, vielleicht auf jemanden wartend, und ist verschwunden mit ihrer Melancholie gemischt mit Freude. Und man selbst ist hier, in diesem Schweinestall, man hört das Weinen dieses Mädchens, die Schreie des anderen, die autoritäre Stimme der Krankenschwester...

Versuchen Sie sich vorzustellen. Sie wollen nicht? Warum lesen Sie dann? Ich will mich beeilen, aus diesem wiedererweckten Alptraum herauszukommen, er verfolgt mich im

*Schlaf, morgens habe ich Angst, die Schreibmaschine nicht
mehr vorzufinden, sondern nur die wiedererstandenen Klinikmauern. Ich kann jetzt nicht mehr aufhören, die Hypnose ist
nicht vorbei, es wäre grauenhaft, in diesem Alptraum stecken-
zubleiben. Stellen Sie es sich vor, oder hören Sie auf zu lesen,
ich weiß, meine Worte sind nicht so, wie sie sein sollten. Ich
wollte, sie hinterließen einen bitteren Geschmack der Empörung, ich wollte, sie würden Ihnen ins Gesicht springen wie
unmenschliche Quälereien. Aber sehen Sie, ich vermag es
nicht, es ist alles bloß aufrichtig, vielleicht gehässig und
schrecklich ungeschickt.*

Isabelle lag vergessen im Kerker, nein, sie hatten den Schlüssel
nicht herumgedreht, und das war noch schrecklicher, noch
demütigender. Dominique und ich hörten ihren Wutausbrü-
chen zu, verstärkten sie noch, um sie zu befreien, um ihr zu
zeigen, daß tatsächlich... Sie gefiel mir, weil sie auf andere
Weise als ich aufbegehrte, auf eine offene und impulsive
Weise, die ohne Furcht, ohne Feigheit ausbrach und schrie. Sie
hatte alles, was ihr vorgesetzt wurde, heruntergeschlungen
und nahm vor Aufregung und Tränen ständig weiter ab. Wir
brachten ihr, was wir konnten, das heißt, andere Sätze als die
der Schwestern, die nichts mit ihr anzufangen wußten. Natürlich war der Verkehr zwischen unseren Zimmern nicht unbe-
obachtet geblieben, aber das gehörte auch zu ihrem Plan. Sie
sind schrecklich, aber sie täuschen sich nicht. Wenn man von so
etwas betroffen ist, können einem nur Menschen, die dasselbe
durchgemacht haben, helfen, sie verstehen den Geisteszustand, in dem man ist, die Auflehnung, und versuchen sie nicht
zu beschwichtigen, sondern anzufachen, bis es ihnen schließlich gelingt, sie vergessen zu machen. Die Ärzte beurteilen den
Einfluß unserer heimlichen Besuche auf dem Millimeterpapier: Das Gewicht stieg bei allen allmählich an.
Alle redeten wir nur sehr selten und sehr unverbindlich über
unsere Eltern, vielleicht, weil wir sie zu vergessen wünschten.
Ich konnte nicht an sie denken, ohne Drohungen auszustoßen,
die anderen dagegen lobten sie ständig. Ihre Reaktion, die der
meinen gerade entgegengesetzt war, zwang mich irgendwie,
noch tiefer zu schürfen; zum Beispiel dieses Aufleuchten
ehrlicher Freude, als Dominique von meiner ersten Besuchs-
erlaubnis erfahren hatte, was sollte ich davon halten? Übertrug

sie meinen Besuch auf sich selbst? Freute sie sich für sich? Wünschte sie sich wirklich, ihre Eltern zu sehen? Ja, das war überdeutlich, ich konnte nicht mehr daran zweifeln. So viele unlösbare Fragen. Zuviel Verschwiegenheit. Sie hatten es erreicht, ihr ein Gefühl der Scham und der Schuld einzuflößen: Das Bewußtsein, es gewagt zu haben, etwas außerhalb der Regeln zu tun. »Ich weiß, daß ich meinen Eltern Kummer mache, sie würden mich gerne besuchen, und *ich* nehme nur ganz langsam zu, ohne mich zu beeilen...« Was übrigens falsch war, sie verschlang so viel ekelhaftes Püree und verbotene Schokolade, wie sie nur konnte. Denn normalerweise durfte meine Mutter nicht solche Mengen von ›Extrarationen‹ in ihrer Tasche anschleppen. Nur nichts überstürzen... Diese Sadisten wünschten ein allmähliches und regelmäßiges Zunehmen. Aber für uns, in unserer Vorstellung, war eine Packung Kekse ein Tag weniger in diesen grauenhaften Zimmern. Ein Tag, das ist ungeheuerlich. Auch die Schwestern hatten den Auftrag, wirkungsvoll zu dosieren. Was sie nicht davon abhielt, uns zu zwingen, widerliche Sachen herunterzuwürgen, von denen man nicht einmal zunahm, soviel herunterzuwürgen, wie nötig war, Zeit zu gewinnen... Alles war berechnet, sie kannten unseren Geisteszustand sehr genau und auch den Zustand unserer Nachttische. Aber trotzdem konnten sie unseren Willen, so schnell wie möglich herauszukommen, nicht bremsen.

An diesem Tag gab es besonders ekelhafte grüne Bohnen. Dominique weinte, weil man sie zu sehr unter Druck gesetzt hatte, was um so unnötiger war, als sie sich nicht weigerte zu essen, aber das da war zu ölig, zu ekelhaft. Die Schwestern reagierten sich irgendwie an uns ab.
»Kümmer dich nicht um diese blöden Ziegen, pfeif drauf, du wirst doch wohl nichts essen, wovon du erbrechen mußt. Will sie unbedingt, daß du es ißt? Sogar nach dem Nachtisch? Komm, wir werfen es einfach in den Mülleimer. Wir essen was anderes, um es aufzuholen. Hast du ein Stück Papier? Was zuviel ist, ist zuviel.«
Ist das vielleicht kein Sadismus, die Erniedrigung und den Ekel so weit zu treiben?

Wenn ich sie wiedersähe . . . Nein, ich darf nicht daran denken.
Was mich empört, ist die Tatsache, daß es mir nie gelingen
wird, mich zu lösen von all diesen . . . Suchen Sie das schreck-
lichste, herabsetzendste, widerlichste Wort Ihres eigenen
Wortschatzes, ich kann es nicht mehr!

»Nun, war dein Vater bei dir?«
Das geht wieder los. Es ist amüsant mitanzusehen, wie die
Leute um die Fragen herumstreifen, ohne zu wagen, sie direkt
zu stellen.
»Ist es gut verlaufen?«
»Ja.«
Du hättest wohl gerne, daß ich es dir bis in alle Einzelheiten
erzähle, nicht wahr? Erwarte nichts. Ich weiß, daß du alles
willst und selbst nichts gibst, außer dem, was du nicht geben
solltest. Aber das ist wiederum meine eigene Schuld, ich habe
den falschen Weg gewählt.
»Hast du das nicht wegen ihm getan?«
Sie widern mich an. Noch mehr als das klebrige Püree. Die
Mutter beschuldigt den Vater, der Vater die Mutter und beide
den Bruder . . .
»Verstehen Sie, Herr Psychiater, ich habe nichts damit zu tun,
er hat seine Tochter auf eine Reise mit seiner Geliebten
mitgenommen. Stellen Sie sich vor! Ich hab sie gefragt, ob sie
zu dritt im selben Bett geschlafen haben, aber sie will nicht
antworten. Bei diesem Sexbesessenen weiß man ja nie. Jedenfalls hatten sie zu dritt ein Zimmer, ich hab mich in dem Hotel
in Belgien erkundigt. Bestimmt ist es deswegen, daß . . .«
Immerhin warst *du* es doch, die gesagt hatte: »Nimm sie mit,
das wird eine Abwechslung für sie sein . . .« (und vor allem läuft
sie mir nicht zwischen den Füßen herum . . .) Außerdem
wußtest du es, du hast es stillschweigend gebilligt, indem du
einen Sexbesessenen geheiratet hast, seine sexuellen Phantasien haben dir gefallen, stimmt's?
»Verstehen Sie, ich konnte nicht wissen, was sie mit ihrer
Tochter anstellte, ich war nicht da. Meine Schuld ist es nicht,
wo ich doch drüben in Kanada gearbeitet habe. Wir hatten
Freunde, ein Ehepaar . . . Der Mann war ein bißchen scharf auf
Sex und auf kleine Mädchen . . . Vielleicht hat sie sie dahin
mitgenommen, sie ist völlig verantwortungslos, wissen
Sie . . .«

Du hast vergessen anzugeben, daß du die Frau nahmst, während sie den Mann nahm. Und die wagen noch zu behaupten, daß sie Eltern sind! Finden Sie das nicht unstatthaft? Warten Sie nur, bis sie entdecken, wie weit die Verderbtheit dieser ›Verantwortlichen‹, dieser Erbärmlichen geht.

»Ja, sehen Sie, ihr Bruder verkehrte mit ... also, mit Homosexuellen ...«

Das wagt er zu sagen, dieser gemeine Heuchler! Los, häng ihm das nur an!

»Und da sie sich ziemlich gut verstanden haben, na, Sie wissen ja, der verderbliche Einfluß der Brüder ...«

Haben Sie das gehört? Was soll man denn zu so viel Unaufrichtigkeit sagen? Zu so einem Abschaum? Du kennst nur Sex, kann man etwa mit Leuten nicht aus Freundschaft verkehren? Nein, du weißt nicht, was das ist! Du mußt den anderen deine Obsessionen unterstellen! Natürlich, ich verstehe das sehr gut. Das ist doch ganz normal ...

»Er hat mir nie von Mädchen erzählt, das ist merkwürdig bei einem fünfzehnjährigen Jungen, nicht wahr?«

Nur weil du deine Eroberungen alle deiner Mama erzählt hast, müssen die Reaktionen deines Sohnes wohl anormal sein ...

»Ich konnte ihm Fragen über Fragen stellen, schließlich ist das die Rolle eines Vaters, er antwortete nicht mal. Eines Tages hat er seine Schwester sogar gezwungen zu trinken, fast bis zur Bewußtlosigkeit ... Stellen Sie sich vor, sie war elf, fast einen Viertelliter Whisky ...«

Dabei hatte ich mit meiner Freundin die Flasche genommen, um zu wissen, wie das ist. Mein Vater war so merkwürdig, wenn er ein Schlückchen Wein trank. Und das passierte ihm nur zu oft. Er war kein Alkoholiker, aber wenn man es nicht verträgt, soll man es lassen.

»Natürlich wollte sie nicht zugeben, daß ihr Bruder sie dazu verführt hatte, die Kinder verpetzen sich nie untereinander.«

Was soll man darauf antworten?

Ich war das Engelchen der Familie, immer hat mein Bruder was an meiner Stelle abgekriegt, die kaputten Väter verabscheuen ihre Söhne ... Vor allem, wenn sie nicht nach ihnen schlagen.

»Also, hast du das Buch genommen?«

»Aber nein, *ich* war's. Er war gar nicht da.«

»Sei *du* still und verteidige ihn nicht, ich weiß genau, daß er es genommen hat, oder?«

»Wenn sie doch sagt, daß *sie* es war!«

»Verteidigt euch nicht. Du hast es genommen. Ich hätte dich zu den Jesuiten stecken sollen, wie ich es vorhatte, aber deine blöde Mutter hat sich ja widersetzt. Da hättest du was erleben können, bei jeder Dummheit Rutenhiebe! Die hätten dich kleingekriegt, glaub mir!«

Auch noch sadistisch. Ein Porträt aller Laster, sehen Sie sich ihn genau an, damit Sie nie so werden wie er.

»Ich wollte ihm meine Gummischwänze leihen, aber er wollte sie nicht, er kann doch nicht normal sein.«

So etwas wie Eltern dürfte es nicht geben. Finden Sie nicht?

Die Mutter übertrieb: »Er hatte merkwürdige Freunde...«

»Ihr Gatte hat mir gesagt, es seien Homosexuelle.«

Die Erwachsenen vergnügen sich gern mit billigen Spielen. Du spielst den Papa, du die Mama, und du spielst den Bösen. Ihre Worte sind falsch, sie platzen auf und verbreiten einen üblen Gestank...

»Und Ihr Sohn?«

Ich sage Ihnen, sie schwitzen aus allen Poren, und ihr Geruch breitet sich aus, hartnäckig, süßlich, scharf, wie ranzige Butter. Ich kann nicht weiterschreiben, es steigt mir im Hals schon zu hoch. Ich brauche noch Zeit, um von ihnen frei zu werden. Es ist schwierig und langwierig, bis es einem gelingt, nur durch den Mund zu atmen.

Sie saß noch immer da, während meine Erinnerungen auf den bräunlichen Fliesen vorüberzogen, sie redete, ich könnte nicht genau sagen, worüber, aber sicher über die lächerliche Art, wie sie ihre Zeit verbrachte, über ihren Haushalt, über ihre Mama, über den gestiegenen Kaffeepreis.

»Tante Lulu läßt dich grüßen.«

An der hängt sie wirklich! An dieser dicken und vulgären blonden Dame, die nicht einmal meine richtige Tante ist. Nur weil sie in Ihrer Jugend zweifelhafte Bekanntschaften hatte, muß ich jetzt doch nicht diese deprimierenden Neuigkeiten über mich ergehen lassen. Sie schleppte mich mit zu ihr, um zu zeigen, wie groß ihr kleines Mädchen geworden war, wie hübsch und brav es war. Brav, weil sie nie ein Wort mehr als unbedingt nötig sagte, während die beiden verliebt ihre

Jugenderinnerungen austauschten, in einem Eßzimmer mit geblümten Gardinen und Stickereien an den Wänden, einer Wachstuchdecke und einem Aperitif in Senfgläsern. Wenn ich manchmal so tat, als fände ich sie nett, dann nur, weil sie mir Geschenke machte. Das war schließlich normal, und verglichen mit der Qual, die ich durchmachte, nicht einmal besonders großzügig. Und so war die Bemerkung, die sie gemacht hatte, auch eine Anspielung auf meine kategorische Weigerung, ›nie mehr mit meiner Mama zu beschränkten Leuten zu gehen . . .‹

»Hat dein Vater daran gedacht, dir seine Adresse zu geben? Ich hatte dir doch gesagt, daß ich sie brauche.«

Hat sie denn gar kein Ehrgefühl? Erinnert sie sich nicht an meine Antwort? Soll man lachen, soll man . . . Nichts würde etwas nützen. Aber ich ertrage ihre Gemeinheiten nicht mehr.

»Ich bin müde. Und gleich wird dir die Schwester sagen, daß du gehen mußt.«

Sie kann gehen, mit ihrem guten Gewissen und ihren kleinen Lügen, wohlverpackt in ihrer kaputten und perfiden Gesinnung. Lügen für die Portiersfrau und die Metzgersfrau. Und außerdem braucht sie nicht mehr an ihre Skrupel zu denken; vernünftigerweise hielten sie sie bisher davon ab, sich einen Liebhaber zu nehmen, jetzt ist ein Zimmer frei, du hast es vorausgesehen. Nicht ich bin ›perfide und erfinderisch‹, sondern sie ist ›perfide und umsichtig‹.

Die Winterabende sind traurig, vor allem wenn man sie durch seinen Mißmut hindurch hereinfallen sieht. Von Dominiques Zimmer aus kann man den Hof sehen, seinetwegen treffen wir uns bei ihr. Die Schwestern tadeln unsere Isolation, unsere Ablehnung der anderen, unser gemeinsames Bedürfnis, in Sichtweite der Kastanienbäume zu bleiben, die sie für so häßlich halten. Sie können nicht verstehen, sie sind auf der richtigen Seite, sie können aufschließen.

Wir hören Radio, die Hitparade mit Claude François, er singt *La petite fille du téléphone*, den scheußlichsten Schlager, den ich je so oft gehört habe. »Hier ist *Europe 1*, es ist genau neunzehn Uhr dreißig.« Ich stelle diesen mit einer gelben Plastikhülle bedeckten Apparat, den man mir mit falscher Großmut gebracht hat, nie mehr an. Ich habe zuviel Angst, wieder diese warme, liebevolle Stimme zu erwischen, zuviel Angst, sie mir hinter den grauen Mauern dieser düsteren Klinik vorzustellen. Ich habe genug davon, in diese unerreichbaren Dinge verliebt zu sein: in die Sonne und in die Nacht, in die Einsamkeit und in den Tod. Sie sind für die ganze Welt da, und sie sprechen zu einem durch einen Schleier der Belanglosigkeit, dem man sich nicht entziehen kann. Die reine Liebe, das existiert nicht, sie sollte nicht selbstsüchtig sein, und dennoch dreht sie sich nur um die eigenen Wünsche. Seien Sie nie verliebt, das ist das Schlimmste. Daran erkennt man die Stimme von einer, die noch nicht gelebt hat, das denken Sie doch, oder? Sie behaupten, die Liebe sei die herrlichste Sache der Welt, sie sagen, sie sei das Ziel des Lebens, aber sie sagen so viel dummes Zeug ... Ich glaube weder an ihren Optimismus noch an ihre Lebensfreude, aber ich glaube ja an nichts ...

Nacht des Grauens und der Alpträume, die kleine blaue Lampe, in der Farbe der Hoffnung, über der Tür der Zelle meiner inneren Qualen. Kein Drama, »es ist gar nicht so schlimm hier«, wie er sagt. Eine farbige Zimmerdecke, die um *eine* Angst kreist, das Vorgefühl, der Beginn von richtigem Nachdenken über *einen* Traum. Bald werde ich erfahren, ich werde vom höchsten Turm springen ... und es wird eine unermeßliche Erleichterung sein, endlich gewaltsam zu zerschellen, auf einem mit Wahrheit gepflasterten Trottoir.

Schlüsselklirren, das Schloß quietscht wie eine unaufdringliche Klage, Wände, Wände, immer wieder Wände, sie rücken nahe zusammen wie eine Zwangsjacke, sie spritzen einem auf die weiße Haut, ersticken einen und rücken wieder auseinander, um neuen Schwung zu holen. Vielleicht ist es der Flug eines Vogels, der ins Nirgendwo fliegt, oder das Kielwasser eines Schiffes, das auf eine Insel zufährt, vielleicht ist es die Spur, die der Biß eines Angehörigen hinterläßt, oder die Ungerechtigkeit eines imaginären Gerichts, es sei denn, man nennt es Fieber.

Neben dem Büro der Krankenschwestern wartete eine ziemlich alte, sehr gut gekleidete Frau; sie trug einen Filzhut, hatte eine Lederhandtasche von zweifelhaftem Geschmack in der Hand und sah glücklich aus. Die Mutter der vierten Magersüchtigen. Eine Schwester war in Isabelles Zimmer gegangen, um diese Begegnung vorzubereiten, und quasselte wahrscheinlich von ihrem letzten Urlaub oder dem Film im Fernsehen.

»Lassen Sie mich raus, ich will sie sehen, ich weiß, daß sie im Korridor ist, Sie sprechen nur mit mir, damit ich sie nicht sehen kann, lassen Sie mich ...«
Schluchzen, die Mutter hat die Stimme erkannt ... Tränen der Wut.
»Kennen Sie meine Tochter? Wie geht es ihr?«
Ich hätte sie umbringen mögen. Hatte sie denn diese Schreie nicht gehört? Ist Ihnen im Korridor nichts aufgefallen? Der Riegel an der Tür? Die Krankenschwester? Das dicke Mädchen? Ist das etwa eine Mutter? Sehen Sie sich um, sehen Sie sich doch um, die Antwort ist hier, und Ihre Tochter schreit, sie schleudert sie Ihnen ins Gesicht! Die Unwissende zu spielen, ist ja so einfach.
»So schlecht wie es einem hier gehen kann.«
Ich wurde auch sadistisch! Sadistisch gegen was, gegen wen? Ich finde, das tut noch mehr weh, die Beleidigung fällt auf einen selbst zurück ... wäre Sadismus demnach Masochismus?
»Hoffentlich ist sie nicht allzu deprimiert?«
Kann man so feige sein? Der Psychiater kommt, und das gute Gewissen der Mutter ist gerettet. Isabelle liegt weinend auf ihrem Bett, in einem unglaublichen Aufbäumen von Haß und Leid. Sie ist ins Koma gefallen. Zuerst verkrampften sich ihre Hände, während sie unter Zuckungen vor Angst weinte, dann gaben die Nerven nach, und sie fiel ohnmächtig auf ihr Bett zurück. Schweigend kauerten wir neben dem Bett, wir sahen uns an und weinten, man warf uns hinaus wie zwei dreckige Gören, die zu neugierig sind.
Dominiques Eltern waren an diesem Tag zu Besuch gekommen. Sie waren schon am Tag vorher eingetroffen, aber Dominique fehlten dreihundert Gramm, und Vorschrift bleibt Vorschrift.
Eine dicke, schlecht angezogene Mutter, in einem zu langen Mantel, in der einen Hand einen kleinen Koffer, in der anderen ein Paket. Eine Frau aus der Provinz mit belanglosem Gesicht, kalt wie die Fliesen. Ein bärtiger Mann, das Jackett etwas sauberer gebürstet als gewöhnlich, eine Bauernschirmmütze auf dem Kopf, eine Ledertasche in der Hand, knarrende Schuhe, die für Besuchstage ...
›Das‹ vergöttert sie also? Aber ich habe kein Recht, das zu sagen! Vielleicht sind sie sehr nett, sehr großzügig, sehr sanft.

Nein, ich darf nicht nachdenken. Sie kann Leute wie diese vergöttern, ich habe kein Recht, darüber zu urteilen. Meine Mutter war in ihren Augen wohl eine unanständige, bürgerliche Städterin und mein Vater ein Verrückter von der anderen Station, aber, *sie* darf über sie urteilen, sie darf schlecht von ihnen denken, meine Eltern verdienen nichts anderes, als vernichtend beurteilt zu werden! Leider verstehen sie es zu gut, sich zu verteidigen, sie sind unverwundbar, weil sie so egozentrisch sind. Durch ihre Scheuklappen abgeschirmt, haben sie zumindest die Möglichkeit, sich zu schützen, ich dagegen muß ihren üblen Gestank weiter über mich ergehen lassen.

»Guten Tag, mein Liebling. Sag mal, wo ist die Toilette?«

Laß dich von einer möglichst schwarzen und häßlichen Schabe beißen! Ich wette, du siehst sie nicht einmal!

»Hör mal, das ist ja nicht gerade sauber ...«

Tut mir leid, mein lieber Vater, ich bin nicht die Hausherrin, es lohnt sich nicht, mich leicht verächtlich dafür verantwortlich zu machen: »Was, hier drin lebst du seit drei Monaten!« Du hättest mich bloß abzuholen brauchen, wenn es dich dermaßen anwidert! Aber es ist einfacher, abzuwarten und zu behaupten, man hätte nichts gewußt:

»Jedenfalls stimmt es nicht, du bist nicht krank. Wenn ich dagewesen wäre, hätte ich nicht zugelassen, daß sie dich einsperren!«

Natürlich, du kannst das ungeniert behaupten, du stellst dich nicht bloß. Im übrigen bin ich dir ziemlich egal. Wenn du dagewesen wärst, hättest du die anderen angebrüllt, um ihnen zu zeigen, daß es ihre Schuld sei, daß nur du imstande seist, mich nicht zu traumatisieren, nur du imstande, mich zu verstehen. Finden Sie das nicht empörend? Um so mehr, als Wut in diesen Fällen nichts nützt. Man muß sie ihren Quatsch von sich geben lassen und alles zurückhalten, was herausplatzen, auf sie eindringen möchte.

»Übrigens, deine Mutter ... wenn man bedenkt, daß sie dich hierhergebracht hat ...«

Immerhin ein kleiner Fortschritt, aber du wirst mich nicht kriegen. Du weißt auch, daß ich sie verabscheue, deshalb hast du sie angegriffen. Dein dermaßen ›intelligentes‹ Gehirn hat dir wohl nie nahegelegt, daß du auf derselben Liste stehst? Du machst nichts, aber du läßt machen, das ist noch schlimmer.

»Du wirst noch sehen, wie ich die anschnauze.«
Sie sind wahrhaftig alle gleichermaßen plump. Sie fürchten, daß ich nicht verstehe... und dabei sind sie es, die nichts verstehen.
Außerdem zähle ich sowieso nicht. Sie kommen in mein Zimmer, um übereinander herzufallen. Sie stellen sich ihren Feind am nächsten Tag hier vor und richten schon jetzt die Beschimpfungen an ihn, mit denen sie ihn morgen nicht werden überschütten können. Ich bin zugleich Katalysator, Vermittler, faules Ei...
»Sag deiner Mutter, daß sie eine Schlampe ist...«
»Du kannst deinem Vater sagen, daß er auf seine Kinder pfeift...«
»Hat sie dich hierhergebracht, weil ihr der Psychiater gefallen hat?«
»Es ist leicht, Beschuldigungen vorzubringen, die Ärztin hat ihm wohl gut gefallen...«
Hör nicht mehr hin, laß sie doch durch Telepathie miteinander reden, für sie lohnt sich nichts, sie sind häßlich, alt.
Die Tür geht auf, ein schwarzer Lockenkopf... Ein zorniges, leicht angewidertes Gesicht, das sich spannt und verschließt beim Anblick des Mannes, der auf dem Stuhl zusammengesunken ist und jammert und meckert.
»Du kannst rausgehen, ich will meine Schwester besuchen.«
Die Falten erstarren.
Ach, du hast es gewußt! Du bist absichtlich gekommen, um deinen Sohn zu stellen: »Er wird wohl oder übel gezwungen sein, mich zu sehen, der dreckige Bengel... Das ›Engelchen‹ ermöglicht mir, ihn endlich zu fassen zu kriegen!« Dir bleibt nichts übrig, als deine Rachegelüste in Form von wohlvorbereiteten Sätzen herunterzuschlucken. Du bist schändlich. Ein Lächeln von Haß und Wut zeigt sich auf diesem verbitterten, häßlichen Männergesicht.
»Du kannst sie ruhig besuchen, deshalb brauche ich nicht wegzugehen.«
Kurzes nervöses Lachen. Du verrätst dich, du hattest nicht mit seiner Reaktion gerechnet, für dich besitzt niemand Charakter, alle beugen sich deiner jämmerlichen Intelligenz eines Besessenen.
»Du gehst jetzt raus und wartest draußen! Ich will dich nicht sehen!«

Er steht wutschnaubend auf. Bravo, du hast ihn mitten in seinen widerwärtigen Stolz getroffen!

Du verabscheust deinen Sohn wirklich, was? Weil du dich durchschaut fühlst und ihm nicht mehr gewachsen bist? Natürlich würdest du es um nichts in der Welt zugeben. »Ein Bengel von fünfzehn Jahren kann mich nicht in die Tasche stecken«, aber dieser erzwungene, schnaufende, lächerliche Ausbruch...

Später habe ich erfahren, daß mein Vater seinen Sohn beim Psychiater angeschwärzt hatte, damit dieser ihn zu sich kommen ließe. Es genügte also, daß er mich damals besuchen kam. Ein schönes Beispiel von Vaterliebe! Warum verabscheute er ihn so sehr? Eben, weil er zurückgewiesen und durchschaut wurde, weil er seine Wut nicht am ›Fleisch von seinem Fleische‹ auslassen konnte. Er hatte sein Ziel erreicht und kam gewissenhaft zu den Besuchszeiten, um sich auf seinen ›Sohn‹ zu stürzen. So war er nun aber doch in die Tasche gesteckt worden!

Können Sie sich diesen Mann vorstellen? Versuchen Sie's noch einmal. Eine plattgedrückte Nase, wütende Augen, ein verpfuschter Plan...

»Verstehen Sie, Herr Psychiater, man müßte feststellen, ob ihr Bruder nicht neurotisch oder frustriert ist, das kann schließlich sehr wohl von ihm ausgehen...«

Überleg doch... Der Arzt hat nur Donnerstag und Freitag Dienst...

»Sie müßten ihn kennenlernen, dann wäre es klarer für Sie.«

Du kommst nur, um deinen Sohn im Korridor zu begegnen, und dann besuchte er seine Schwester... und du bist im Zimmer.

»Wissen Sie, er zeigt mir gegenüber merkwürdige Reaktionen.«

Ich sage wie immer nichts, ich tue nichts, ich bin der Waschlappen der Klinik, die Energielose, die Reaktionslose. Sie kommen in mein Revier, um ihren Streit auszutragen, ich zähle nicht, ich liege vernichtet auf dem einladenden weißen Bett wie jemand, den man hinter sich herzerrt, um mit ihm zu machen, was man will.

Dieses eine Mal werde *ich* sprechen! Er sieht mich sonderbar an, selbstverständlich, ich höre nicht auf, von Kilos, von verrückten Mädchen, vom Gefängnis zu reden: Sie haben mich gekriegt. Ich bin kaputt. Sie haben mich gekriegt. Ich weiß nicht mehr... das ist die Stunde der Erniedrigung, die Stunde des Klagens und Jammerns... Bis zu diesem Tag waren es die Besucher, die ihre Wut wie Ausgekotztes auf den Fliesen meines Zimmers zurückgelassen haben, und ich war es, die die Erniedrigung, die Klagen und das Jammern über mich ergehen ließ. Aber wie immer schlage ich den falschen Weg ein. Die Kilos, die verrückten Mädchen, sie haben mich gekriegt. Ich bin kaputt. Sie haben mich gekriegt. Ich weiß nicht mehr...

Das väterliche Ungeheuer ist zurückgekommen, er tobt und hat nur mich, an der er seine Wut auslassen kann.

»Findest du es nicht schamlos, daß ein Sohn seinem Vater *das* antut?«

Und du, findest du es nicht niederträchtig, was du deinem Sohn anzutun versucht hast?

Ich breche die Unterhaltung ab, seine Beschränktheit und Gemeinheit sind unbeschreiblich, aber nur zu leicht vorstellbar.

»Schau dir die Decke an, nebeneinander befestigte Pappstücke, eins, zwei, drei, das dritte klafft, wir könnten es abmachen, dann wären wir auf dem Dach... wir würden über das Gitter springen, und sie würden uns nicht wiederfinden...«

»Steig aufs Bett. Wie dumm, das ist zu hoch... ich müßte springen, dabei würde ich abnehmen.«

»Das macht nichts, morgen können sie uns nicht mehr wie Mastgänse wiegen, wir werden weg sein.«

»Nein, wir machen lieber eine Kissenschlacht, das ist besser, ich gehe meins holen.«

»Wir könnten sie durchs Fenster reichen, das wär' lustig.«

»Du kannst nicht mal zielen, paß auf, guck.«

»Daneben! Jetzt bin ich dran.«

»Scheiße! Was machen wir jetzt? Vielleicht sollten wir Véronique fragen... im Tausch gegen Bonbons, da wird sie nicht nein sagen.«

»Schlägst du es ihr vor?«

»Ja, mich mag sie lieber.«

Sanfter Wahnsinn, der in der Zellenecke auf einen lauert wie das Feld ›Hölle‹, wenn man Hüpfkästchen spielt...

»Hör mal, wie wär's, wenn wir Isabelle den ganzen Kuchen, den wir noch haben, zu essen geben? Wir pfeifen drauf, wir brauchen ihn nicht mehr.«

»Behalte du aber genug, um deine letzten Kilos zuzunehmen,
ich behalte genug für meine dreihundert Gramm.«
Sadismus.
»Hier, Isabelle, willst du ein Stück Kuchen?«
»Ja, gib mir ein Stück Kuchen, bitte.«
Ihr Heißhunger war zugleich erstaunlich und unbegreiflich für
uns... und ein bißchen beruhigend.
»Noch eins, das Paket ist fast alle... ich hol dir noch eins.«
Das ist irre, sie nimmt es, wirft es sich in den Mund und stürzt
sich auf das nächste, das man ihr hinhält.
Du lachst nicht mehr, jetzt bin ich dran. Morgen werden sie dir
nichts zu essen geben, wenn sie es merken. Sie werden glauben,
du hättest hinter ihrem Rücken gestohlen. Dabei hatten sie
deine Diät so gut ausgetüftelt... Jetzt habe ich etwas zu lachen,
hinterhältig, boshaft, dumm.
Auf ihrem Bett ausgestreckt, kaut sie sorgfältig, aber rasch und
flink, damit niemand sie ertappen kann. Noch eins, Isabelle...
Sie ist nicht da, sie sieht es nicht. Warte, da ist noch eins mit
Schokolade... das magst du doch, oder? Gut so, du kannst mir
keine Angst, kein Entsetzen mehr einflößen, ich bin boshaft,
dumm, hinterhältig... Du willst nicht mehr... Doch, doch,
warte, ich bring dir ein Glas Wasser, damit es besser rutscht,
Dominique holt einen Krug voll... Hier, nimm inzwischen
noch das... Du hast lange nichts mehr gegessen, wie? Das
schmeckt doch besser als das alte Brot... Dir ist das ja egal, dir
schmeckt alles, was man essen kann...«
Ich ekle mich vor mir... und trotzdem lache ich weiter, gebe
ich ihr weiter dieses Gift, Gramm für Gramm, und Bestrafun-
gen: »Du bekommst keinen Ausgang, du hast gestohlen, du
hast vier Kilo zugenommen, was hat sie nur gegessen, um so
viel zuzunehmen?«
»Ich hab einen Filzstift mitgebracht, wir malen ihr Blümchen
auf die Backen, sie wird toben. Hör auf, ihr was zu essen zu
geben, sie hat doch fast alles aufgegessen.«
Blaue Wimpern unter ihre bösen Augen. Blumen unter ihre
Lippen... Sie läuft in den Waschraum und reibt sich nervös das
Gesicht ab, wobei sie das letzte Stück Schokolade aus unserem
Vorrat verschlingt...

9

In drei Tagen sehe ich sie nicht mehr ... ich bin schrecklich. Ich kann niemanden lieben. Die anderen Magersüchtigen haben mir geholfen, ich habe mich ihrer bedient, und jetzt lasse ich sie sich mit diesem gemeinen Mauern herumschlagen. Ich habe so getan, als interessierte ich mich für ihr Leben, und dabei war es mein eigenes Leben, das ich in ihrem suchte. Dadurch habe ich meine Verbohrtheit, die Intensität meiner Gefühle verloren, meine Revolte und meine Rachegelüste aufgegeben.

Ich verabscheue die Frau, die mich abholen wird, dennoch werde ich sogar ›draußen‹ zulassen, daß sie sich weiterhin wie eine Schlange in meinen Traum einschleicht. Ich bin nur eine Larve. Ich räche mich an einem verrückten, dicken Mädchen, das nur dem Anschein nach böse ist.

Sie haben mich zum Schluß beherrscht, ich habe nicht einmal den Mut und die Aufrichtigkeit, es mir einzugestehen. Ich verabscheue mich. Ich will in meinem Elend bleiben, allein, über mich selbst empört, Es ist mir nicht gelungen, mich ihnen zu widersetzen, sie haben erreicht, was sie sich erhofften, ich bin ihren Befehlen aufs Wort gefolgt wie ein gedankenloser Pudel, wie ein von ihrer Gemeinheit stinkender Waschlappen.

Der Korridor hat eine neue Perspektive gewonnen, bald werde ich ihn nicht mehr durchqueren, wenn ich morgens aufstehe, bald werde ich einen anderen Traum brauchen ... Ich beobachte lächelnd, wie sie ihre Nachttische aufräumen, ihr Elend berührt mich nicht mehr. Ich kapsle mich ab mit dieser Hoffnung, mit dieser Gewißheit: Ich komme heraus. Ich gehöre nicht mehr zu ihrer Welt des Wahnsinns; ich werde zu den ›normalen‹ Menschen zurückgehen.

Ich. Ich verabscheue mich für das, was ich getan habe, für das, was ich tue, was ich tun werde. Das Mädchen, das voller Stolz sagte: »Sie kriegen mich nicht«, dieses Mädchen ist zwischen ihren Mauern der Gemeinheit verschwunden, ich bin verloren, sie haben eine andere fabriziert, eine Larve, einen Putzlappen, eine andere, wie sie sie wollten ... Ich habe ihrer Erpressung, ihren Wünschen, ihrer Bestechung nachgegeben, ich bin ein Mensch nach ihrem Vorbild, ein Mensch ›wie sie‹. Ich finde mich häßlich, wenn ich mich in ihnen spiegle. Ich bin häßlich, feige, eine Lügnerin, ein Putzlappen ...

Drei Tage vor Weihnachten. Die verlassenen Kinder werden in diesem Schlafsaal bleiben, mit einem etwas besseren Nachtisch im Bauch als an den anderen Tagen, mit der Einsamkeit ihrer Gedanken. Ich dagegen werde in einer ›Familie‹ sein, dieses Wort reißt mir die Lippen auf wie eine Rasierklinge. Sie haben recht, ich bin widerwärtig, ich stimme Ihnen zu. Morgen findet ein Fest statt, eine Gruppe von Musikern wird kommen, um die Kinder zu unterhalten. Und ich, ich finde, daß man sie besser allein lassen, daß man sie nicht fröhlich stimmen sollte, weil sie anschließend noch unglücklicher sein werden. Die anderen haben ihre Büros verlassen, die anderen können Geschenke kaufen, Musik und Parfüm. Sie dagegen werden hinter den Mauern dieses schmutzigen und stillen Hauses einschlafen. Sie werden ein bißchen weinen, weil Tränen warm und tröstlich sind, und dann wird der Schlaf sie quälen, bis er sie den eingenommenen Drogen ausliefert ...

Zwei auf einem Bett ausgestreckte Körper, zwei Hirne, die nichts mehr wollen, außer sich mit einem letzten Versuch des Aufbegehrens aufzuspielen.

»Ich will nicht zu diesem Fest gehen! Sie haben uns eingesperrt, gezwungen, zerstört, und Sie wollen, daß wir mit den Verrückten lachen sollen? Nein!«

Die Schwester mit den grünen Augen packt einen Arm. Ein Körper schlägt auf die Fliesen, ein dumpfes Geräusch. Haß, der nicht aufbegehrt. Angst, Feigheit, ich fürchte nichts mehr, morgen werde ich nicht mehr da sein ... Ich sehe sie an, ohne sie zu sehen, und ich folge ihr durch den Korridor wie ein Hund, wie eine Larve ... eine L-a-r-v-e.

In einem Raum schminken sich die Artisten. Pantomimenweiß, Flitter unter den Augen, faszinierende Sternchen ... Ich weine, ich war wie sie am ersten Tag, als ich mein Gesicht im Spiegel angeschaut habe. Geschminkt wie sie, mit meinen Schatten unter den Augen und meiner Blässe. Jetzt bin ich nichts mehr, ich würde mich ihnen gern anschließen, ich kann nicht, ich verabscheue mich zu sehr.

Sie haben mich aufgenommen, als verdiente ich eine Gunst, ihre Freundschaft ... Ja, ich würde sie so gern gewinnen, aber ich kann sie nicht annehmen, ich bin häßlich, verrückt, ein Putzlappen ...

Sie haben mich geschminkt und meine Tränen der Scham und der Verzweiflung ignoriert. Unter den väterlichen Blicken der störrischen Ärzte haben sie mich auf ihrem Umzug durch den Hof mitgeschleppt. ›Gaukler, Clowns...‹ Trompeten, Saxophone... Elend... Wie bringen sie es fertig, diese verbrannten Häute, diese bösen Blicke, diese verstörten Augen zu küssen? Ich habe mich auf eine Bank geflüchtet, zitternd und in Tränen, ein Häufchen Elend ohne Freude, ohne alles, ich verabscheue mich...

»Du mußt uns im Theater besuchen. Kommst du bald raus? Morgen?«

»Wir haben die Schwestern gefragt, ob wir dich mitnehmen dürfen, einen trinken zu gehen, aber sie wollten es nicht haben.«

Als wenn ich am letzten Tag abhauen würde.

Sie hatten einen Ball organisiert. Übelkeit. Ein dickes Mädchen, das beim Tanzen den Rock lüftet, ein grüner und schöner Blick folgt mir verschleiert, um den deutlich sichtbaren Abscheu zu verbergen. Unüberwindliche Furcht. Angst vor dieser Menge, vor dieser Freude, Angst vor mir selbst, gräßliche Angst. Quälende Widersprüche, ich habe Lust zu schreien, mich umzubringen. Ich habe die Stimme gehört und kann mich nicht zeigen... ich bin zu schrecklich...

»Komm, Schönste, tanz mit mir.«

Sind sie draußen alle so? Ich hatte recht zu träumen. Ich habe Angst, der Lärm, die Musik erschrecken mich, ich weiß nichts mehr, ich weiß nicht mehr...

Isabelle irrt weinend durch den Korridor, Patricia amüsiert sich mit einem Stück Bindfaden, und ich werde morgen nicht mehr da sein. Warum soll ich mich schuldig fühlen? Ich verstehe es nicht. Riesiges, klaffendes, finsteres Loch, wer bin ich, wo bin ich? Ich habe keine Ahnung, ich werde mich nie mehr wiederfinden können. Ist das wichtig? Ich war nicht so, wie ich hätte sein sollen, ich bin nicht mehr so, wie ich sein wollte. Sie haben von Anfang an alles verdorben. Sie haben mir nichts beigebracht. Ich habe den dornigen Weg gewählt, weil ich ihn für weniger heuchlerisch hielt.

Christine hatte in zwei Monaten ein Kilo zugenommen. Sie redete nicht, sie versenkte sich in ihre Welt der Verrücktheit. Zeichnungen an der Wand, Ansätze, sich zu schminken, für wen, für was? Manchmal weint sie, oft gibt sie vor zu lachen. Jeden Abend sehe ich sie mit ihren Püreeresten und ihren versteckten Broten, mit ihrem Katzengang und ihren welligen roten Haaren auf das Kabuff mit den Mülleimern zusteuern. Nein, ich habe kein Mitleid, ich schimpfe sie einen Dummkopf, weil sie der Erpressung nie nachgeben wird, ich weiß es. Ich dagegen habe mich jämmerlich kriegen lassen. Aber ich, ich werde rauskommen. Morgen um die gleiche Zeit werde ich weit weg sein von diesen Mauern, von diesen Riegeln, von diesen Schlüsseln, die sich im Schloß drehen, von diesen verrückten Kindern.

Die Nacht ist da wie eine Herausforderung, und immer noch ist das Nachtlämpchen an. Ich könnte ein ganzes Leben lang in diesem Zimmer bleiben, ich könnte alle Stadien aneinanderreihen, die die verrückten Kranken dieser psychiatrischen Anstalt durchlaufen haben. Ist es wahr, stimmt es, daß sie mich rauslassen? Nein, das ist nur ein Lockmittel, meinen Körper lassen sie raus, aber ich, ich bleibe hier, hinter diesen Mauern, auf dieser Insel des Wahnsinns. Ich weiß nicht, ob ich je weg kann. Sie sperren meine Gedanken mit den Seelen der Verrückten ein, die höhnisch am Bart ihrer Schlüssel hängen.

Wie soll man leben, wenn man weiß, wie groß die eigene Feigheit ist? Wenn man weiß, daß Hunderte von Leuten Opfer dieses unmenschlichen Einsperrens sind, Leute, die wunderbar sind in ihrer extremen Verweigerung, die sie der Welt ins Gesicht schreien? Sie, die so edel sind in ihrer Kraft, so mutig in ihrer Intensität.

Wie soll man leben? Was ist das Leben? Eine mittelmäßige Prostituierte niederer Herkunft, die einen ein zehnminütiges Liebesabenteuer mit einer verkommenen Seele bezahlen läßt; ein Straßenmädchen, das man gern häßlich nennen würde und das einem alles stiehlt, sogar aus dem letzten Winkel des Herzens. Wie kann man gegen eine Erpressung ankämpfen? Ein Versuch, ein Aufbegehren, und sie reißt einem die Eingeweide heraus und läßt einen, vor Schmerzen sich windend, auf dem Bett dieser schäbigen Herberge liegen. Sie kennt keine Schönheit und weiß auch nichts von der Schönheit dieser Frauen, die machtlos sind neben ihr ... Richtige Eifersucht, sie ist sittenlos und beherrscht die Welt.

Das könnte genausogut der jämmerliche Traum eines verrückten Kindes, ein Hirngespinst von Freiheit, eine Illusion sein. Nein, die Tasche ist da, auf dem Boden, bereit, mich mitzunehmen, bereit, das Tor der Herberge in der Rue Saint-Martin zu durchschreiten, ohne die Frau anzusehen, die sie auf dem Bett zurückläßt, ohne an die schreckliche Krankheit zu denken, die sie einem in den Bauch eingepflanzt hat.

Die vom blauen Nachtlämpchen erhellte Dunkelheit kreist wie ein Karussell in der bitteren Farbe der Hoffnung, ich habe mich geirrt, die Farbe der Hoffnung ist ja grün ... Ich habe mich selbst mit einem Mythos getäuscht, der plattgedrückt, in der Form einer abstoßenden Schabe auf dem Fliesenbelag liegengeblieben ist. Trotzdem, ich muß leben, das ist der einzige Zwang, das einzige Gesetz. Ich werde es nie schaffen, mich für diese Prostituierte zu schlagen. Sie wird es für mich tun, denn sie läßt in der Liste ihrer Gefangenen keine Flucht zu. Schon bin ich eingetragen; leutselig, höhnisch wird sie sich um meinen Körper kümmern. Sogar um meine Seele. Ich bin nichts. Ich gehöre mir nicht mehr. Sie haben alles ausgeplündert.

Ich werde eine andere Sprache lernen, ich werde die Wörter wieder in Frage stellen, die Sätze laufen in alle möglichen falsche Bahnen wie Spinnen, deren Beine sich für meinen erschlafften Geist zu schnell bewegen, ich kann nichts mehr machen, alles ist weg, ich bleibe auf diesem harten Bett in undurchdringlicher Dunkelheit liegen.

Das Quietschen des Wagens mit der schmutzigen Wäsche.

Die Krankenschwester mit den bläulich-violetten Krampfaderbeinen beugt sich über Betten ... Ich werde vielleicht nie erfahren, warum alle diese Kinder hier sind, zwischen den gelb gestrichenen Wänden, die glatt sind, damit nichts daran haften bleibt. Mir kommt es vor, als sei nichts mehr von Bedeutung, ich habe alles vergessen, eine riesige Leere ist da anstelle der vier Monate, ich habe das Gedächtnis verloren, um mich besser ihren Forderungen zu beugen, ich existiere nicht mehr, und doch lassen sie mich gehen ... Genau deshalb kannst du dir ja deine armselige Freiheit wieder nehmen und weggehen, indem du sie anspuckst; du bist harmlos.

›Jene‹ Frau ist mit ihrem erstarrten Lächeln eines blöden Roboters gekommen, sie hat die Tasche genommen, ohne etwas von dem Traum zu ahnen, aber sie kann sich wohl nichts dergleichen vorstellen. Eine schreckliche Angst, etwas, das einem das Herz erdrückt und einen nicht mehr loszulassen scheint; wo ist die Luft geblieben? Ich weiß nicht, das drückt stärker und stärker ... Da sieht man, wohin das führt, sich mit einem Traum zu beschäftigen, er fällt einen an, seine Beine zittern wie Espenlaub, sein Herz zittert, als bedrohe man ihn mit...? Ich wünschte, daß sich alles drehte, dann könnte ich nicht mehr an diesen Schmerz denken, der einem die Schläfen umklammert. Ich hätte nur noch Zeit zu sehen, wie die Wand gegen mein Gesicht knallt und das Blut aus diesem welken Körper trinkt, da wäre nur noch dieser betäubende Schwindel, der meine Gedanken in Anspruch nehmen und meine Angst vernichten würde. Aber sie haben auch in dieser Richtung alles vorhergesehen, du hast ihn gewollt, du mußt ihn jetzt ohne die Hilfe von einem deiner schäbigen und feigen Träume ertragen. Biete ihm die Stirn und hör auf, dich hinter Bildern zu verschanzen wie ein ängstliches kleines Mädchen!

Man muß einen Mantel anziehen, um der Welt gegenübergestellt zu werden, und die vergessenen Höflichkeitsfloskeln und das im ersten Zollbüro zurückgelassene Lächeln wieder anlegen. Nein, ich empfinde keinerlei Freude. Es ist seltsam und empörend, ich habe beinah das Gefühl, etwas zu verlieren. Ich habe mir diesen Moment, diesen Tag in jeder Weise, in all seinen Aspekten vorgestellt, und nichts stimmte. Werde ich mich denn immer bis ins Tiefste der Dinge täuschen? Es ist keine Rache, kein Plan, kein Groll, keine Freude, kein Vergnügen, kein Aufschrei, keine Erleichterung, keine Genugtuung, kein Stolz! Nein, ich spüre nur Leere in mir, eine unendliche Leere, so unauslotbar wie die der Korridore.

Zum letzten Mal gehe ich über diese von Schmerzensschreien widerhallenden Fliesen, zum letzten Mal begegne ich diesem dicken Mädchen, das lacht. Und das macht mir nichts aus, ich kann nicht daran denken, ich möchte eine unermeßliche Freude in mir aufsteigen fühlen, und ich fühle nur die Realität. Ich werde sie nie wiedersehen, diese Krankenschwester mit den Tabletts... und es ist mir einerlei!

Ich habe mich wieder getäuscht! Sie haben mich gekriegt! Ganz erbärmlich! Ich habe mich einwickeln lassen! Aber wartet's nur ab, ich gehe! Ja, ich schäme mich nicht, es zu sagen, ich werde wieder anfangen! Und ich werde mich nicht einsperren lassen, ich werde lange vorher zu meiner Insel aufbrechen, ich will die Leute nicht mehr sehen, ich will allein bleiben!

»Schreibst du uns?«

Ich werde von niemandem mehr abhängig sein, mich nur noch mit einen eigenen erniedrigten Gedanken auseinandersetzen.

Werde ich ihnen wieder einen Anflug von Würde geben können? Zuerst sind sie steif geworden, dann waren sie gelähmt. Sie haben sie mit den Schaben im Badezimmer zertreten.

Auf dem Weg durch den Korridor ziehen die Kastanienbäume im Hof zwischen den Stäben der Fenster vorbei. Warum habe ich sie so schön gefunden? Dürr, trübselig versuchen sie kümmerlich ihre skelettartigen Arme in einen grauen Winterhimmel zu recken und thronen lächerlich über dieser dürftigen Fläche.

Wo führt dieser Korridor denn hin? Man kann sein Ende nicht sehen, er verliert sich zwischen dem Weinen der verrückten Mädchen und den Schreien der verrückten Jungen. Ich sehe ihn nicht mehr, bald wird die Stille meines Reiches nur noch von Musik durchbrochen werden, im Haus mit dem gedämpften Licht . . .

Ein Heizkörper, zwei Heizkörper . . . Nein! Ich gehe hinaus, die ›Freiheit‹ erwartet mich da, ganz nahe, und ich unterhalte mich damit, die Heizkörper zu zählen! Drei Heizkörper. Das erste Büro, ein langer Speisesaal. Die Absätze ›jener‹ Frau klappern auf dem Boden. Sie trampelt immer noch über mich hinweg, mit noch etwas mehr Überzeugung, sie hat ihre ›Sache‹ wieder, sie wird sie vorführen, sie wird sie der Portiersfrau und der Metzgersfrau vorzeigen können. »Sehen Sie mal, wie hübsch sie jetzt ist und wie fröhlich.« Mein Blick starrt auf einen unbekannten Horizont, ich erhoffe mir schon nichts mehr, ich plane nichts, ich habe keinen Willen. Nichts. Ich kann mich nicht einmal dazu aufraffen, ›jene‹ Frau zu verurteilen und sie zu verlassen, sobald wir die Schwelle überschritten haben.

Aber da sind noch Tausende von Büros zu durchlaufen, bevor man den eigentlichen Ausgang erreicht . . . das kann Jahre, ja sogar ein Leben lang dauern . . . Ich habe vergessen, sie zu zählen. Ich meine die Heizkörper . . .

Ein Junge ohne Beine. Ein Tritt mit dem Absatz ins Auge, ein Blutstropfen spritzt auf meine Hand, der Anblick des Blutes lähmt mich. Das war die Verwirrung! Warum hatte ich nicht daran gedacht? Das dritte Büro. Ist es möglich? Die letzte Garderobe vor dem Verlassen des ›Hauses der verrückten Kinder‹. Ein weißes Auto. Ein merkwürdiger Eindruck, verlieren sie ihre Zeit damit, sich um Autos zu kümmern? Beschäftigt man sich ›draußen‹ mit Lappalien? Nein, das ist unmöglich, denk jetzt nicht daran, überdies ist es noch endlos weit, bis man die eigentliche Tür durchschreitet... Schau hinter dich, du wirst weder diese Wand noch dieses Zimmer, noch diesen Schlüssel jemals wiedersehen... Ich bewege mich seit einer ungeheuer langen Zeit der Freiheit entgegen, warum ist die Tür noch nicht da? Führt sie mich auf eine andere Station? Sie redet nicht, ein hartes, ganz eckiges Gesicht, ich verabscheue sie...

Ein regelrechtes Labyrinth von Wegen, rosa Gehstreifen, weißen Krankenschwestern. Ein Papier muß unterzeichnet werden... Sie nimmt ohne Skrupel, ohne Vorwürfe wieder von ihrer ›Sache‹ Besitz, mit einem falschen und besitzergreifenden Lächeln im Mundwinkel.

In zwei Minuten werde ich die Straße, ihre Menschen, ihre Geschäfte wiedersehen. Und das bedeutet mir nichts! Warum bin ich nicht aus dem Auto ausgestiegen und habe ihr erklärt, daß ihre Einfalt und ihre Bosheit mir verbieten, noch mit ihr zu reden, selbst sie zu sehen? Warum habe ich sie nicht geschlagen? Ich bin nur eine in meinen Sitz gekauerte Larve, hinter einer Maske der Freundlichkeit, von Angst gequält.

Die Leute auf der Straße sind gemein. Ihre Worte sind falsch, gezwungen, Werkzeuge einer unbeugsamen Erpressung, wie diese tief in den Rachen gestopften Bissen. Sie sagen: »Guten Tag, gnädige Frau, wie geht es Ihnen?« Stellen Sie sich vor! Es ist ihnen völlig schnuppe, aber die Kundin wird sagen: »Hier sind sie liebenswürdiger. Die gegenüber stellen nie solche Fragen.« Lächeln sie nur nicht so über mich!

»Ist das Ihre Tochter? Sie ist gewachsen!«

Ihr gefühlvolles Interesse ist nur ein Vorwand, um in ihrer eigenen Achtung zu wachsen.

Dort machten sie wenigstens die Tür zu und drehten den Schlüssel um! Keine Lügen! Man blieb allein, ohne die Verstellung, ohne das demütigende Mitleid von der, die immerhin die Tür schloß. Trotzdem ist es ein Zeichen von Egoismus, von Verständnislosigkeit oder Schwäche, Mitleid zu empfinden, aber das bringt man uns nicht bei: »Man muß Mitleid mit ihnen haben, es ist nicht ihre Schuld.«

Ich habe verstanden. Nur eine Hälfte von mir hat verstanden, denn meine Stimme spricht einfältig zu dieser Frau, die ich verabscheue. Ich habe nicht einmal mehr den Stolz, sie zu zerstören, indem ich ihr die Sätze ins Gesicht schleudere, die mich so lange gequält haben und nicht aufhören werden, mich zu quälen, bis sie sie gehört hat. Aber sie wird es nicht verstehen, sie wird ihr Porträt nicht erkennen: »Das ist eine Beschreibung deines Vaters!«

»Warum reden sie alle so? Mit diesem erstarrten Lächeln? Denen ist es doch egal, ob es dir gut geht oder schlecht. Mir kommt alles dermaßen heuchlerisch vor!«

»Fang bloß nicht an, alle zu kritisieren, die sind nett, diese Leute.«

Ich hatte recht, ich wußte es. Aber warum hat meine Stimme dann gesprochen? Warum lasse ich sie nicht stehen, mit ihrem Camembert in der Hand und mit ihren längst fertigen Sätzen: »Fang nicht wieder an, iß dieses Stück Käse! Glaubst du etwa, das reicht, was du ißt! Ich bring dich in die Klinik zurück, wenn das so ist.«

Was haben sie nur mit mir gemacht? Was haben sie in mir abgetötet, daß ich so abgestumpft bin? Ich könnte ihr erklären, daß ich heute abend zum Schlafen zurückkomme, daß Freunde auf mich warten, daß ich meine Großmutter heute nachmittag nicht besuchen kann, daß ich auf sie pfeife, daß ich sie hasse!

Ich bin wieder in diesem großen Wohnblock gelandet und in diesem Zimmer, das bestimmt nicht meines gewesen sein kann. Hier hat ein kleines Mädchen mit seinem Teddybär und seinen Zeichnungen geschlafen. Ein kleines Mädchen von sechs Jahren. Ich kenne mein Alter nicht mehr, habe ich überhaupt eines? Intelligent? Mir ist nie jemand begegnet, der so blöd und kaputt gewesen wäre wie ich. Sehen Sie mich vor sich? Ich fühle mich nirgends zu Hause. Ich wage nicht mehr, mich irgendwo hinzusetzen noch irgend etwas anzusehen. Ich habe Angst vor Kritik, vor Bemerkungen, ich weiß nicht einmal mehr, daß ich existiere, daß ich das Recht habe zu existieren. Wenn ich es wüßte, würde ich sie alle im Stich lassen wie noch stinkendere Putzlappen als ich es bin, und sie würden sagen, ich sei meine Tante besuchen gegangen ... Aber warum kann ich nicht mehr reagieren? Warum?

Das Telefon klingelt. Sie reicht mir verächtlich den Hörer und bleibt hinter der Tür stehen.

»Nun, magst du Theater spielen? Wir treffen uns heut nachmittag um drei.«

Sie beginnt meinen Teller schief anzusehen, mustert mich mit haßerfülltem Blick, als würde ich ihr die Eingeweide herausreißen, und gibt ihre perfiden Sätze von sich:

»Iß das noch! Sonst laß ich dich nicht weggehn! Willst du, daß ich dich zurückbringe? Sag schon!«

Wie lächerlich sie ist mit ihrem Make-up einer Frau, die ihren Liebhaber erwartet, die sich immer so verhält, als spiele sie für andere eine Rolle.

»Du läßt mich also am Tag deiner Entlassung sitzen? Was sollen die Leute denken? Und deine Großmutter, willst du sie denn nicht sehen? Ich hätte dich ins Kino mitgenommen...«

Wie ein Hündchen, was? Schauen Sie es an, es umschmeichelt mich, und vor allem antwortet es nicht. Nein, du kriegst mich nicht, ich ziehe die Theaterkulissen den Gemeinheiten der Mütter vor. Überhaupt sollte so etwas wie ›Mutter‹ nicht existieren. Sie telephoniert mit honigsüßer Stimme. Mir gegenüber benutzt sie ihre Feldwebelstimme: Sie verabscheut mich, wird es sich aber nie eingestehen.

»Wie geht's, Liebling?«

Man muß ein unerschütterliches Herz haben, um mit so einer Frau auszugehen und so zu tun, als liebte man sie. Nicht, daß sie häßlich wäre, sie ist eher schön, aber von dieser aufdringlichen, herausfordernden, aggressiven Schönheit. Aber natürlich, ich vergaß, daß sie nur Sex kennen, alles übrige ist ihnen egal, sie lieben nur die Vulgarität, das Laster. Verstehen Sie das?

»Heute abend? Um acht? Einverstanden.«

Ihr Gesicht ist nicht mehr dasselbe, es verbirgt ein Lächeln, das verräterische Lächeln einer Frau, die fündig geworden ist.

»Ich werde mich ohne dich langweilen heute abend...«

Warum schleudere ich ihr nicht entgegen: »Du wirst amüsantere Gesellschaft haben...«

Meine ›Freiheit‹ war also nur ein Mythos. Ich habe die erste Tür geöffnet, und es werden noch Tausende zu durchschreiten sein, bevor ich meinen Traum erreiche. Ich bin in einem anderen Gefängnis, in dem einem die Illusion gelassen wird, nicht eingesperrt zu sein. Kein Schloß, kein Schlüssel, bloß direkt hinter der Türschwelle der Abgrund.

Die Tiefe zieht mich an, ich schaue aus dem Fenster auf das rosa Trottoir, auf die kleinen Rasenrondelle... Ich könnte sie berühren... Das Stück Himmel ist größer, aber es wird mir nie ganz gehören. Ich könnte mich fallen lassen... um festzustel len, wie das ist, wirkliche Gewalt . . . Ein völlig zerschmetterter Körper?

Nein, ich muß etwas wählen, das sauberer ist. Ich würde gern fühlen, wie mein Kopf sich dreht, der Vorsprung links würde gegen meine Schläfen prallen, der rechte würde mein Gesicht einschlagen. Dann der Aufschlag aller Teile zugleich, und ich würde nicht mehr existieren. Für niemanden, für nichts . . .

Sie hatten recht, sie, die man die ›Verrückten‹ nennt. Sie kennen die Wahrheit. Ich bin eine Sprosse ihrer Leiter hinaufgestiegen, und ich werde immer Angst haben, wieder herunterzufallen . . .

Sie bleiben in ihrer Welt und schützen sich auf ihre Weise. Warum auch nicht? Das Leben lohnt nicht, daß man sich um seinetwillen unlösbare Probleme stellt. Sie sind dort geblieben, hinter den Mauern. Ich bin hinter einer anderen Mauer, einer, die etwas weniger unüberwindlich ist, aber gleichwohl unerschütterlich. Die Leute auf der Straße sind verrückt, aber man sperrt sie nicht ein, sie hingegen lassen die, die ihnen unliebsam sind, einsperren, das ist ungerecht. Ich verabscheue sie alle. Sie lachen, sie verstehen nichts, und ich will sie nicht verstehen. Nein! Ich werde mich nicht mehr kriegen lassen. Ich werde ihnen nie nachgeben! Das war nur eine Illusion, niemals werde ich ›herauskommen‹. ›Draußen‹, das bedeutet nichts, das wahre ›Draußen‹ ist Tausende von Jahrhunderten entfernt von unserer armseligen, kaputten Welt. Ich werde es nie erreichen . . . Mein Traum ist gestorben.

Ich werde einen anderen erfinden. Ein ganz aus Holz bestehendes Theater, die Träume vor meinen Augen sind Geschenke, ich brauche nur zu wählen. Ein grüner Blick schminkt mich. Ein echtes Lächeln trotz der weißen Schminke und der violetten Lippen. Eine echte Hand, die der Haut nicht weh tut. Ich weiß, daß das wirklich ist, und doch ist es nur ein Traum, ein Aufblitzen, das bald verblassen und mich, vor Unglück keuchend, zurücklassen wird. Warum soll ich nicht versuchen, mich an dieses Stückchen Wahrheit zu klammern, das sich in einen Mythos, eine Phantasie verwandeln könnte? Das ist eine Chance, dich wieder aufzufangen. Aber würde ich je zu ihm sprechen können? Er hat dieses dicke Mädchen gesehen, er hat gesehen, wie ich bei ihrem Anblick weinte. Jetzt lächelt er mich an. Meine Kehle schnürt sich zu, ich kann keinen einzigen Satz herausbringen, kein einziges Wort.

»Ist sie schön, die Freiheit?«

Ich würde gern mit ihm sprechen, ihm alles sagen, ihm diese Seiten widmen...

Schreckliches Schweigen, auch er hat mich durchschaut. Ich bin nur ein Fetzen... Er malt meine Lippen an: »Beweg dich nicht.« Wenn ich schreie, würdest du mir zuhören, nicht wahr? Zauber der Farben, des Schminkens, der Kostüme... Ich bin nichts. Ich sehe sie an, und ich werde sie nie tragen, diese Stoffe aus einer anderen Welt; vielleicht die aus meinem Traum. Was ich für unerreichbar hielt, haben sie erreicht: eine Bühne, Garderoben, Spiegel. Traurigkeit überfällt mich, sie wird mich nie mehr verlassen. Nein, es ist nicht mehr die Leere, aber vielleicht ist dies schlimmer? Warum ist die Traurigkeit da, wo mein Traum doch nahe ist? Sie hindert mich daran, ihn zu erreichen, die Traurigkeit ist eifersüchtig und noch viel mehr... Ich irre durch den holzgetäfelten Korridor, er hat mich bis zuletzt beherrscht, ja, ich bin dort geblieben, im Zimmer 27, dem ersten links, dort, im schweigenden Unglück, in der Ungerechtigkeit des Wahnsinns. Ich kann nicht mehr sprechen, jeder Blick fällt mich an und scheint einen anderen Grund zu haben als die Anziehungskraft, was wollen sie? Nein, sie wollen nichts, diese Theaterleute, sie sind schön, und ich finde mich häßlich im Widerschein dieses Spiegels. Sie würden mich gern aufnehmen, denn der richtige Spiegel lügt nicht. Nur ich selbst will mich verabscheuen, aber mein Gesicht ist da: Mandelaugen, eine sehr sanfte Form... Es gehört zu ihrer Welt, und ich zerstöre mich weiter.

Ich weiß nicht, wer ich bin, ich weiß nicht einmal, ob ich bin. Meine Füße tragen mich, ohne daß ich weiß, wohin sie mich führen, und das ist unwichtig. Am liebsten wüßte ich gar nichts mehr. Die Bürgersteige sind Korridore, durch die die Passanten laufen wie Verrückte, mit ihren Gesten, ihren Blicken, ihrem Wahnsinn. Sie brauchen keine Beruhigungstabletten, vielleicht hat man sie deshalb nicht eingesperrt... Ihr Haus ist schöner geschmückt, da sind Geschäfte, Bäume, Autos.

Sie haben von nichts eine Ahnung, man kann ihnen für ein Vermögen billige Nippsachen andrehen, ihnen Freiheit vorgaukeln, ihnen Kopien verkaufen... Sie geraten vor einem Schaufenster in Verzückung und machen sich selbst etwas vor, damit der Besitz des Gegenstandes anschließend eine um so größere Freude wird, sie berauschen sich an mittelmäßigen Vergnügen, um der Realität nicht ins Gesicht zu sehen.

Ihre Schritte hallen nicht auf den Platten, die Bürgersteige sind asphaltiert, um das Auftreten zu dämpfen. Ihr Blick ist leer, außer wenn er im Vorbeigehen an einem Gegenstand hängenbleibt, den man kaufen kann: an einem Frauenkörper, an einer seidenen Krawatte oder an Manschettenknöpfen; dann wird er hellwach, das ist ihr Wahnsinn. Ein Wahnsinn, den man ihnen beibringen will: mittelmäßig und falsch. Sie sind lächerlich und krank. Ich sehe sie durch diese erleuchteten Straßen laufen, die Farben übertünchen das wahre Gesicht des Stars, das Make-up verleiht ihr eine eingebildete Persönlichkeit und die Beleuchtungseffekte der Scheinwerfer eine veränderte Erscheinung ihres wirklichen Körpers. Sie gehen nie nachsehen, was sich hinter den Kulissen dieses Betrugs verbirgt, sie fühlen sich so nur allzu wohl, sie wollen nichts ›verpfuschen‹.

Nichts verwandelt sich mehr, alles ist zu real hier. Also das war es, was ich wiederfinden wollte, eine käufliche Welt. Werde ich auch auf diese unausgesprochene Erpressung hereinfallen?

Korridore von einem Grau, sie haben Bilder angeklebt, um den Gedanken ihren freien Lauf zu nehmen, aber mir ist es nicht erlaubt hinauszugehen, um mir blödsinnige Produkte zu kaufen, zum Glück kann ich es nicht.

Kolonnen von verrückten, besessenen Ameisen durchziehen diese Tunnels, um in ihre Zellen mit den angestrichenen Wänden heimzukehren. Sie eilen ihren Hirngespinsten von seidigen Stoffen und von Zwängen bedingter Liebe entgegen. Ihre schwarzen Leiber türmen sich übereinander in den Winkeln und Ecken einer schmierigen Untergrundbahn, wo die Ratten unter die todbringenden Gleise laufen.

Viehwagen, orange Sitzbänke und finstere Tunnels, das ist die Freiheit, das ist es, was du gewollt hast.

Nein, warum habe ich mich selbst getäuscht, aus freien Stücken beschwindelt? Da sieht man, wohin Feigheit führt, was ist denn nun hinter dieser zweiten Tür? Eine Frau, die unauffällig den Kopf dreht, um ihren Blick über den Hintern eines Herrn wandern zu lassen, ein Mann, dessen Augen begehrlich die Anatomie dieser Dame abtasten, die sich vor der Tür aufgestellt hat, als wollte sie in dem Haus absteigen.

Wo bin ich nur? Ich habe mich in der Tür geirrt, das war nicht die, aus der ich hätte hinausgehen sollen. Glauben Sie nicht,

daß die hier verrückter sind als die anderen? Ich meine die, die
in jenem Haus sind, hinter den Mauern einer Anstalt? Manche
verstecken sich hinter ihrer Zeitung, andere stellen sich lesend,
wieder andere werfen verstohlene Blicke auf die Fahrgäste und
auf deren Kleidung.

Das ist kein Ekel mehr, der wäre noch viel besser...

Ich muß es ertragen, und ich muß auf etwas warten, das ich
nicht kenne. Nein, keine Träume mehr! Sieh sie dir an! Sieh sie
dir nur an!

Nein, ich kann es nicht, ich darf sie nicht beobachten, es wäre
zu verführerisch, mich einer meiner verrückten Spekulationen
zu überlassen: Zum Beispiel zahllose Röhrchen Valium zu
kaufen... oder mich im Badezimmer eines Hotels einzuschlie-
ßen mit einer kleinen Rasierklinge, ganz langsam und
schmerzhaft... ja, aber bei den Tabletten ist man nie sicher.
Der Sturz in die Tiefe, der Aufschlag auf dem Bürgersteig
entstellt einen zu sehr. Man müßte die richtige Ader für eine
mit Luft gefüllte Spritze finden. Gäbe es ein sicheres, unfehlba-
res Mittel, ich glaube, daß ich... Sehen Sie, ich lüge immer
noch...

Namen von Stationen, Gedanken an Flucht... ich kenne nur
den Traum, und ich habe es nicht verstanden, ihn zu nutzen...
Menschen in Gestalt von Schlüsseln wandern ziellos umher,
ich würde nie den passenden finden, der die richtige Tür
aufschließt, außerdem wüßte ich nicht einmal, welche Tür
aufgeschlossen werden muß.

Was hast du erwartet? Die Verwirklichung eines noch verrückteren Hirngespinstes? Du bist lächerlich, so lächerlich! Du hast
nur ein Haus, wohin du gehen kannst, nur einen Ort, wo du die
Wände anstarren kannst anstelle dieser eisernen Stangen und
dieser dunklen Einsamkeit in der Masse... einen Ort, an dem
eine Frau herumstreicht. Du bringst nicht einmal die Ehrlich-
keit auf, ihr ins Gesicht zu spucken. Du bist nur ein Schwäch-
ling, ein Waschlappen. Und wohin gehst du jetzt? Du kehrst zu
ihr zurück, du feige, scheinheilige Idiotin!

Eine zischende, haßerfüllte Stimme.

»Dein Vater hat dich angerufen.«

Du wärst wohl eifersüchtig, wenn ich ihn besuchen würde,
was? Aber es würde dir auch passen, weil du mich ausfragen
könntest.

»Da du nicht gewollt hast, daß die Klinikärzte dich weiterbehandeln, hab ich einen Psychoanalytiker gesucht, er ist sehr nett . . .«

»Nein, ich geh nicht hin, ich hab dir gesagt, daß ich niemanden sehen will.«

»Es ist zu spät, ich hab schon einen Termin vereinbart.«

»Du brauchst ihn nur abzusagen, ich gehe nicht.«

»Fang bloß nicht wieder mit deinen Launen an, ich werde dich hinschleppen, wenn's sein muß.«

»Was hättest du denn davon? Ich werde ihm kein Wort sagen, und du bezahlst jedesmal zwanzigtausend Piepen. Genausogut könntest du sie mir geben. Im übrigen, da ich nicht von selbst hingehe, wirst du wohl kaum Spaß daran finden, mich zu jeder Sitzung zu schleppen.«

»Du wirst von selbst hingehen, glaub mir!«

Ich hätte sie umbringen können. So was müßte mit dem Tod bestraft werden. Finden Sie nicht? Jetzt schlägt sie einen milderen Ton an:

»Ich tu das zu deinem Besten.«

»Ich will nicht hingehen.«

Ich habe versucht, das Datum der Sitzung herauszukriegen, um unauffällig zu verschwinden, aber es hat nicht geklappt. An dem betreffenden Tag war ich gerade dabei, einen spannenden Roman zu lesen. Unwahrscheinlich, was für verborgene Kräfte die Leute haben. Ich habe mich einfach auf den Boden fallen lassen und versucht, mich so schwer wie möglich zu machen, ich habe alle Tränen aus meinem verdammten Körper herausgeweint, sie hat mich an den Haaren gezogen . . . das kann ich nicht ertragen. Um mich fertigzumachen, genügt es, sie zu streifen, und ich tue alles, was man von mir will, ehrlich. Hätte ich einen Dolch zur Hand gehabt, ich glaube, ich wäre für den Rest meines Lebens im Gefängnis gelandet. Sie hatte diesen sturen und eigensinnigen Ausdruck einer Frau, der man sich nicht widersetzen kann. In ihren Augen ein Schimmer von Genugtuung und Triumph, der gleiche Schimmer wie bei jener Kerkermeisterin, als ich endlich meine Gabel in die Hand nahm. Ich will nicht nachdenken, ich werde fliehen, sie wird mich nie wiedersehen. Sie wird mich mit ihren dreckigen Gefängniswärterinnenhänden nicht mehr anrühren.

Der Psychoanalytiker wohnte in der Rue de Sèvres, in einem dieser kleinen Bürgerhäuser voll verknöcherter, verbitterter Alter. Ich weinte immer noch, damit sie sich schuldig fühlte.

Das war ihr wahnsinnig peinlich, sie wollte nicht als sadistische Mutter dastehen.

»Hör auf zu weinen. Wenn der hier dir nicht gefällt, suchst du dir einen anderen.«

»Ich will keinen, das sind alles Arschlöcher.«

Ein gräßliches Wartezimmer. Ein Herr beginnt die Verdienste dieses Seelendoktors zu preisen ... Nein! Haben die sich etwa um meine Seele gekümmert! Sie haben einen Trichter in den Gänseschnabel gestopft und haben selbstgefällig erklärt: »Sie ist geheilt.« Sie werden gleich sehen, was ich diesem Trottel ins Gesicht schleudern werde! Nein, bloß nicht wütend werden, er wäre imstande zu erklären: verdrängte Aggressivität mit Anzeichen versteckter Gewalttätigkeit ...

Ein kleiner Schreibtisch, eine große Couch für die Seelenkranken, für die alten Omas mit ihren kurzgeschorenen Pudeln. Ein ziemlich junger Herr mit gelehrtem und sturem Ausdruck und, natürlich, einer Brille: »Setzen Sie sich bitte.« Sie spricht mit bekümmerter und zuckersüßer Stimme. Ein regelrechter Honigtopf, das trifft sich schlecht, ich kann Honig nicht ausstehen.

»Sie wollte nicht mitkommen, ich weiß, daß sie es mir schrecklich übelnimmt, aber ich konnte nicht anders, es ist doch zu ihrem Besten, nicht wahr?«

Sie ekelt mich an, wenn ich könnte, würde ich sie anspeien.

»Das ist nicht normal, sie weiß immer noch nicht, warum sie das getan hat, Sie werden verstehen, daß ich sie nicht ...«

Auch noch unhöflich! Sie redet, als wäre ich nicht da, wo man den Kindern verbietet, ›die‹, ›der‹ zu sagen ...

»Ich werde kurz mit ihr sprechen. Warten Sie bitte im Salon.«

Aha! Das hätte ich mir denken können, sie haben schon eine ›kleine Unterhaltung‹ geführt, sie hat nach Belieben lügen können ...

»Sieh mal, hier sind Buntstifte und Papier, wenn du malen willst ...«

Der hält mich für ... Vielleicht für das, was ich wirklich bin, aber ich will seine Knetmasse, sein Papier nicht ...

»Nun?« (Schweigen.) »Hat es mit der Scheidung deiner Eltern zu tun?«

»O nein! Sie wollen doch nicht etwa wieder mit Ihren blöden Fragen anfangen. Ich sage Ihnen gleich, daß ich nie wieder zu

Ihnen komme. Sie hat mich an den Haaren hierhergezerrt. Haben Sie denn nicht bemerkt, daß *sie* es ist, die behandelt werden müßte? Na ja, das wundert mich nicht, die Psychologen sind ja dermaßen psychologisch. Ich kann mit Ihrer Couch nichts anfangen, ich habe kein Bedürfnis zu reden, aber sie . . .«

»Allerdings, wenn sie Sie gezwungen hat zu kommen, wäre eine Analyse vollkommen sinnlos.«

»Ich will niemand sehen. Nicht, daß mir Ihr Gesicht mißfallen würde, aber ich will keinen von diesen Trotteln mehr sehen, von diesen Psy-egal-was, Psy-chiatern oder Psy-choanalyti-kern, geben Sie ihr also keine Adressen von Kollegen.«

»Fühlen Sie sich wohl?«

»Ich werde Ihre Fragen nicht beantworten, ich habe Ihnen gesagt, daß ich nicht reden will. Sagen Sie ihr nur, daß es kein Mittel ist, die Leute zu heilen, indem man sie an den Haaren zerrt, das ist alles.«

»Haben Sie den Eindruck, geheilt zu sein?«

»Liegt Ihnen etwas an Ihren Patienten?«

Ich glaube, diesmal hat er verstanden. Sie kommt wieder und setzt sich mit einem unschuldigen Lächeln hin. Ganz schwarz gefärbte Haare, gebräunte Haut – dank Helena Rubinstein –, Wimperngeklimper, eine überschnappende Stimme. Er ist ein bißchen jung für dich, findest du nicht? Und außerdem ist das nicht sehr originell, man weiß ja, warum ›kaputte‹ Frauen männliche Psychoanalytiker vorziehen. Übrigens fragt man sich, zu was er sonst nützlich sein könnte. Sie wirft mir böse Blicke zu. Wie ein Rabe, bereit, sich auf einen zu stürzen.

»Da Sie Ihre Tochter gezwungen haben hierherzukommen, verstehen Sie wohl, daß . . . Nun ja, unsere Theorien, unsere Methoden basieren auf der Bereitwilligkeit des Kranken. Wenn er unsere Hilfe nicht will . . . Allerdings . . . Würden Sie einen Moment hinausgehen, mein Fräulein?«

Ohne ein Wort zu sagen, hat sie mich wieder in ihre Karre geladen. Sie hatte sich zu stark parfümiert, mit Nr. 19 von Chanel, ›das ist chic‹, und davon wurde mir ein bißchen übel. Es interessierte mich nicht im geringsten, was er ihr erzählt hatte, jedenfalls hatte ich kapiert, mit welcher Methode ich sie außer Gefecht setzen konnte.

Wütend schlug sie mir die Tür vor der Nase zu, als hätte sie gute Gründe dafür, und verschanzte sich hinter einer Schweigsamkeit, die nur sie selbst störte. Es ist unwahrscheinlich, wie kindisch die Erwachsenen sind.

Einige Zeit darauf hat mich einer ihrer ›Verehrer‹ abgeholt und mich zu einem anderen von diesen Verrückten gebracht.

Ich begann mich ernsthaft aufzuregen, ich bin doch nicht die Kranke vom Dienst! Man soll mich gefälligst nicht für eine Oma mit Schoßhündchen halten.

»Das ist etwas anderes, der hier ist Psychiater . . .«

Die sind beschränkt, ich bin nie Leuten begegnet, die so ausdauernd in ihrer Blödheit waren!

Ich werde die gräßliche Physiognomie dieses verrohten alten Knallkopfs nicht beschreiben, übrigens verbrachte er seine Zeit damit, Telefonanrufe zu beantworten. Man muß dazu sagen, daß es eine Freundin meiner Mutter war, die ihn ihr empfohlen hatte, die Frau eines ihrer Liebhaber. Eine Ärztin, deren Praxis nebenbei als Austragungsort für ›Gruppensexparties‹ diente. Sie sind kindisch, aber vulgär. Es gelang mir, auch diesen kampfunfähig zu machen. Das fing an teuer zu werden, und meine Mutter ist ehrlich gesagt ein bißchen knauserig, also . . .

Sie läßt immer wie mit Absicht ihre Briefe herumliegen. Lange nach den eben erwähnten Ereignissen las ich auf einem den Namen eines Psychoanalytikers – sie war seit zwei Jahren bei ihm in Behandlung!

Ich habe einen Brief von Dominique bekommen, sie hat in einer Woche acht Kilo abgenommen, in der Woche nach ihrer Entlassung. Ihre Eltern haben die Frechheit besessen, sie in die Anstalt zurückzubringen. Dieses Mal hatten sie keine Entschuldigung mehr, sie wußten, was ihre Tochter erwartete. Aber die Eltern machen sich nichts daraus, Eltern dürften nicht existieren. Sie hätten sich informieren, sich erkundigen können, um eine anständige Klinik zu finden. Sie nehmen es hin, daß ihr Kind nichts mehr von ihnen wissen will, denn wie soll man diesen Rückfall erklären, wenn nicht als Folge unentschuldbaren Fehlverhaltens einem Skelett gegenüber?

Da sie selbst kein Heilmittel gefunden haben, sperren sie einen ein, um ihr Mißgeschick nicht einzugestehen. Sie spielen mit deinem ganzen Leben wie mit ihren Medikamenten und lassen dich eine Woche, drei Monate oder drei Jahre nach deiner Krankheit wiederkommen, wegen Depressionen, wegen eines Selbstmordversuchs, wegen einer dieser ›undefinierbaren‹ Störungen, die von ihrem ersten Irrtum ausgelöst wurde. Sie geben es nie zu.

Sie können sich nicht irren...

Es scheint, daß es Kliniken gibt, in denen die Kranken wirklich geheilt werden. Jeder hat sein Häuschen in einem großen Park, keine Schlüssel, keine Schlösser, keine Befehle...

Sie warten darauf, daß ich wiederkomme. Ihre Erpressung bedroht mich weiter. Wenn der Bus an dem anderen Krankenhaus vorbeifährt, dem der ›kranken Kinder‹, ist es nicht mehr die erste Haut der falschen Sensibilität, die aufplatzt, es ist etwas, das ich nicht beschreiben kann, etwas Durchdringendes und Gewaltsames. Eine stumme, aber betäubende Empfindung. Ich habe sie in mein tiefstes Inneres verdrängt, die Erinnerung ist zu schmerzlich. Ich habe alles vergessen wollen, und wiederum habe ich mich im Weg geirrt... wie immer. ›Verrückt‹, ein Wort, das mich erbeben ließ, das mich anklagte... ›Psychiater‹, ein Ausdruck, der mich aufbrachte und mich für unbestimmte Zeit in unerträgliche Wut versetzte... ›Krankenhaus‹, eine Angst, ich brauchte sofort einen Zufluchtsort, einen Schlupfwinkel. Niemand konnte ihn mir bieten. Alle meine Beziehungen zu Menschen waren verlogen, schließlich waren sie auch Leute ›von der Straße‹, was war da für ein Unterschied. Ich wollte intolerant und verbohrt sein, ich wollte mich weiterhin ihrer Welt verweigern. Nur, beim ersten Mal hatte ich mich geirrt. Ich fing ohne die anderen wieder an. Ich war allein mit mir selbst, sie hatten mich zu sehr an die Einsamkeit gewöhnt, und die Gegenwart der Leute erschien mir eigennützig und falsch. Beim zweiten Mal habe ich mich ebenfalls geirrt. Den Personen gegenüber, die ich gerne erreicht hätte, konnte ich meine Haltung auch nicht ändern. Alles hatte sich über mir geschlossen, wie um mich vor Angriffen zu schützen, ich existierte nicht mehr. Ich hätte schreien mögen, aber auch daran hatten sie gedacht. Und verloren in den Straßen, immer auf der Suche nach der richtigen Tür, allein mit den Träumen und der tristen Realität, irrte ich durch eine neue Anstalt, die noch viel schrecklicher war.

Endlich ist es mir gelungen zu schreien. Und dieser Schrei ist untergegangen in der Stille eines Hauses mit bunt dekorierten Wänden, meiner neuen Zelle. Größer, weniger schmutzig, von der Welt isoliert. Ich hätte alles zerfetzen, töten, gewalttätig werden mögen. Mein Ehrgeiz kennt keine Grenzen, wenn er das Ziel hat, meine Seele zu befreien. Ich hätte dieses inmitten einer Irrenanstalt vergessene Haus in Brand setzen mögen und alle, die diese Lumpen von Psychiatern darin eingemauert haben. Man müßte ihre gemeinen Schlösser und ihre gemeinen Mauern vernichten. Ist das Angeberei? Ich weiß, daß ich nichts tun kann als schreien – ein irrer Schrei, der nur mein eigenes Herz, nur meine eigene Stimme zerreißt, ein Schrei für die verlassenen Kinder, ein neuer Appell, eine Bitte um Liebe, die wiederum in der Leere der schmutzigen Straßen, in der Leere dieser von prostituiertem Sex eingenommenen Hirne untergehen wird. Niemand hört. Sie geben ihr Geld lieber den armen vergessenen Greisen, sie gehen lieber in die Rue Saint-Martin und begaffen die Brüste der Huren. Der Schrei ertönt, wird lauter, schwillt an, bäumt sich noch einmal auf: Der Schmerz explodiert mitten in den Himmel, Fäulnis erregendes Blut ergießt sich, durchsichtig wie ihr Mut, rein in seiner Kraft, und zurück bleibt auf dem von Regen glänzenden Pflaster eine Schabe, zerquetscht von einem Stiefelabsatz.

Epilog

Zwei Jahre lang habe ich schweigend geschrien.

Drei Wochen lang habe ich wütend geschrien: die Zeit, die ich brauchte, um meinen ganzen Haß in die Tasten einer Schreibmaschine zu schütten.

Die schlecht verarbeiteten Erinnerungen quälen einen und schießen einem gerade dann aus dem Mund, wenn sie es nicht sollten. Und dann kommen Aggressivität, Groll, Schmerz – lauter Dinge, die mit Einsamkeit und Isolierung bestraft werden, denn die Leute haben Angst davor. Sie fühlen sich bedroht, und man bleibt für ewig in seiner Zelle und in seinem Groll mit dem Licht der Hoffnung.

Seit mehr als zwei Jahren geht mein Leben, dieses Leben einer Gefangenen, weiter in einer Umgebung, die ein bißchen anders ist, für mich aber den Verliesen der Klinik nahekommt. Ich bin eine Gefangene meiner Ängste, meiner Befürchtungen, eine Gefangene meiner selbst und ›jener‹ Frau in der düsteren Leere meines Zimmers, das mir aufgezwungen wurde, und ich habe, auf die Gefahr hin zu leiden, den Entschluß gefaßt zu sprechen, um zu vergessen, um alles auszulöschen, um mich von diesen täglichen Demütigungen zu befreien, Demütigungen, grausamer als Schläge, die meinen Haß hätten nähren können.

Ich habe den Eindruck, daß es mir nicht gelungen ist, die richtigen Worte zu finden. Ich werde es nie können, ich kann mit den Sätzen nicht umgehen, sie kehren sich alle gegen mich, und ich bin gezwungen, wenn nicht meine Enttäuschung, so doch mein Versagen einzugestehen. Ich hätte mir Worte gewünscht, die durch alle Häute dringen, durch die falschen, gezierten ... Worte, die sich in Ihre Gedanken einschleichen, ohne daß Sie sie loswerden können, Worte, die in Ihnen einen Kloß von Bitterkeit hinterlassen, der so schwer herunterzuschlucken ist wie der, gegen den ich seit Ewigkeiten ankämpfe. Aber ich habe diese Macht nicht. In dieser Welt hat nichts Macht über die Sensibilität der Leute. Man kann auf dem Bürgersteig vor Schmerz sterben, während die Passanten ihrem am Ende eines Flures verlorenen Zufluchtsort entgegeneilen. Man kann vor Vereinsamung und Traurigkeit sterben und schreien, bis man keine Stimme mehr hat.

Dies ist eine Welt, die nichts hört. Nichts. Das einzige, was von einem verlangt wird, ist, eine plausible und eindeutige Erklärung für die Sterbeurkunde zu hinterlassen.

Es gelingt mir nicht, meine Erinnerungen festzuhalten, so, als entzöge sich mir deren Realität. Ich nehme sie tatsächlich nur begrenzt wahr, und wenn lange Beschreibungen, die Sie vielleicht erwarteten, in diesem Bericht fehlen, dann deshalb, weil ich nur blitzlichtartige Eindrücke der Außenwelt aufnehme. Die Bilder, die mich ansprechen, sind die, die mich schockieren, sie zwingen mich, die anderen abzulehnen, mich in meine Traumwelt zu flüchten, ›meine Neurose zu nähren‹, wie sie sagen. Ich wäre gern aus der Anstalt geflohen, um ihnen zu zeigen, wie dumm und ungeschickt sie als Psychologen sind. Ich bin hinausgegangen wie ein Schaf, und heute entspreche ich ihrem Klischee: Ich bin isoliert, neurotisch, fühle mich unwohl in meiner Haut. Ich bin noch immer wütend und sehe noch das Gesicht meines Arztes und Kerkermeisters vor mir, sein siegessicheres Lächeln.

Also, der Fall, den ihr in euren Bürokratenunterlagen auf Seite X unter ›geheilt‹ abgelegt habt, war vier Monate interniert, eine alles in allem vernünftige Dauer, nicht wahr? Nein, ihr habt mich in mir selbst eingesperrt, in meinem Leiden eingesperrt, und ihr habt die Unverschämtheit besessen, mit großzügiger Geste meine ehemaligen Kerkermeister in Weiß durch diese Frau in Schwarz zu ersetzen, die nur im Flur vorbeigeht...

Ihr habt mir eure Welt wie einen Eimer Wasser ins Gesicht geschüttet; ich werde nie den Weg finden, ich bin verloren. Was besitzen die Leute eurer Welt, abgesehen von ihrem Reich des Sex? Was besitzen sie in ihrem Inneren? Ich höre sie vor den Kinos, in den Wagen der Metro, in den Straßencafés reden, und was ich höre, ist Bosheit, kleinliche Ansichten, lächerliche und mittelmäßige Anmaßung.

Aber wofür leben sie? Für nichts, um zu tun, was man ihnen sagt.

Und ich, was tue ich in eurer Welt? Ich fliehe in die Geborgenheit der Kinosäle, ich träume während der vier Nachmittagsvorstellungen vor der magischen Leinwand. Und in der Metro zieht mich der metallische Glanz der Schienen an, wühlt mich auf wie etwas, das anderswoher, aus dem tiefsten Innern meines Selbst gekommen ist. Mein Selbst ist alles, was mir geblieben ist, alles, was ihr mir gelassen habt. Und der Zug nähert sich, aber man hält mich zurück, vielleicht, daß mein Blut und mein zermalmtes Fleisch...

›Jene‹ Frau geht weiterhin durch den Flur. Sie hat ihr erstarrtes Lächeln verloren und hat es mit unaufdringlichen Umgangsformen verhüllt. Sie gibt mir Geld, um sich ein untadeliges Gewissen zu verschaffen, nur dafür ist sie da. Keine Gespräche, keine Blicke, ich habe es so gewollt.

Nach zwei Jahren, was sage ich, nach fünfzehn Jahren der Demütigung und der Höflichkeit ist es mir endlich gelungen, sie von den Vorstellungen zu entblößen, mit denen diese idiotische Welt sie ausstaffiert hatte. Sie ist ein Möbelstück, ohne Bedeutung, ohne Persönlichkeit, sie ist erst dabei, eine zu werden, weil ich den Mut hatte, die Minute der Wahrheit wieder wachzurufen, die Minute, in der sie vergessen hatte, ihre Rolle zu spielen. Ein Schauspieler darf sich nie vergessen. Sie hat nie geliebt. Sie kann mich nicht mehr hinter sich herzerren, und sie zeigt mir ihren Haß und ihre Wut. Aber ein Möbelstück kann einen nicht ärgern! Ich habe keine Angst mehr, schon gar nicht vor einer lächerlich gewordenen Autorität, schon gar nicht vor einer Frau, die die Geschmacklosigkeit besessen hat, sich als ›Mutter‹ auszugeben. Nicht die Kinder sollte man für das Verbrechen des Wahnsinns einsperren, sie können sich nicht verteidigen.

Ich versuche die Welt wiederzufinden, ich sehe mir alle Wege an, bevor ich den falschen wähle, aber es gibt keinen Hinweis, und niemand will mir die Hand reichen, oder vielmehr, ich will keine ergreifen. Angst bedrückt mein Herz. Hier ist die Einsamkeit weniger schön, denn sie ist falsch, obwohl sie den Anschein hat, echt zu sein. Sie ist schmerzlicher.

Leben, was bedeutet das? Ich weiß es nicht. Ich meine, ich weiß nicht, ob ich dieses Mal den richtigen Weg gefunden habe. Es gelingt mir nicht zu vergessen, und ich werde noch oft schreiend aufwachen, weil ich das leise Geräusch des Schlüssels gehört habe, der sich im Schloß dreht.

Ich bin durch die Straßen geirrt, endlos und ziellos, ich bin tagelang über ihr gleichgültiges Pflaster gelaufen auf der Suche nach etwas anderem. Ich habe mich in diesem riesigen Labyrinth verirrt, ohne überhaupt daran zu denken, meinen Weg wiederzufinden, denn ich habe keinen, und ich werde nie einen haben. Ich habe alles begraben und mit einem undurchsichtigen Schleier der Traurigkeit bedeckt, der mir einen Teil der Welt verhüllt.

Umherirren in einem neuen Gefängnis, in dem die Leute wie zu Mauern sprechen, in dem mich alles durch seine Gleichgültigkeit angreift. Ich finde die richtige Erklärung für die Dinge nicht mehr. Nichts hat einen Sinn. Tiefe und anklagende Zwecklosigkeit. Ich löse mich in Einsamkeit und Traurigkeit auf. Untätigkeit. Ich kenne keine Unbeschwertheit mehr, das Licht mißfällt mir, und ich verabscheue die Sonne. Wo bin ich geblieben, ich? Ich höre nicht auf, mich zu suchen, und eine im Kino gehörte Antwort schmeichelt sich ein: »Man muß Geduld haben, das kann Jahre dauern... ein ganzes Leben...«

Aber nehmen Sie sich in acht, meine Herren Psy – Sie, die Sie über dieses Leiden am Leben mit einem Lächeln im Mundwinkel lesen werden – sie lauert Ihnen auf, diese Bettlerin, vor der Sie solche Angst haben, daß Sie Anstalten bauen ließen, um sie einzusperren, sie zu zerbrechen... sie ist ansteckend, müssen Sie wissen, die Verrücktheit.

239 Seiten, gebunden 29,80 DM

Fünf Männer entlaufen den Fallen der Konvention, ihren Künstlichkeiten, Verkrüppelungen, sie stürzen sich in eine Serie von Spielen und Experimenten, die alle die Aufgabe umkreisen, den Menschen als sinnliches Wesen in seiner unausweichlichen Bezogenheit auf die Natur zu erleben.

Wohlgesicherte bürgerliche Existenzen, die sie als Lüge und sinnlosen Zwang durchschauen, werfen sie weg wie alte Lumpen, durchlöcherte Bälge, bevor sie zur gemeinsamen Suche nach den Bedingungen eines ungefälschten Daseins, des nichtmanipulierten Menschen aufbrechen.

Rainer Wunderlich Verlag

Die Frau in der Gesellschaft

Claudia v. Alemann/
Dominique Jallamion/
Bettina Schäfer
**Das nächste Jahrhundert
wird uns gehören**
Frauen und Utopie
1830–1840
Band 3708

Elisabeth Beck-Gernsheim
Das halbierte Leben
Männerwelt Beruf –
Frauenwelt Familie
Band 3713

Dieter Borkowski
**Rebellin gegen Preußen
Das Leben der Lily Braun**
Band 3731/in Vorbereitung

Monika Braw/
Hiroe Gunnarsson
Frauen in Japan
Zwischen Tradition
und Aufbruch
Band 3730

(Hrsg.) Gisela
Brinker-Gabler
**Deutsche Dichterinnen
vom 16. Jahrhundert
bis zur Gegenwart**
Gedichte – Lebensläufe
Mit Abb. Band 1994

Susan Brownmiller
Gegen unseren Willen
Vergewaltigung
und Männerherrschaft
Band 3712

Elfriede Brüning
Partnerinnen
Beruf oder Partnerschaft?
Kinder oder der Wunsch
nach einer Karriere?
Band 3734

Ann Cornelisen
Frauen im Schatten
Leben in einem
süditalienischen Dorf
Band 3401

Oriana Fallaci
**Brief an ein nie
geborenes Kind**
Band 3706

Richard Fester/
Marie E. P. König/
Doris F. Jonas/
A. David Jonas
Weib und Macht
Fünf Millionen Jahre
Urgeschichte der Frau
Band 3716

Fischer Taschenbuch Verlag

Die Frau in der Gesellschaft

Shulamith Firestone
Frauenbefreiung und
sexuelle Revolution
Band 1488

Frauengruppe
Faschismusforschung
Mutterkreuz und
Arbeitsbuch
Zur Geschichte der Frauen
in der Weimarer Republik
und im Nationalsozialismus
Band 3718

Nancy Friday
Wie meine Mutter
My Mother my self
Band 3726

Gisela Gassen (Hrsg.)
Wohin geht die
Frauenbewegung?
22 Protokolle. Band 3720

Signe Hammer
Töchter und Mütter
Über die Schwierigkeit
einer Beziehung
Band 3705

Hoffmann R. Hays
Mythos Frau
Das gefährliche Geschlecht
Band 3003

Frederik Hetmann (Hrsg.)
Rosa Luxemburg
Ein Leben für die Freiheit
Reden – Schriften – Briefe
Ein Lesebuch. Band 3711

Marielouise
Janssen-Jurreit
Sexismus
Über die Abtreibung
der Frauenfrage
Band 3704

Marianne Meinhold/
Andrea Kunsemüller
Von der Lust
am Älterwerden
Frauen nach
der midlife crisis
Band 3702

Jean Baker Miller
Die Stärke
weiblicher Schwäche
Zu einem neuen
Verständnis der Frau
Band 3709

Fischer Taschenbuch Verlag

Die Frau in der Gesellschaft

Sabine Richebächer
Uns fehlt nur
eine Kleinigkeit
Deutsche proletarische
Frauenbewegung 1890–1914
Band 3724

Irmhild Richter-Dridi
Frauenbefreiung in
einem islamischen Land –
ein Widerspruch?
Das Beispiel Tunesien
Band 3717

Ursula Scheu
Wir werden nicht
als Mädchen geboren –
wir werden dazu gemacht
Zur frühkindlichen
Erziehung in unserer
Gesellschaft
Band 1857

Alice Schwarzer
Der »kleine« Unterschied
und seine großen Folgen
Frauen über sich –
Beginn einer Befreiung
Erweiterte und
aktualisierte Ausgabe
Band 1805

Penelope Shuttle/
Peter Redgrove
Die weise Wunde
Menstruation
Band 3728

Jutta Strippel
Kreide trocknet
die Haut aus. Roman
Band 3733

Senta Trömel-Plötz
Frauensprache –
Sprache der Veränderung
Band 3725

Eva Weissweiler
Komponistinnen
aus 500 Jahren
Eine Kultur- und
Wirkungsgeschichte
mit Biographien und
Werkbeispielen
Mit vielen Fotos
und Faksimiles
Band 3714

Hedy Wyss
Das rosarote
Mädchenbuch
Ermutigung zu einem
neuen Bewußtsein
Band 1763

Keine Hand frei
Roman. Band 3732

Fischer Taschenbuch Verlag